KB236375

정석 이후의
맥점

고바야시 사토루 지음 | 이수정 옮김

작가의 말

바둑에서 승률을 높이는 비결은 맥점이나 급소와 같은 좋은 수를 익히는 것이다. 어떤 모양에서 상대의 약점이나 급소의 허를 예리하게 찌르는 수, 그것이 맥점의 묘미이고 바둑을 두는 즐거움이다.

그렇다면 상대를 이길 수 있는 맥점은 어떻게 찾을 수 있을까? 많은 문제를 풀어보는 것도 좋은 방법이지만, 거의 모든 문제들이 부분적인 상황에서의 형태이므로 실전에서 그러한 모양을 접하기도 어렵고, 국면에서 찾아내기란 더욱 어려운 경우가 많다.

실전 맥점 바둑의 1권인《정석 이후의 맥점》에서는 실전 형태에서 맥점을 마스터할 수 있도록 구성했다. 첫 수에서부터 문제 장면에 이르기까지 돌의 진행 방향을 따라가면서 악수와 의문수를 고쳐가는 방식도 추가했다.

상대방이 정석 외의 수를 두었을 경우 확실히 응징하고, 정석 이후의 노림수를 정확히 알고 있는 것은 바둑판 위에서 주도권을 잡는 지름길이다. 이 책은 초급자가 읽어도 쉽게 이해할 수 있도록 만들었다. 문제풀이를 따라가다 보면 실전에서 바로 쓸 수 있는 맥점들을 자연스럽게 익힐 수 있을 것이다.

1. 문제 장면까지의 수순을 표시

실전 형태에서 나오는 맥점을 접하는 것이 가장 쉽게 맥점을 익히는 길이다. 이 책에서 쓰인 모든 기보는 아마추어 선수의 실전 기보로써 첫 수부터 수순을 기재했다.

2. 참고도에서 악수 및 의문수 해설

문제 장면에 이르기까지 발생한 악수나 의문수에 대해 참고도에서 설명한다. 올바른 정석의 방향과 형태 등 기력 향상에 반드시 필요한 지식들을 추가로 얻을 수 있다.

3. 정답 한 수만을 표시

그림 한 개에 몇 가지 수가 기재되어 있을 경우 눈으로 맥점을 찾아 이해하기는 쉽지 않다. 그래서 이 책에서는 일단 정답의 한 수를 표시한 정답도를 제시하고, 그다음부터 참고도 및 해설도, 실패도 등을 추가해 설명하고 있다.

4. 글자 크기 확대

제목만으로도 해설 내용의 핵심을 파악할 수 있도록 했다. 또한 해설도의 내용도 간단하게 설명되어 있어 읽기가 쉽다.

5. 부록에 정해도 삽입

정해도 일람에서 형태별 맥점을 쉽게 파악할 수 있도록 모든 정해도의 모양을 정리했다. 비슷한 모양이 나타났을 때에도 쉽게 찾아볼 수 있다.

(정해도 일람 217~230쪽)

목차

PART 1

정석을 벗어난 수를
응징하는 맥점

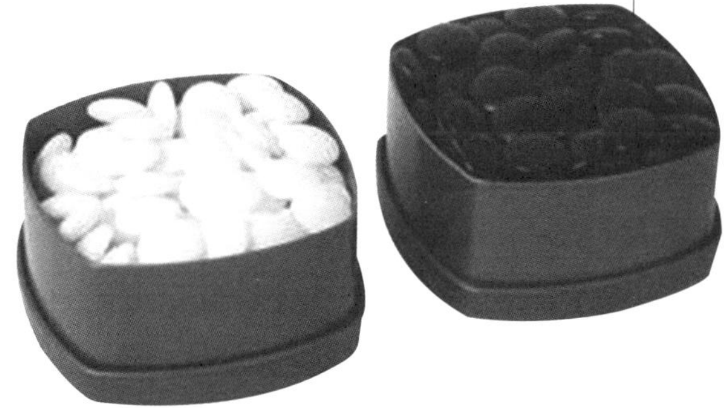

 흑선

제1국
장면도

좌상귀의 공방

△로 뻗은 장면입니다. 백의 무리수를 정확히 응징하려면 어떻게 해야 할까요?

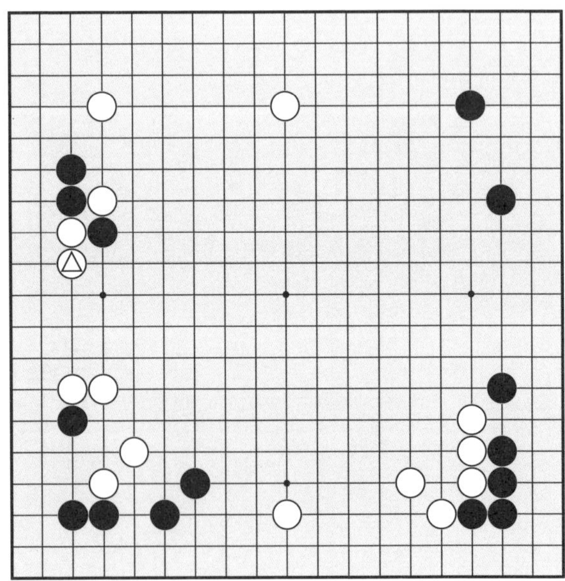

수순도

좌상 백28은 무리수

좌하귀 양걸침당한 모양에서 백8의 마늘모에 이은 흑9의 3.3 자리는 필연입니다. 우하 흑15의 붙임에 16으로 치받는 정석을 선택한 것은 현 국면상 아주 적절합니다. 좌상귀 걸침에 백26으로 협공한 장면에서 흑27로 붙인 것은 굉장히 좋은 수입니다. 그에 반해 백28로 나와 끊은 수는 굉장히 무리가 따르는 수였습니다.

1-30

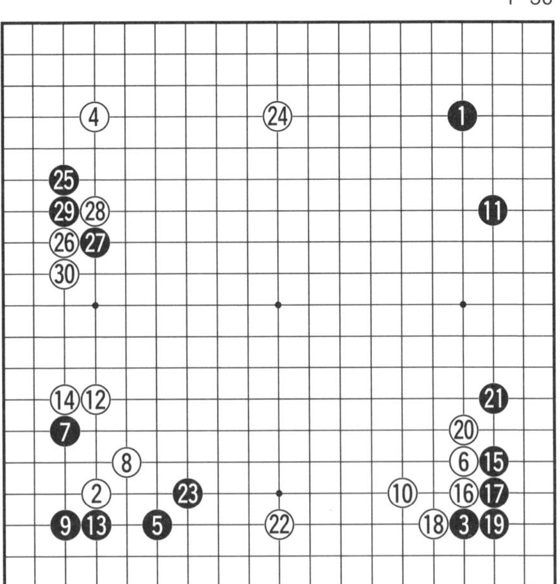

백28은 백1로 뻗는 것이 무난

수순도의 백28은 가만히 백1로 뻗어두는 것이 최선의 한 수입니다. 일단 백3으로 받아두고 공격은 적절한 기회를 노리는, 이제부터 한 판의 바둑이라고 할 수 있습니다.

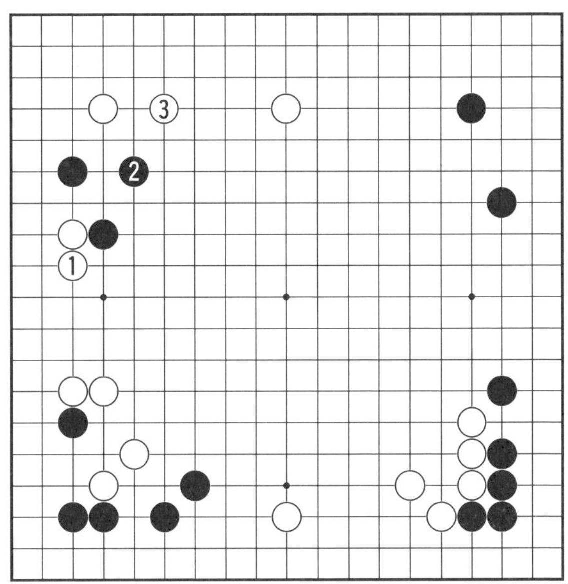

흑1로 단수

흑1로 단수치는 것은 돌을 무겁게 만들어 좋지 않은 수라고 할 수 있습니다. 특히 흑5로 밀고 나왔을 때 백6으로 한 칸 뛰어받는 수가 최적의 곳이기 때문에 흑7로 석 점 머리를 두드린다고 해도 백은 장문으로 한 점을 제압하여 흑이 불만인 진행입니다.

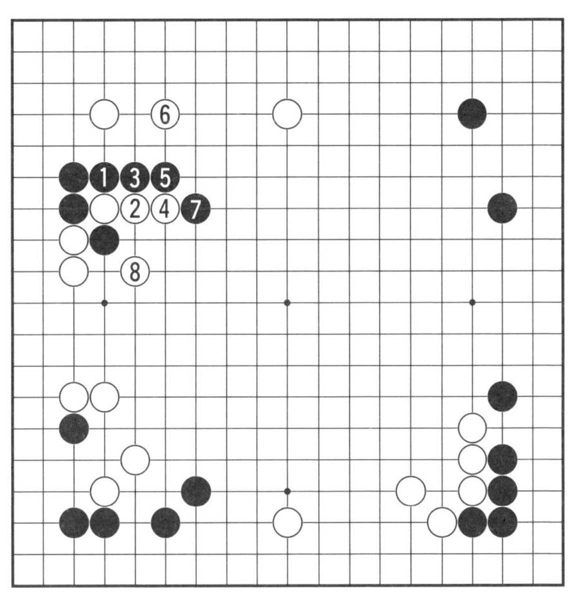

정해

흑1로 단수치는 것이 모양을 정리하는 좋은 단수입니다. 백을 꼼짝 못하게 만드는 단수 방향이라고 할 수 있습니다.

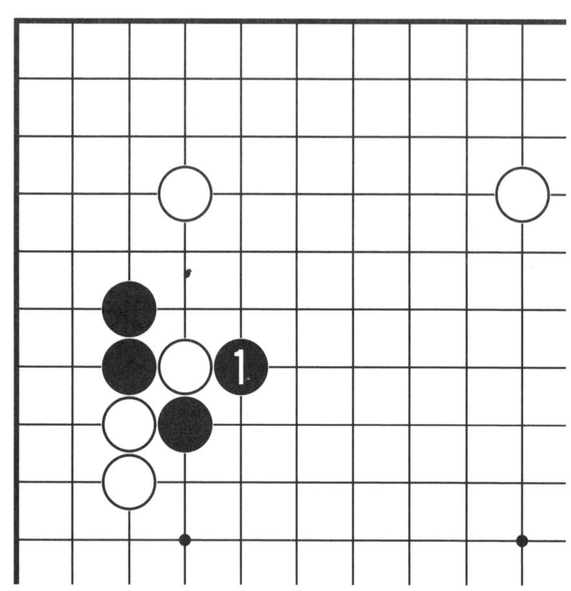

정해도

흑3, 5로 선수로 탈출

흑1의 단수에 백이 2로 나갈 경우 흑은 3으로 단수치는 한 수입니다. 백 4로 버티면 흑5로 백을 양분하면서 선수로 탈출한 모양입니다. 여기에서 백6으로 늘었을 때에는….

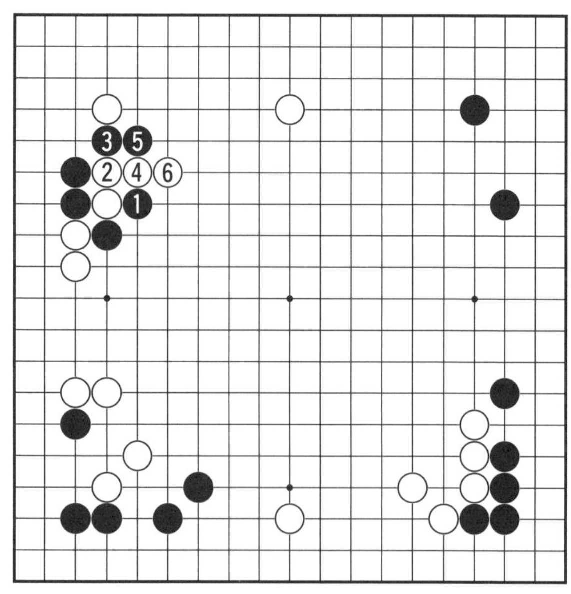

흑1로 젖힘이 급소

정해도에 이어서 흑1의 젖힘이 절대적인 한 수라고 할 수 있습니다. 백2로 꼬부리면 흑은 3, 5로 얌전히 뻗어두어 만족스러운 모양입니다. 화점에 둔 ⊿를 깨끗하게 제압하면서 귀에 큰집까지 보너스로 얻은 셈이니 흑의 대성공이라 하겠습니다.

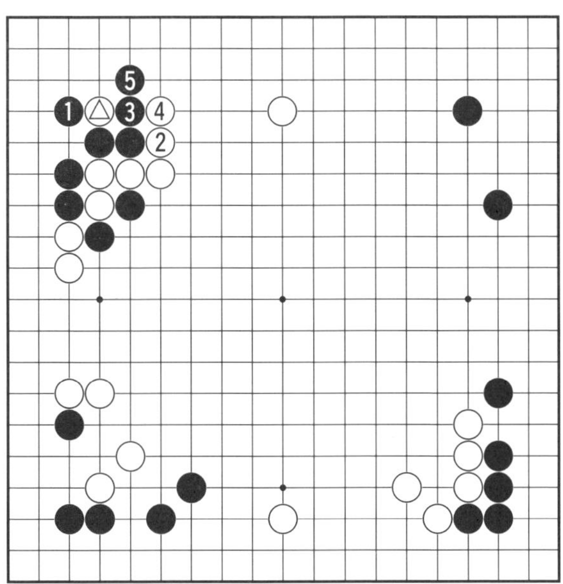

흑3으로 잡아서 만족

흑1로 단수를 쳤을 때 백이 차분히 2로 지켜둔다면 흑은 3으로 한 점을 때려내어 만족스러운 모양입니다. 백4의 지킴에는 흑5, 7로 두텁게 밀어두는 것이 좋은 수. 이렇게 되면 흑은 어느새 세력을 형성해 즐거운 국면입니다.

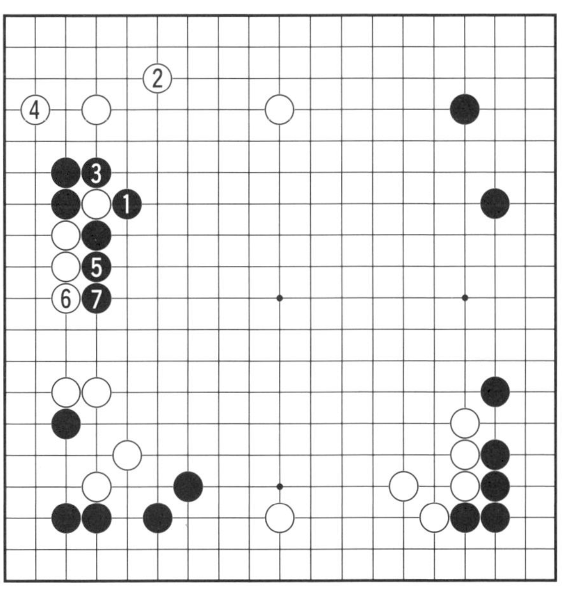

제2국
장면도

우하귀의 공방

흑이 ▲로 3.3 자리에 진출하였습니다. 언뜻 보아도 엷어 보이는 이 수를 제대로 응징하는 수는 어디일까요?

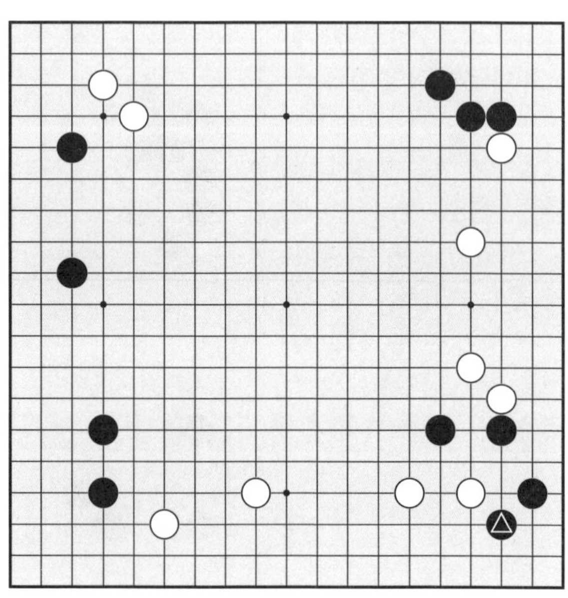

수순도

우하귀 흑21은 수순을 생략한 수

1-21

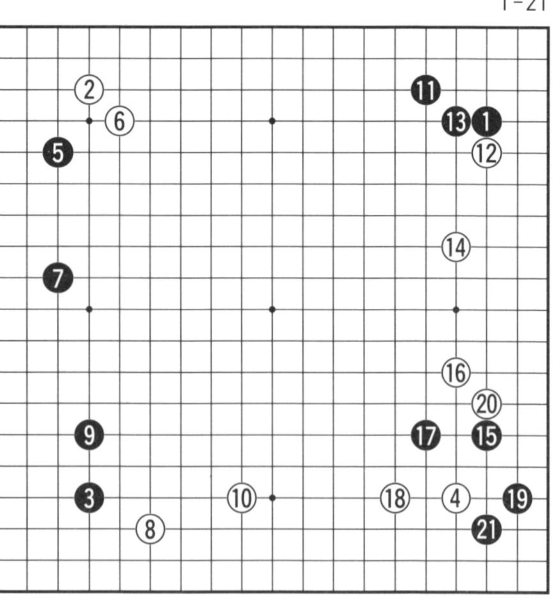

좌하귀 백8의 걸침은 상변 흑 소목에 걸치는 편이 일반적입니다. 백12로 붙이고 13으로 눈목자로 벌리는 수는 의욕적인 수로 흑15의 걸침에 백은 한 칸 높은 협공으로 응수합니다. 백20으로 입구자로 붙인 장면에서 흑21로 3.3에 뛰어든 수는 뭔가 빠뜨린 부분이 있습니다.

흑21은 흑1로 찝는 수가 중요

수순도에서 흑1로 찝어서 두는 것이 놓치면 안될 수순입니다. 백2로 약점을 보강할 때 3.3에 진출하는 것이 좋은 수입니다. 백4로 젖힘을 당해도 흑5로 가만히 들어두고 백6의 막음에는 7로 꽉 이어두어 호각의 모양입니다.

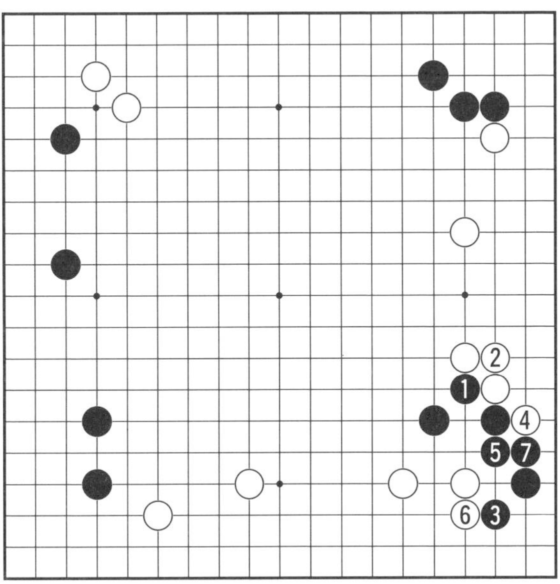

백1로 끼우는 수

백1로 끼우는 수는 의문의 한 수. 흑2의 단수에 백3으로 끊어도 흑4, 6으로 냉정히 받아두면 화점의 ⓐ가 잡히게 되어 백의 실패입니다.

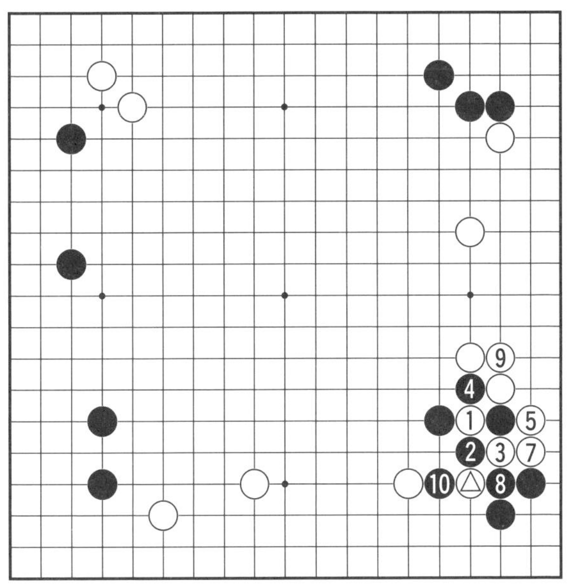

정해

백1로 끼워 붙이는 수가 날카로운 맥점입니다. 이 수에서부터 흑을 분단시키는 작전이 시작된다고 할 수 있습니다.

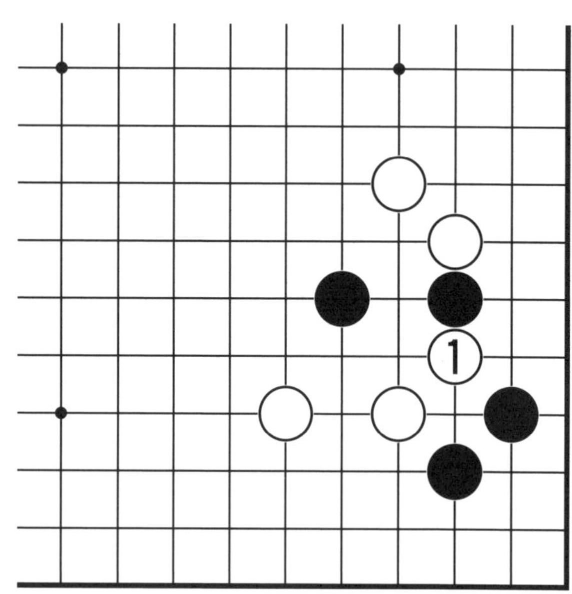

정해도

⬤의 돌을 끊어 백 성공

백1의 끼워 붙임에 흑2로 받는다면, 백3으로 단수 친 후 백5로 막아두면 완전히 ⬤가 끊어진 모양이기 때문에 백의 성공입니다.

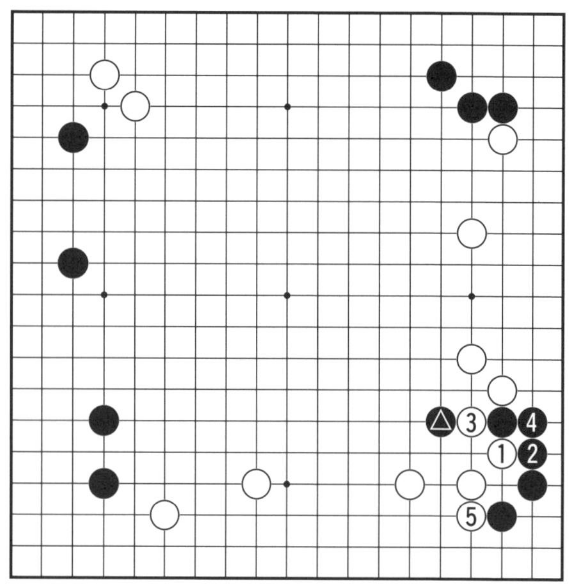

백11로 공격하여 백 호조

백1의 끼워 붙임에 흑이 2로 이어 연결을 도모한다면 백은 3으로 뚫고 나가 귀의 흑과 분리시킵니다. 귀의 흑은 6, 10의 수로 살게 되지만 백11로 한 칸 뛰어 공격하는 수가 빛나는 한 수. 백의 기분 좋은 진행입니다.

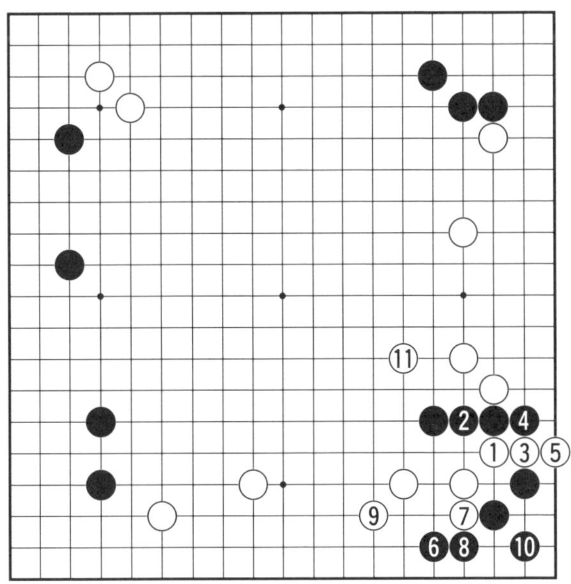

백9로 끊는 수가 성립

백1의 끼워 붙임에 흑2로 찝어 저항한다면 백3으로 단수치고 5로 끊는 진행이 됩니다. 흑6에 대해 백이 7로 두텁게 이어두면 흑은 8로 연결을 시도해도 백9로 끊겨 3.3에 진출한 돌이 잡힌 꼴이 됩니다. 이 진행 역시 흑은 여전히 곤마로 남아 백은 만족스러운 형태입니다.

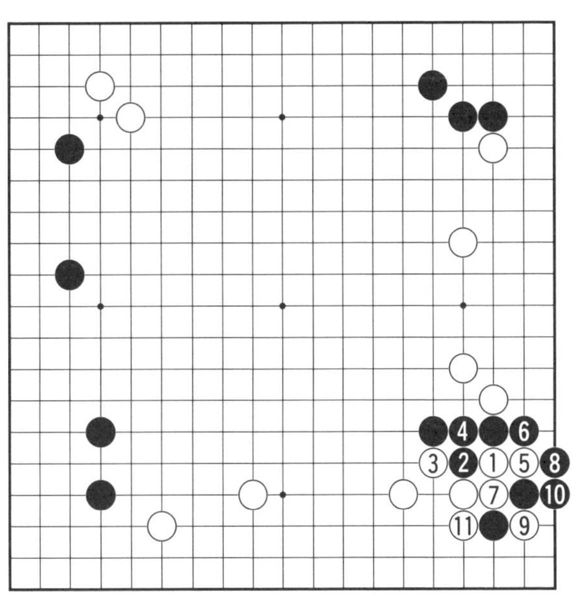

 백선

제3국
장면도

△로 뻗은 국면입니다.
백은 이후 어떻게 정리
하는 것이 좋을까요?

우하귀의 공방

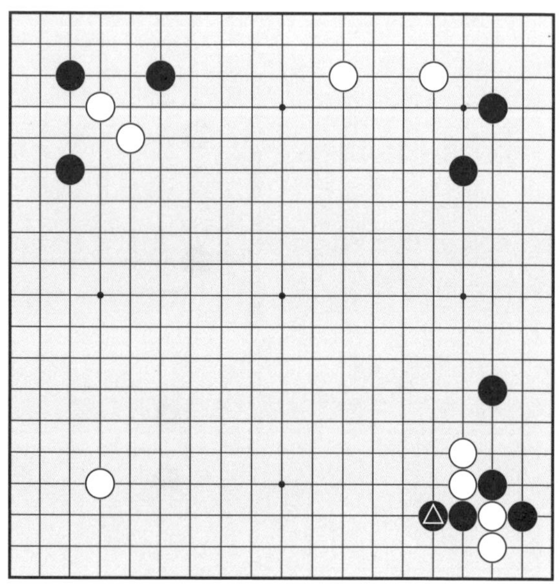

수순도

우하귀 흑17, 19는 정석에서 벗어난 수

1-19

좌상귀 흑5의 걸침에 백
은 손을 빼고 6으로 소목
에 걸쳐갔습니다. 흑9의
양걸침에 백10으로 받은
것은 선수를 잡고 싶을
때 두는 방법입니다. 우
하귀 백14의 귀로 붙임에
흑15로 젖혀 끊는 수는
흔한 수이지만, 이후 흑
17, 19는 정석에서 벗어
난 수입니다.

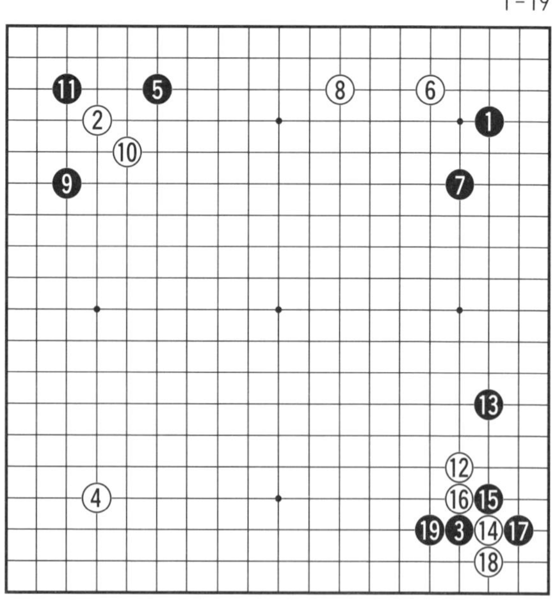

흑17은 흑1로 두는 것이 일반적

수순도의 흑17로는 흑
1로 가만히 늘어두는 것이
바른 수입니다. 백2로 끼
워왔을 때에는 흑3 이하
흑11까지 진행되어 서로
불만이 없는 진행입니다.

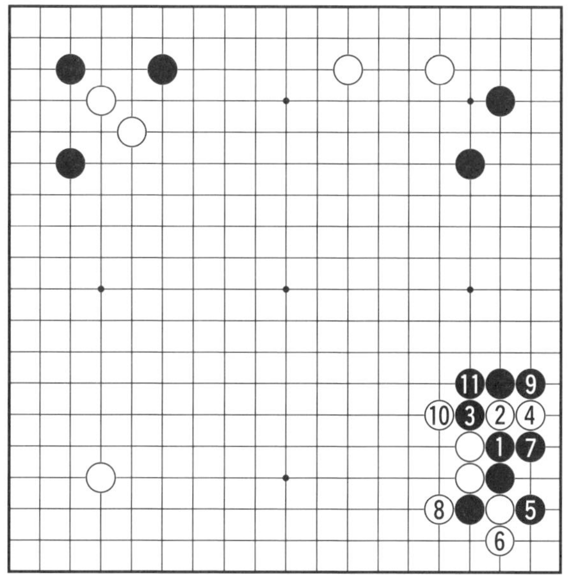

백1로 단수

백1로 단수치는 수는 의
문의 한 수입니다. 흑2로
이었을 때 3으로 흑을 끊
어 놓는다고 해도, 백5의
협공에 흑6으로 강경하게
전투를 요청하면 백이 부
담스러운 모습입니다.

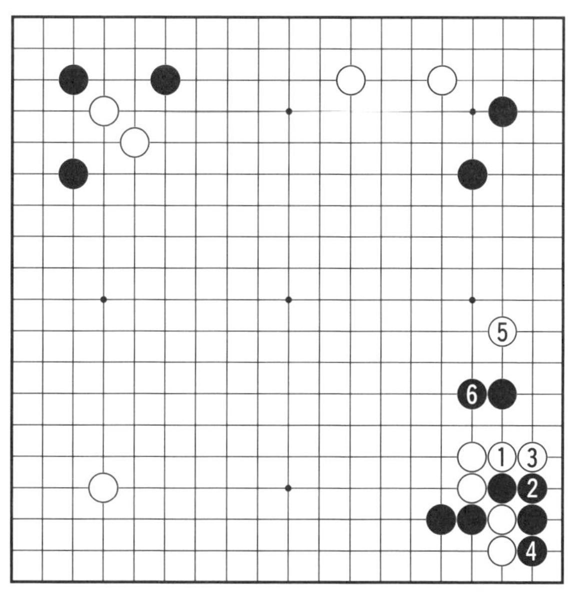

정해

백1로 끊으면서 단수 치는 것이 좋은 맥점입니다. 이 수로부터 백은 모양을 정리하고 흑의 무리수를 올바로 응징할 수 있습니다.

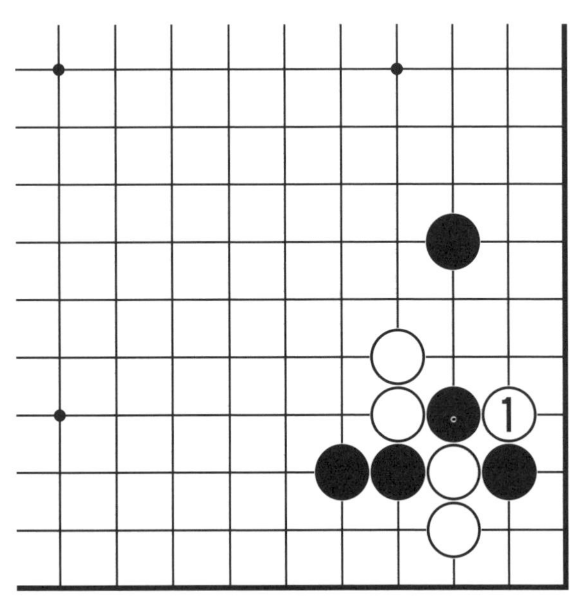

정해도

백3으로 단수치는 것이 중요

백1의 끊음에는 백3으로 흑의 진영을 뚫는 단수를 치는 것이 포인트입니다. 흑6으로 백 한 점을 따내면…

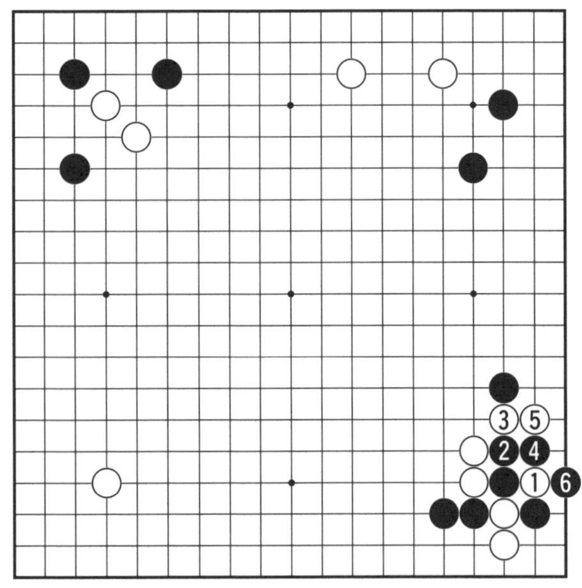

기분 좋은 벌림으로 백 만족

이전 국면에 이어 백1로 호구치는 수는 내 약점을 보강하면서 흑 한 점을 제압하는 일석이조의 좋은 수입니다. 흑은 2로 백 두 점을 잡을 수밖에 없을 때 백3으로 벌려가는 수가 통쾌한 수로 백은 충분히 만족한 형태입니다.

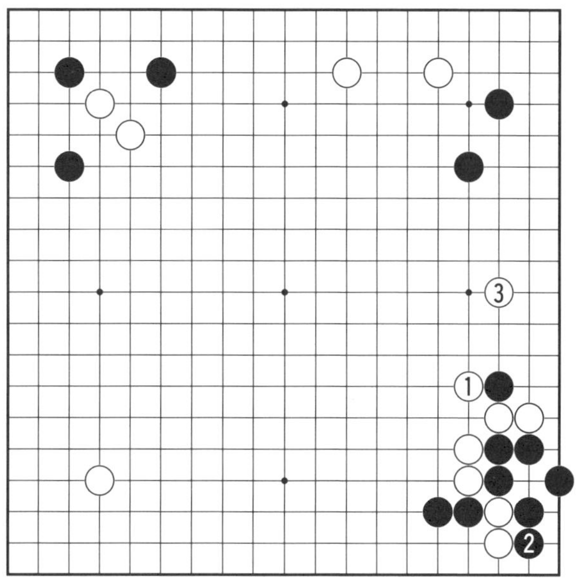

패가 나는 모양으로 백 성공

백1로 호구로 두었을 때 흑이 2로 두 칸 벌린다면 백3의 꼬부리는 수가 성립하게 됩니다. 이어 백7로 먹여치고 9로 막아 패가 나는 뒷맛이 남아 있어 백의 성공입니다.

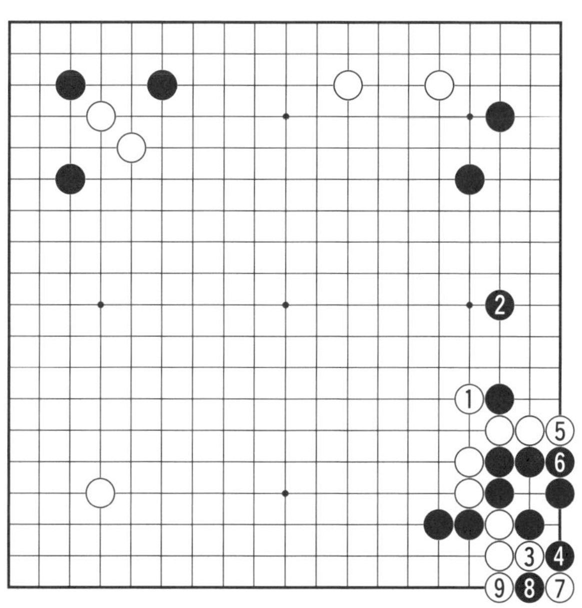

흑선

제4국
장면도

좌변의 공방

백이 △로 단수를 치며 끊어간 장면입니다. 이 단수를 흑은 그냥 순순히 잇는 것이 최선일까요?

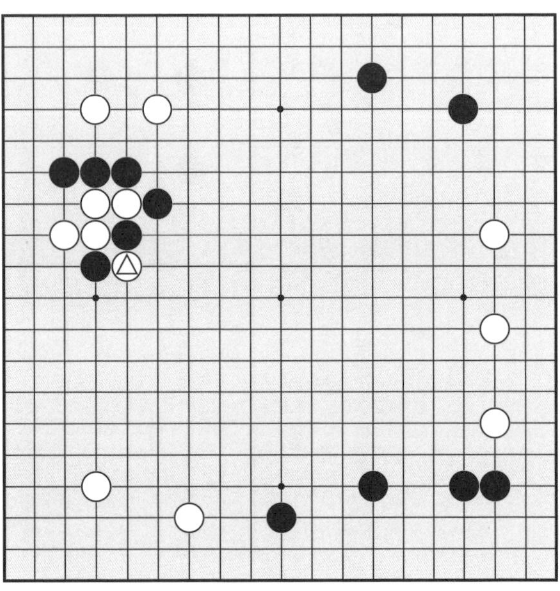

수순도

좌변 백20~24까지 정석을 벗어난 진행

1-24

하변에서 흑9로 지킨 것은 소심한 수로 흑a로 두 칸 벌린 백 두 점을 압박해 나가는 것이 좋습니다. 백10의 벌림이 좋은 수. 좌변의 한 칸 낮은 협공에서 흑15로 한 칸 뛰고 17로 어깨를 짚어가는 수는 정석의 수순이지만, 백20부터 24까지는 정석을 벗어난 진행입니다. 이런 수는 속수 혹은 무리수라고 할 수 있습니다.

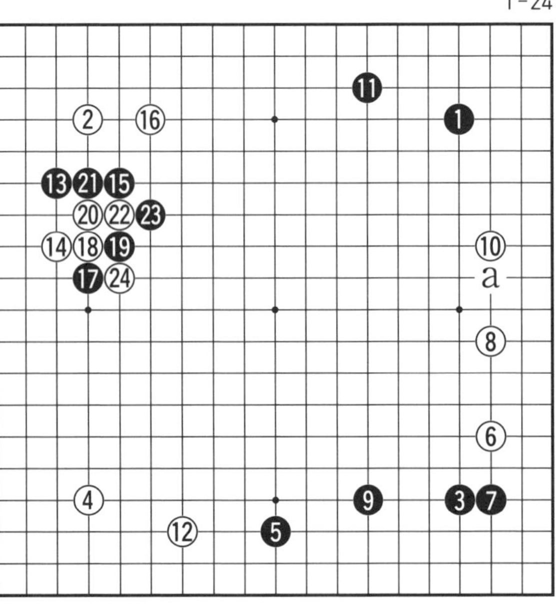

백20은 백1로 꼬부리는 것이 요소

백20으로는 백1로 꼬부리는 수가 정석입니다. 흑2로 뻗을 때에는 백도 3으로 한 번 더 밀고 5로 한 칸 뛰어 양쪽이 불만 없는 진행입니다.

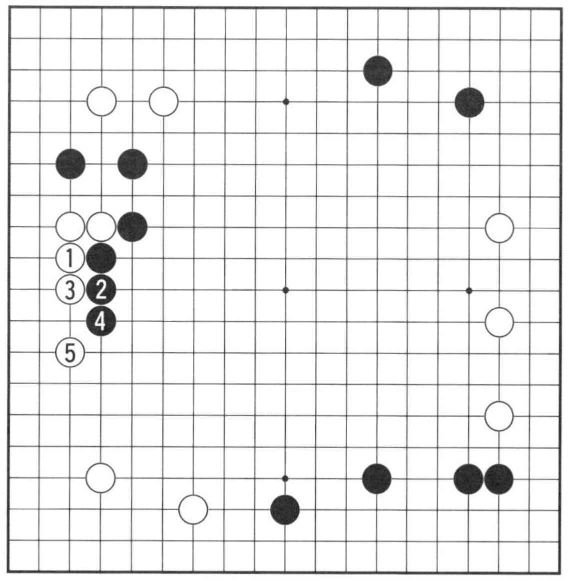

흑1로 가만히 이음

흑1로 가만히 잇는 수는 백의 주문에 걸린 수입니다. 백2로 흑 한 점을 제압할 때, 흑3으로 단수치고 5로 연결하는 정도로는 흑 전체가 미생마로 시달리게 되어 흑이 불만인 모습입니다.

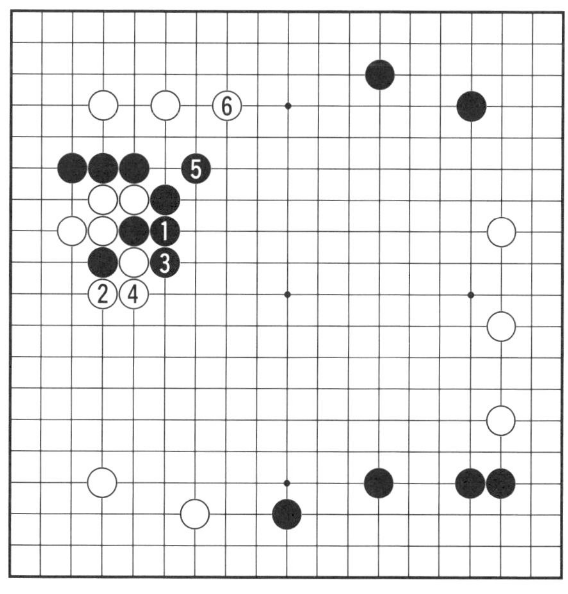

정해

흑1로 묵묵히 막아두
는 수가 백의 무리를
응징하는 좋은 수입니
다. 단수당한 ▲ 한 점
을 이용하여 사석작전
을 펴는 것입니다.

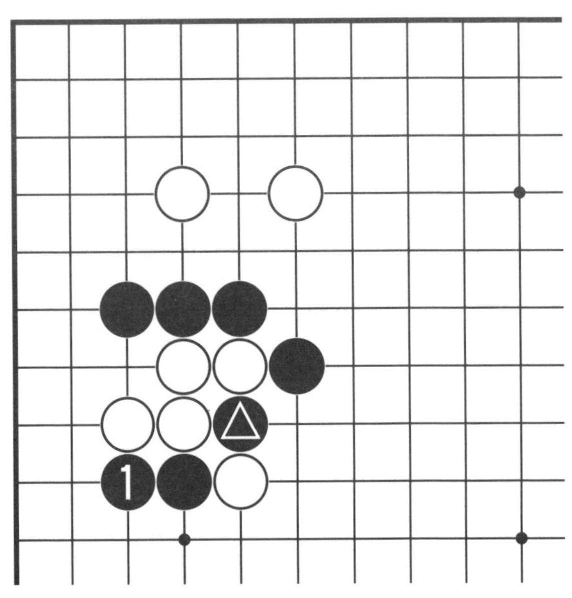

정해도

흑3으로 넘는 수가 제격

흑1로 막았을 때 백이
2로 따내면 흑3으로 넘는
수가 제격입니다. 백4로
끊어 반격을 해 올 때에
는 흑5로 가만히 늘어두
는 것이 정수! 백6으로 밀
고 나왔을 때에는 ….

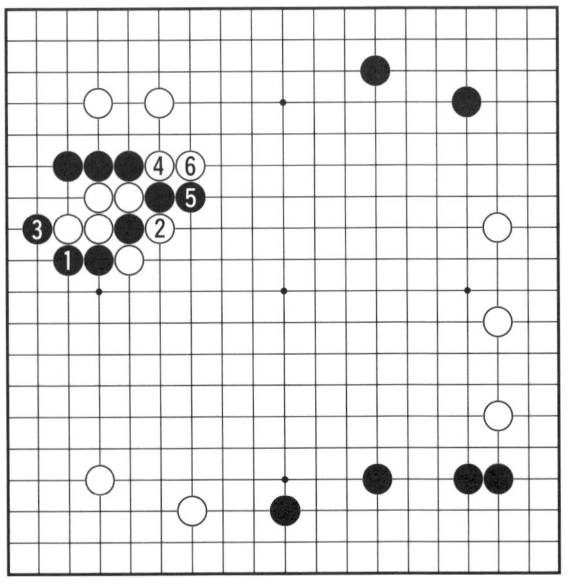

흑의 호조 진행

이전 그림에 이어서 흑 1로 단수를 친 후 3으로 뻗어둡니다. 흑a와 같은 노림수가 남아 백이 엷은 모양입니다. 백4에는 흑 5로 한 칸 뛰는 수로 받아 흑의 호조 진행입니다.

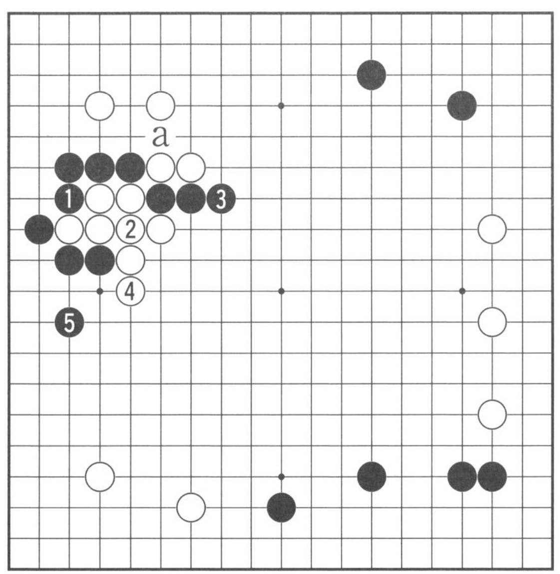

흑1로 막았을 때 백이 2로 늘어 저항을 한다면 흑 3으로 잇고 백4 이하 8까 지 끊어왔을 때에는….

이전 그림에 이어서 흑 1로 단수를 친 후 흑5로 백의 진영이 뚫려서는 흑 의 대성공입니다.

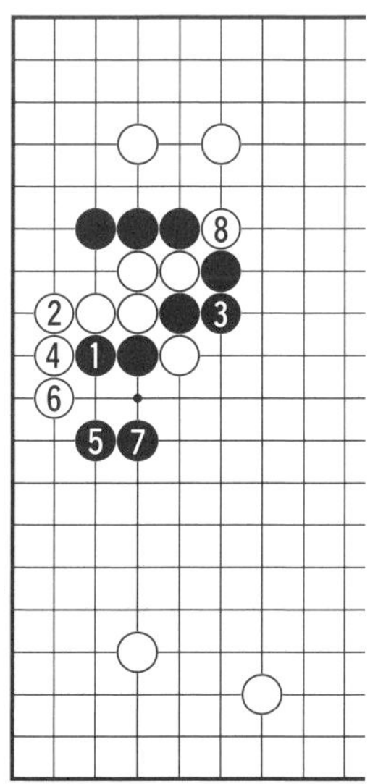

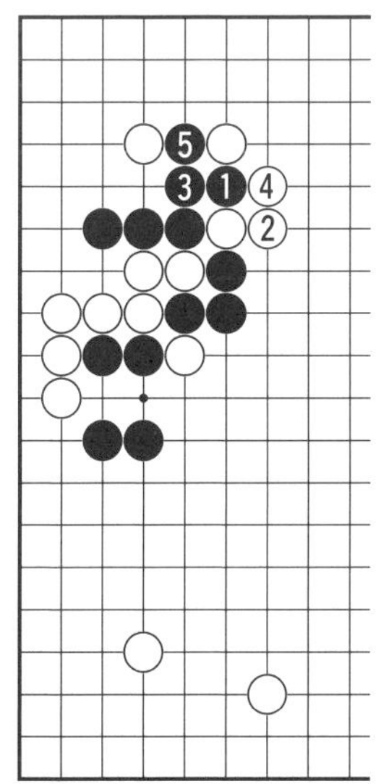

 백선

제5국
장면도

좌상의 공방

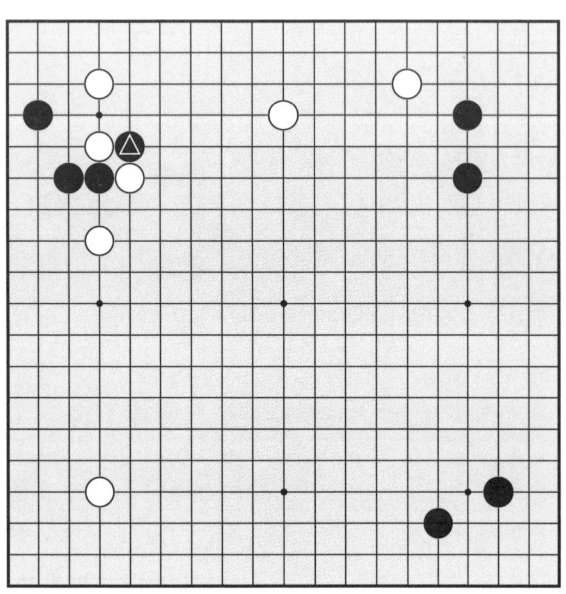

▲로 끊어온 장면입니다. 여기에서 백은 어떻게 응수하는 것이 좋을까요?

수순도

좌상 흑15는 무리수

1-15

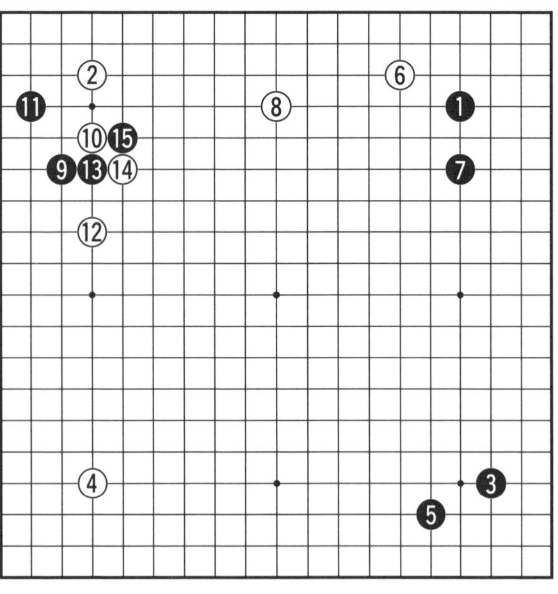

우하귀에 흑이 소목을 굳힌 후 백6으로 걸치고 8로 벌리는 등 평범한 진행입니다. 좌상 흑9의 걸침에 백10은 유력한 수로 백15로 두 점 머리를 두드려왔을 때 흑15의 끊음은 정석에서 벗어난 수입니다.

흑15로는 흑1이 정수

수순도의 흑15로는 흑1로 젖히고 나와 끊는 수가 정수입니다. 백2로 맞끊어왔을 때에는 흑3~5로 한 점을 잡는 형태가 됩니다.

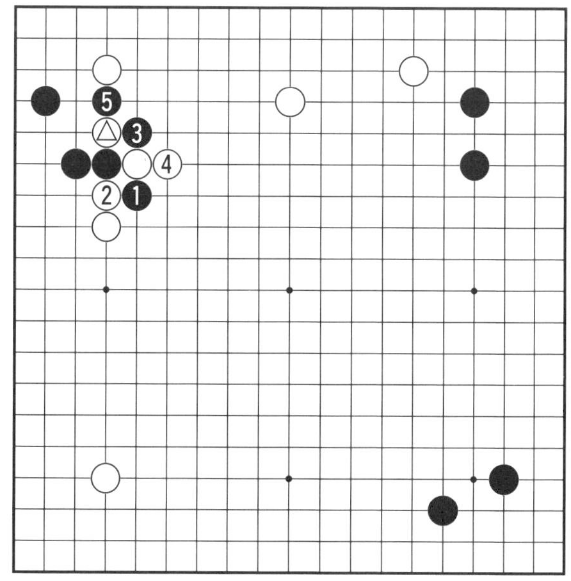

백1로 단수

백1로 단수치는 수는 욕심입니다. 백3으로 늘었을 때 흑4로 입구자 가는 수가 좋은 수로, 백5, 7로 달려보아도 흑은 좌상 흑 돌의 안정도 취하면서 8로 중앙으로 활발히 진출하여 백은 불만인 형태입니다.

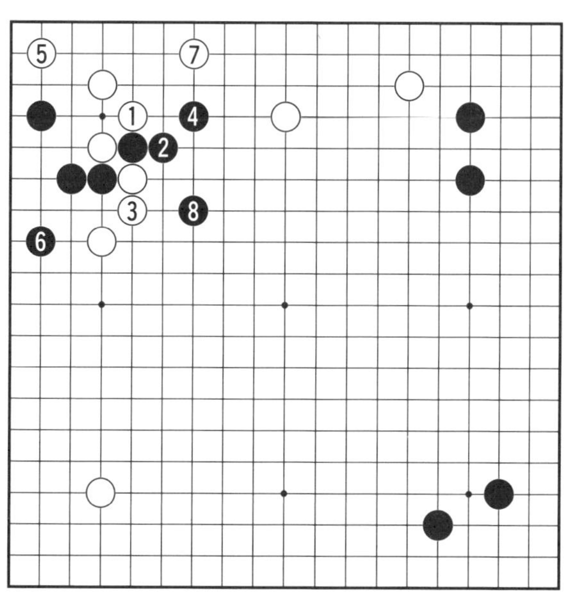

정해

백1의 단수가 올바른 방향입니다. 이 수로부터 모양을 정리해나가면서 흑의 무리수를 응징해나갑니다.

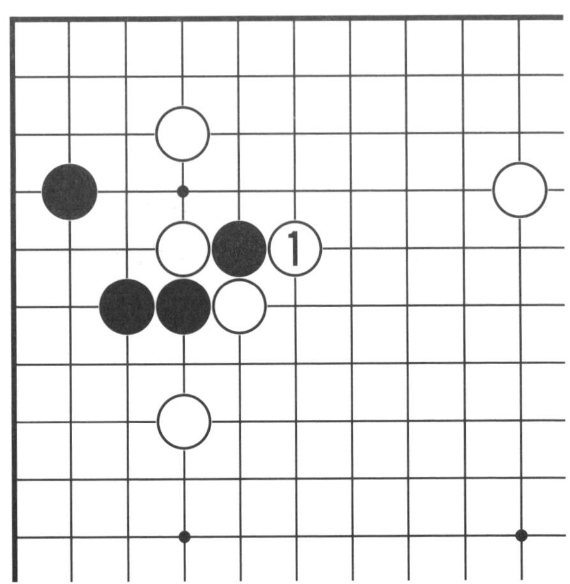

정해도

백1, 3이 돌의 흐름

백1의 단수에 흑이 2로 도망가면 백3으로 꽉 잇는 수가 흐름입니다. 흑 4로 단수치고 6으로 연결할 때 백7로 차렷하여 내려서는 수가 급소. 흑이 8로 꼬부려 나올 때에는….

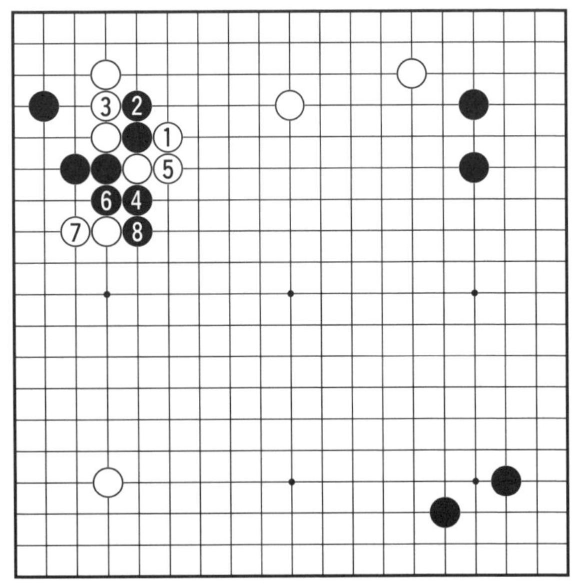

백5, 7의 연타가 통쾌

이전 그림에 이어서 백 1로 젖혀 공격하는 수가 좋습니다. 흑이 상변 두 점을 살리려고 할 때에 는 백5와 7의 연타가 좋 은 수순. 흑6의 젖힘에는 7로 끊어 요석 두 점을 잡 게 됩니다. 이 모양은 흑 은 곤마로 괴로운 반면 백은 단연 유리한 진행입 니다.

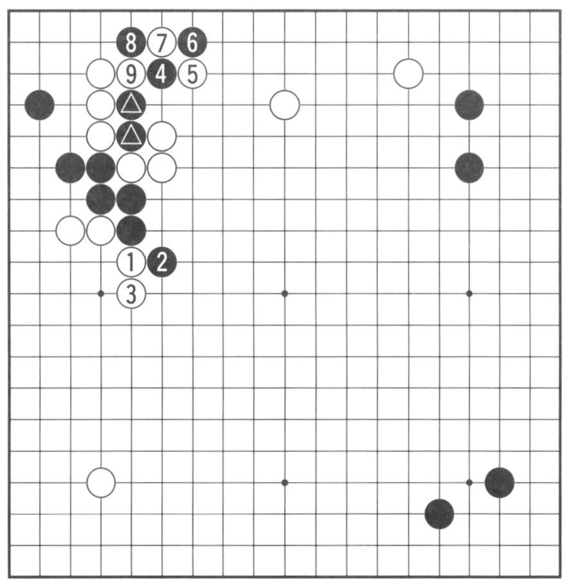

백7의 붙임이 근거의 요점

백1, 3의 강경한 대응에 흑4로 버텨온다면 백7의 붙임수가 근거의 요점. 백11까지의 진행까지 흑 은 일방적으로 시달려 괴 로운 모양입니다.

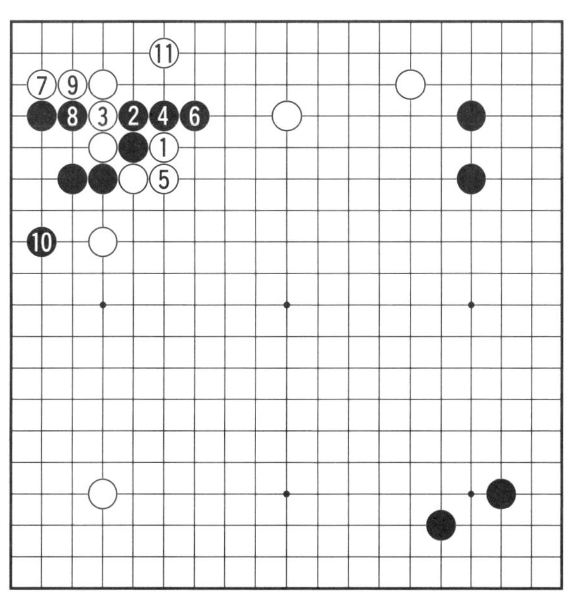

백선

제6국
장면도

우상의 공방

◬로 흑이 끊어온 장
면입니다. 백은 어떻게
응수하면 좋을까요?

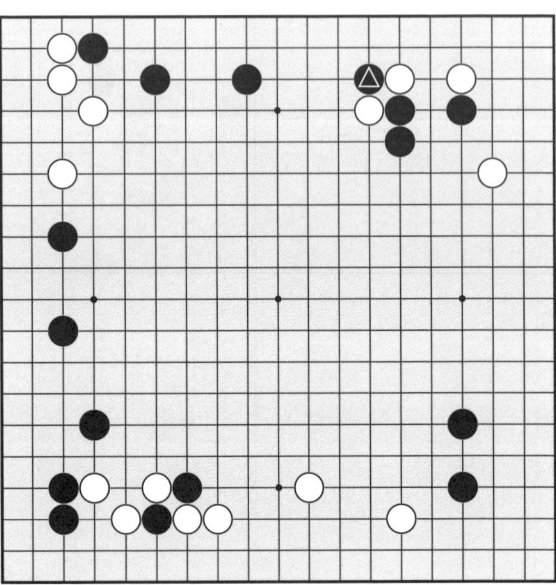

| 수순도 |

우상 흑31은 정석에서 벗어난 수

1-31

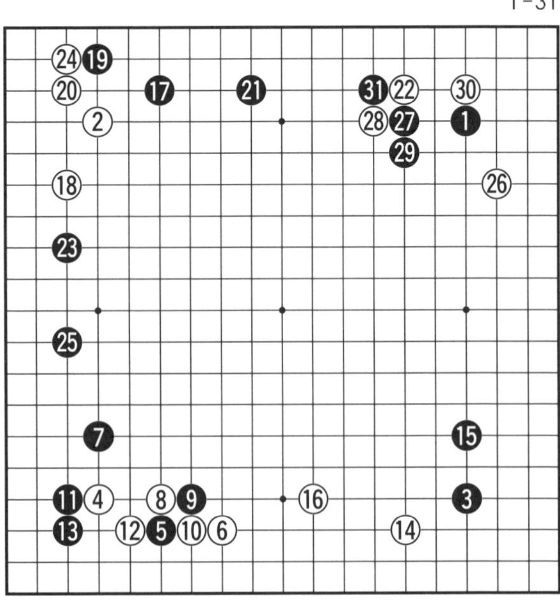

좌하 흑7 이하 13까지 기
본적 정석의 진행. 좌상 백
22에 손을 빼고 흑23,
25로 좌변을 벌려 놓았습
니다. 우상 백은 26의 양
걸침은 당연한 한 수! 백이
30으로 붙여온 순간 흑
31로 끊어간 수는 정석에
서 벗어난 의문수입니다.

흑31로는 흑1로 끼우는 것이 보통

일반적인 진행이라면 흑 31로는 1로 끼우는 수가 보통입니다. 백2로 받을 때 흑3~7까지 양걸침해 온 백 한 점을 9로 압박해 가며 서로 불만 없는 형태입니다.

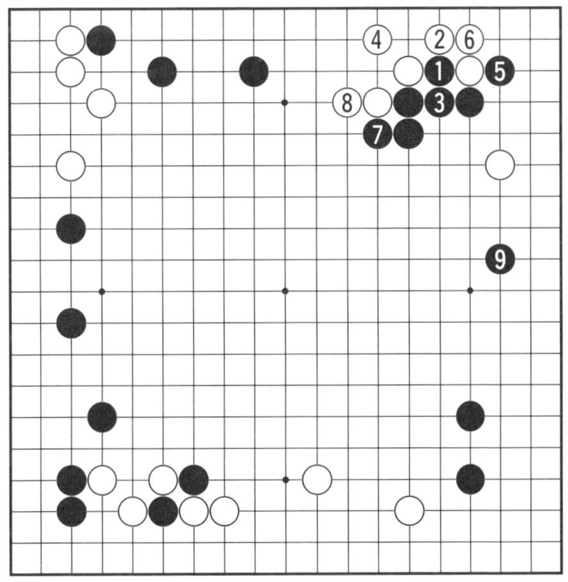

백1의 단수

백1로 단수치는 수는 좋지 않습니다. 흑2로 같이 단수를 쳐 백은 한 점을 따낼 수밖에 없을 때 흑 4로 △를 제압해 백은 불만인 형태입니다.

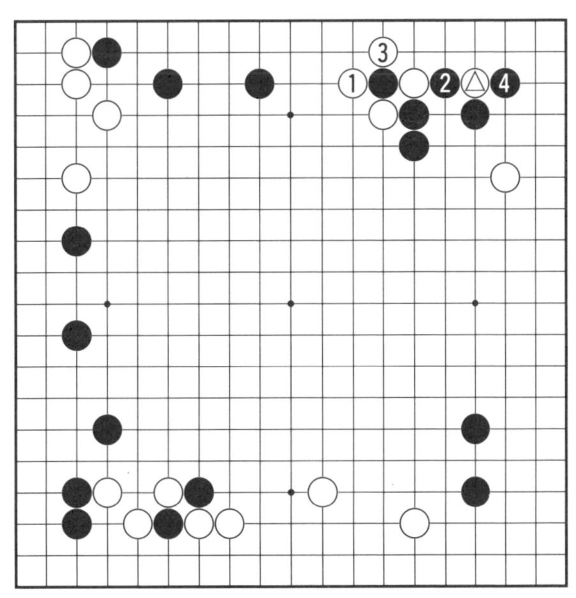

정해

백1의 이음수가 좋은 수입니다. 백a와 b를 맛보기로 하는 냉정하고 침착한 한 수라고 할 수 있습니다.

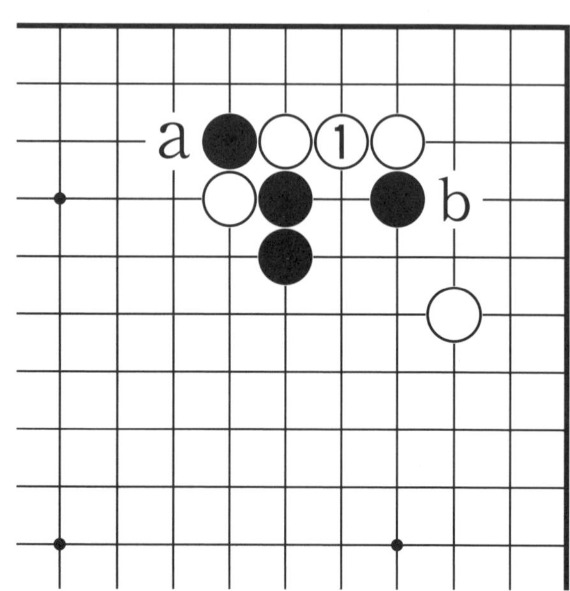

정해도

백3의 연결이 최적

백1로 연결 후 흑이 2로 단수를 친다면 백3으로 젖혀 넘어가는 수가 최적의 수입니다. 흑4로 때려 낼 때에는 발 빠르게 우변 백5로 우하 흑2점에게 다가갑니다. 무엇보다 우상귀 백의 실리가 커서 백이 우세한 국면입니다.

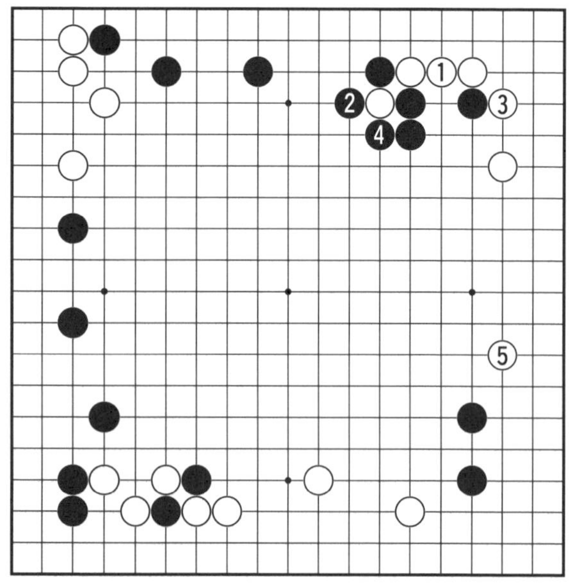

백3으로 제압하는 수가 성립

백1로 연결한 장면에서 흑이 2로 귀의 연결을 저지하려 한다면 백3으로 흑 한 점을 잡게 되어 백은 불만 없는 모양입니다. 흑4로 뻗어도 5로 막아 이상 무. 흑6으로 호구로 젖혀나갔을 때에는….

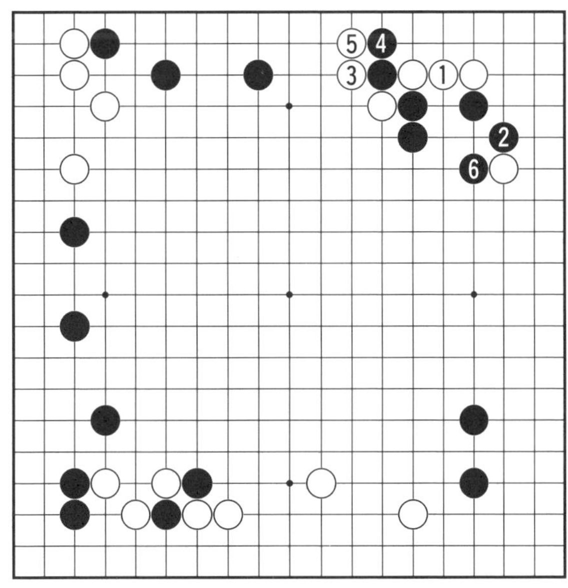

백1이 안성맞춤

이전 그림에 이어서 백1로 다가서는 수가 요소입니다. 흑2로 협공해오면 백3으로 붙이고 5로 한 칸 뛰어 중앙으로 진출하는 것이 타개의 요령. 우변의 백은 심하게 공격당할 말이 아니라서 백은 만족스러운 형태입니다.

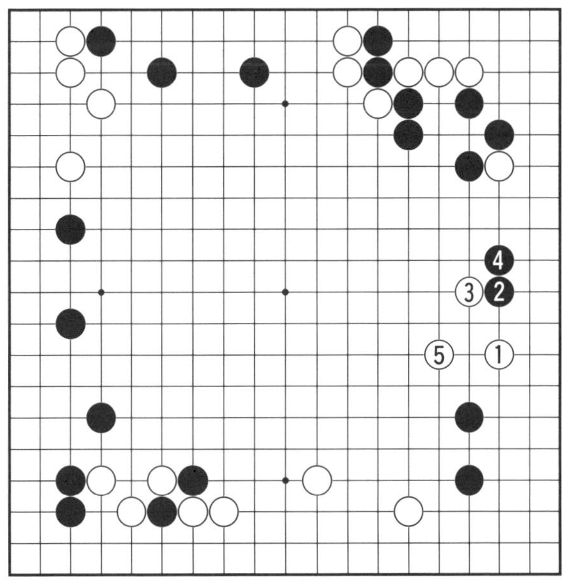

흑선

제7국
장면도

좌하귀의 공방

△로 벌려간 장면입니다. 좌하 백 진영에 대한 대응수를 생각해보세요.

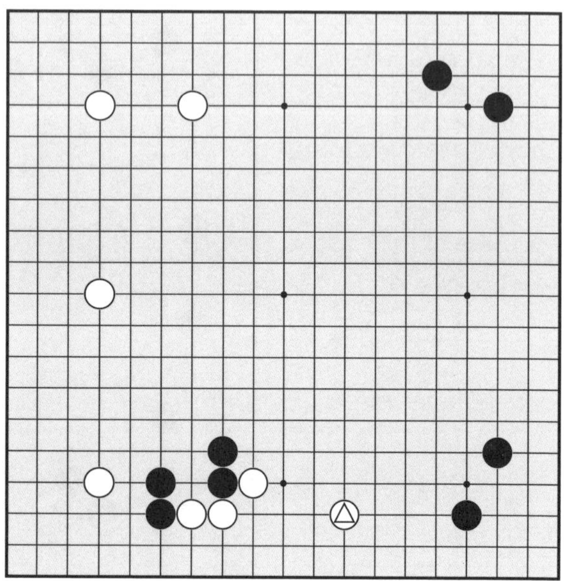

수순도

하변 백14, 16은 불안정한 착점

1-16

좌변 백6의 삼연성에 흑7로 양쪽 굳힘을 택한 포석입니다. 흑9의 걸침은 당연한 수. 흑13의 뻗음에 백14, 16으로 하변에 벌려왔으나 이것은 불안정한 착점입니다.

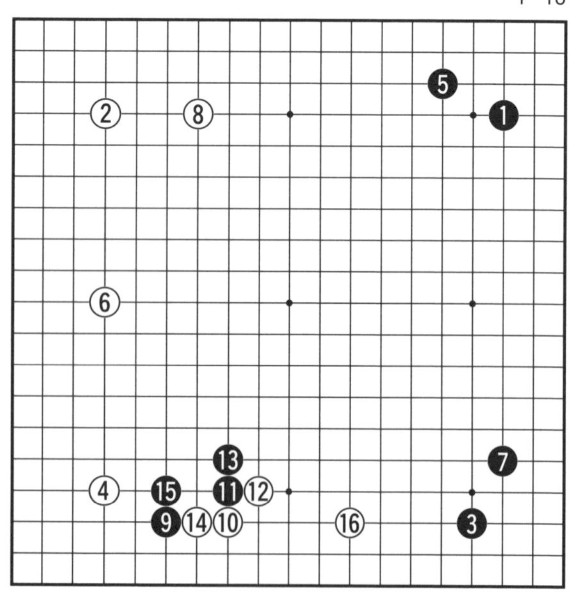

백14로는 백1로 꽉 잇는 것이 좋은 수

백14로는 1로 가만히 이어두는 수가 좋습니다. 약점을 보강하기 위해 흑 2~6으로 좌변 실리를 벌어들이고 백7~11까지 중앙으로 진출하면서 공격해나가는 모습이 백의 만족스러운 진행입니다.

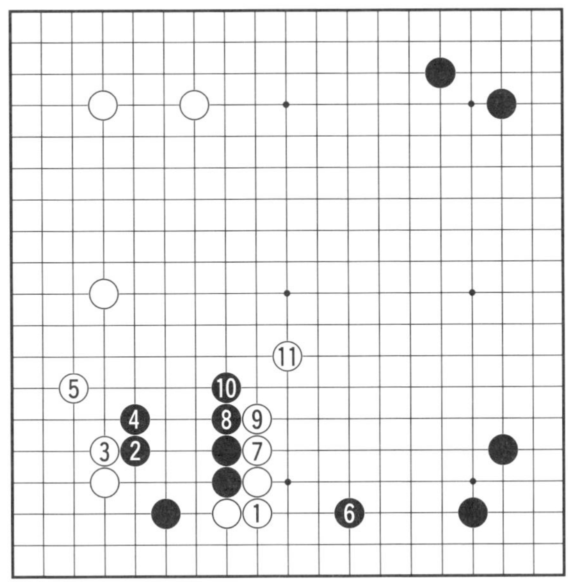

흑1로 날일자

흑1의 날일자로 약점을 보강하는 수도 백의 실리를 굳혀주는 셈이 되어 불만입니다. 백은 자연스럽게 좌변의 실리를 벌어들이면서 추후의 공격을 노리게 됩니다.

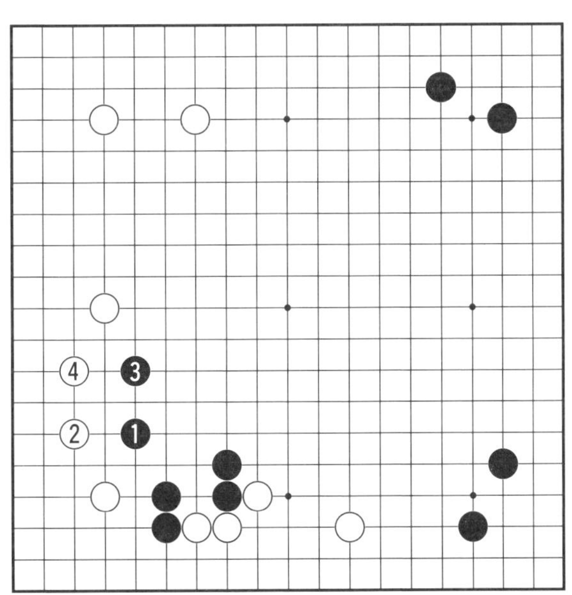

정해

흑1로 붙이는 수가 날카로운 한 수입니다. 흑은 △의 돌에 기대어 자연스럽게 약점을 보강하는 것이 요령입니다.

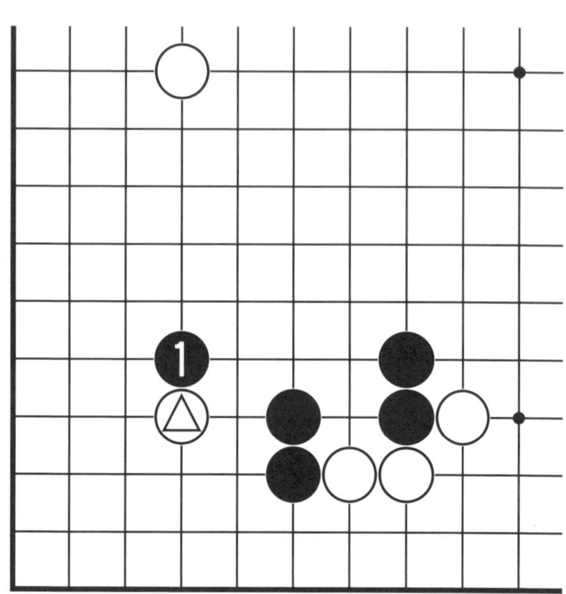

정해도

흑5로 막는 수가 호수

흑1의 붙임에 백2로 젖혀오면 3으로 뻗어두는 수가 간명합니다. 백이 4로 이을 때 5로 눌러 막는 수가 기분 좋은 수로 이하 9까지 흑의 충분한 진행입니다.

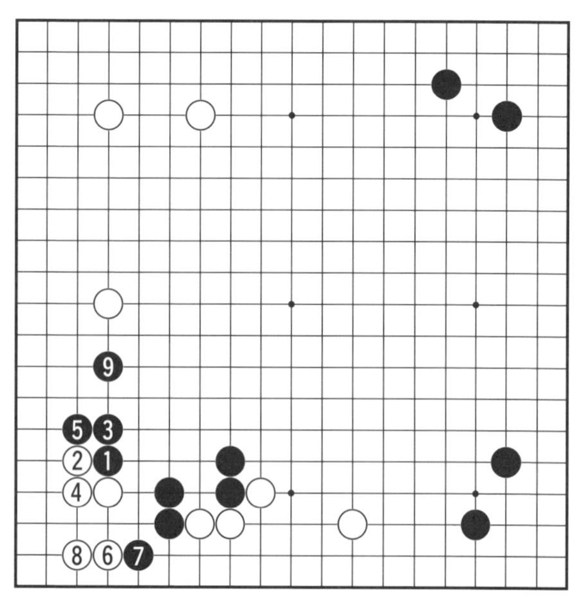

흑5로 끊는 수가 날카로운 수

흑1의 붙임에 2로 젖히고 4로 밀고나올 경우 흑5의 끊는 수가 날카로운 수입니다. 백6, 8에 흑9로 젖히는 수가 통쾌해 흑의 대성공입니다.

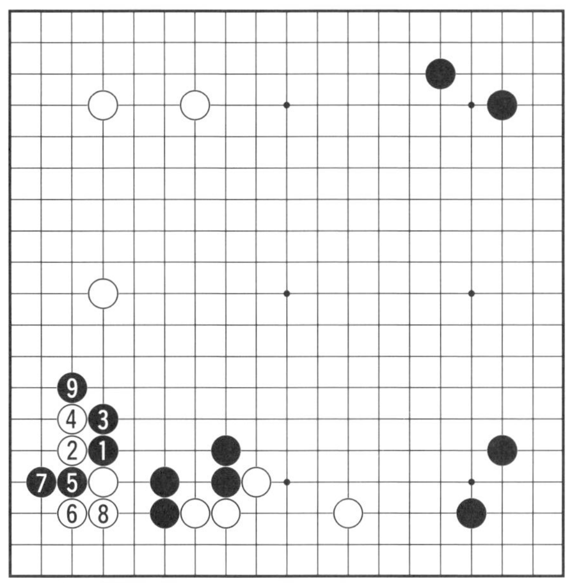

축으로 잡아 흑 유리

흑1의 붙임에 2로 젖혀서 반발해온다면 맞서 끊고 싸우는 것이 좋습니다. 흑7로 끊어 백 한 점이 축으로 잡히게 되므로 단연 흑의 유리한 진행이라고 할 수 있습니다.

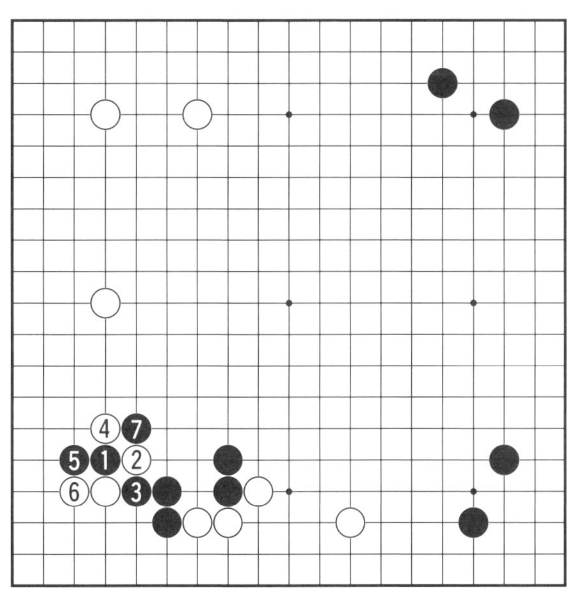

백선

제8국
장면도

우상귀의 공방

⬤로 막은 장면입니다. 백은 어느 쪽부터 두어 가는 것이 좋을까요?

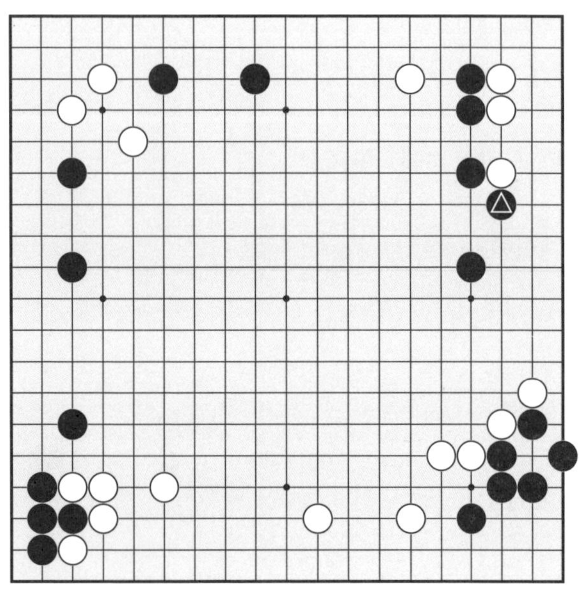

수순도

우상귀 흑39는 정석에서 벗어난 수

1-39

좌하귀 백13은 실리를 중요시하는 수입니다. 우하귀 백24는 노림수. 우상 백32의 걸침은 발 빠른 수이나 우하귀를 a 정도로 지켜두는 수도 좋았습니다. 우상귀 백38의 연결에 흑39로 막은 수는 정석에서 벗어난 수입니다.

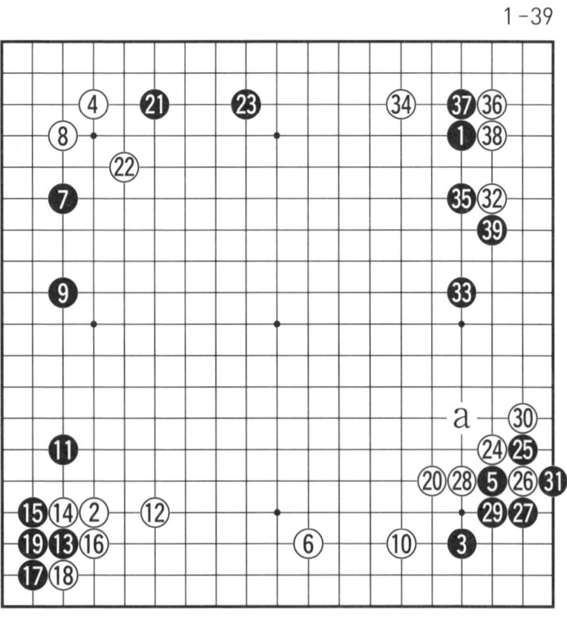

흑1로 끼우는 수가 급소

수순도의 흑39로는 흑 1로 끼우는 수가 급소였 습니다. 백2, 4로 막을 때 흑5, 7이 좋은 수순으로 흑은 7로 백 한 점을 씌 워가 주도권을 잡는 것이 좋았습니다.

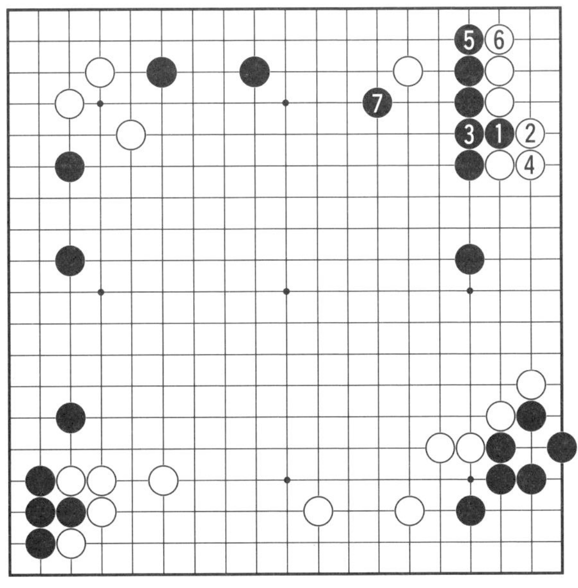

백1의 젖힘

백1로 젖히는 수는 찬스 를 놓친 아까운 수입니 다. 흑2로 한 점을 제압 해 흑의 호조. 백3으로 넘 을 수밖에 없을 때 흑4로 백의 단점을 끊어가 흑의 불만이 없는 진행입니다.

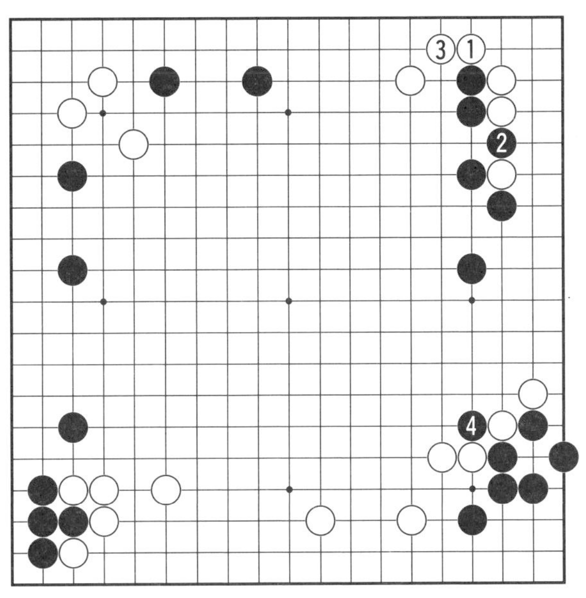

정해

백1로 끼워서 잇는 자리가 기민한 수. 이 수로부터 흑의 이상한 수를 응징해갑니다.

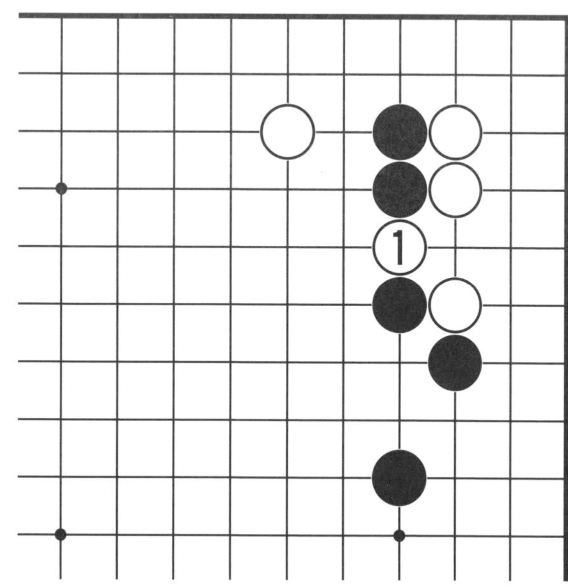

정해도

▲ 2점을 잡아 백 대만족

백1로 끼운 장면에서 2, 3으로 두고 4로 위쪽을 잇는다면 백5로 끊는 수가 성립합니다. 흑2점을 잡아서는 백의 만족스러운 진행입니다.

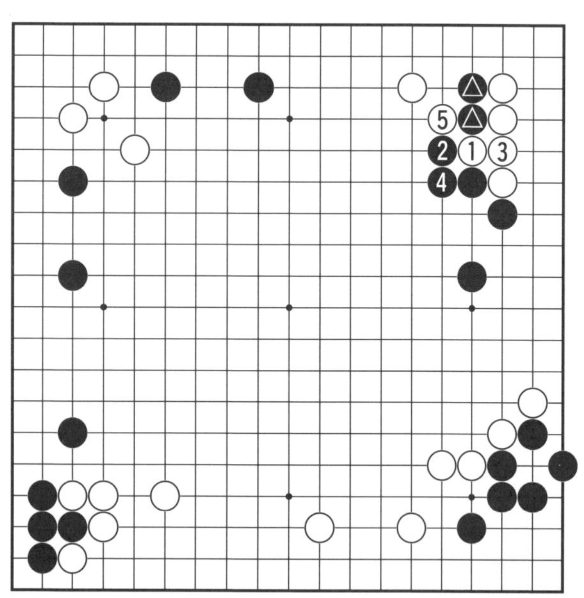

백5, 7의 성립

백1, 3에 흑이 4로 이어 버텨온다면 백5~7로 한 점을 제압하는 수가 성립해 흑10의 꼬부리는 수로 달아나보려 해도….

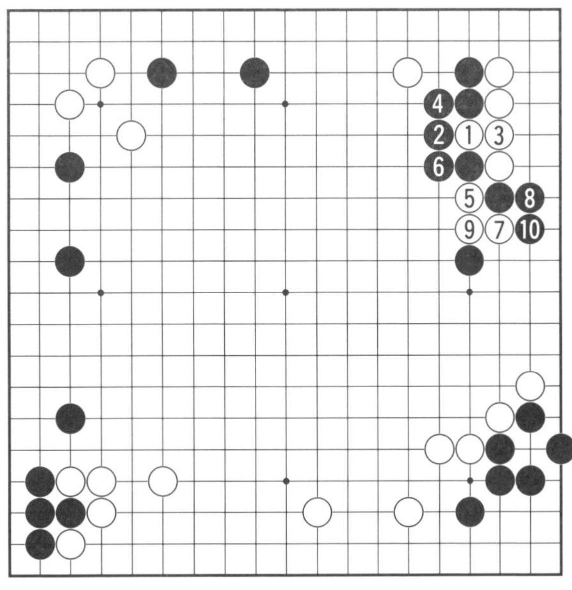

백5, 7이 냉정한 대응책

이전 그림에 이어 백은 1, 3으로 슬슬 늘어두어 받는 것이 정수입니다. 흑 4의 밀고 들어옴에는 5, 7로 반대쪽을 젖혀서 이음으로써 걱정이 없습니다. 이 모양은 2선을 여러 번 긴 것도 모자라 생사마저 불투명한 흑의 대실패인 모양입니다.

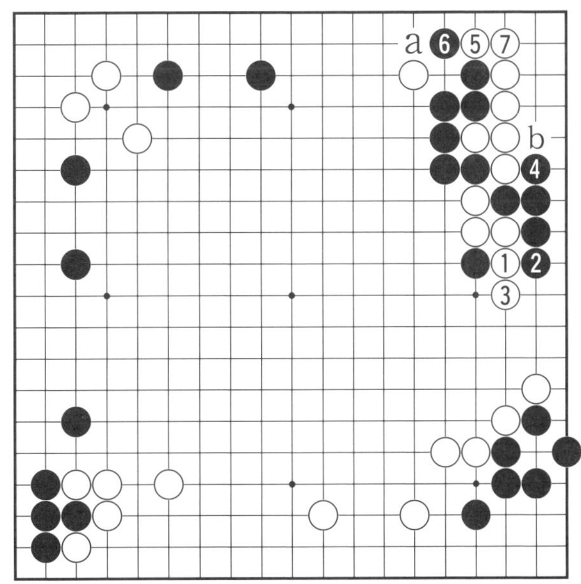

제9국
장면도

좌상귀의 공방

△의 수는 정석에서 벗어난 수입니다. 백은 이 수에 대해 어떻게 응징하는 것이 바른 대응법일까요?

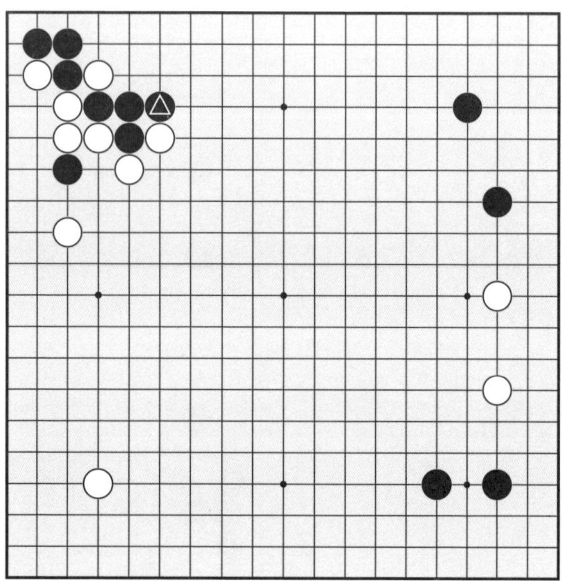

수순도

좌상귀 흑23은 정석 외의 수

1-23

우변 백6으로 갈라치는 수는 일반적인 수. 좌상 흑9에 백10으로 협공해 왔습니다. 흑11부터는 눈목자 걸침의 협공 정석 일련의 수순. 그러나 마지막 흑23은 이상한 수로 정석에서 벗어난 수입니다.

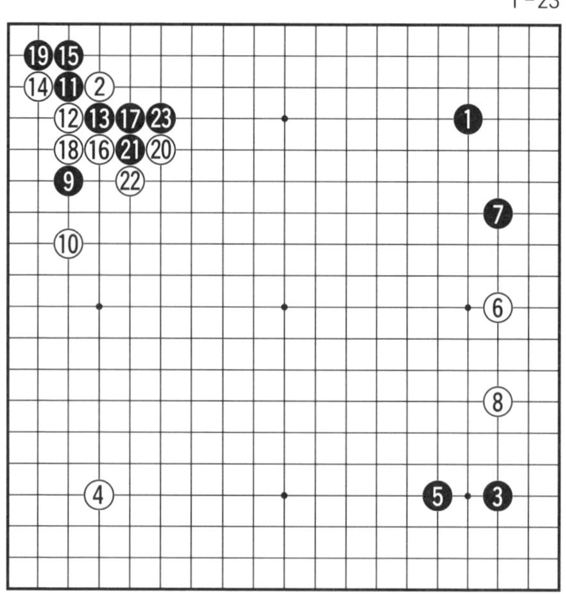

흑23은 보통의 경우 흑1로 한 점을 제압

수순도의 흑23으로는 흑
1로 ◎ 한 점을 제압해두
는 것이 좋았습니다. 백
2로 연결할 때에 손을 빼
고 하변 흑3으로 큰 자리
를 차지해 호각인 국면입
니다.

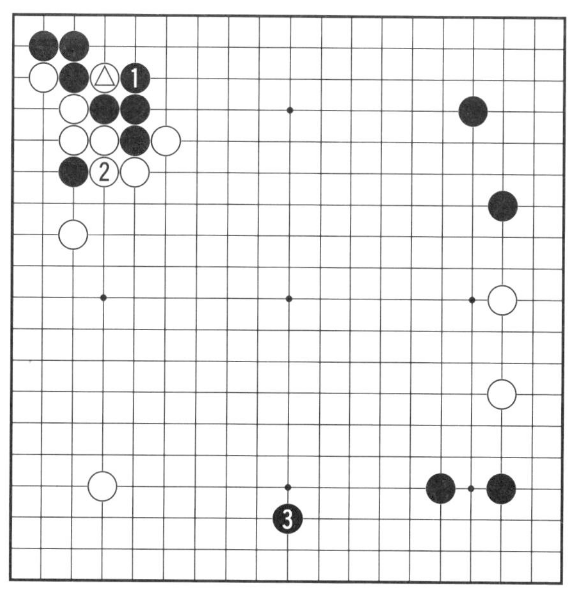

백1로 연결

백1로 연결하는 수는 의
문의 수입니다. 흑2로 뻗
는 수가 절호점이 되어
흑의 실리가 돋보여서는
백의 실패인 진행입니다.

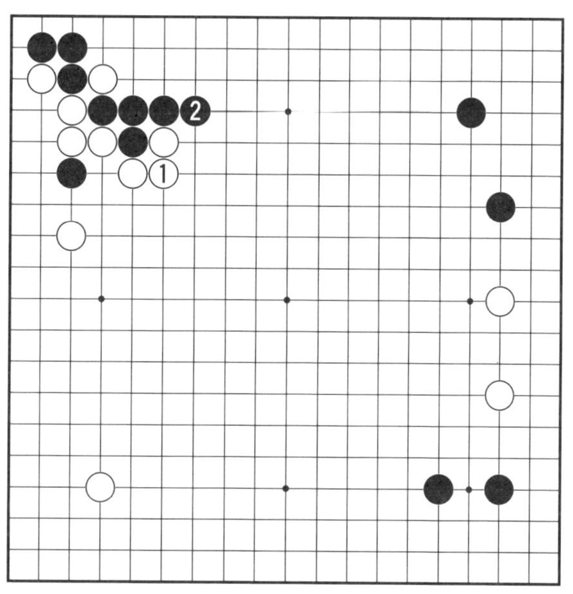

정해

백1로 이단을 젖히는 수가 좋은 맥점. 흑의 자충을 노려 흑의 완착을 제대로 응징해보이겠다는 작전입니다.

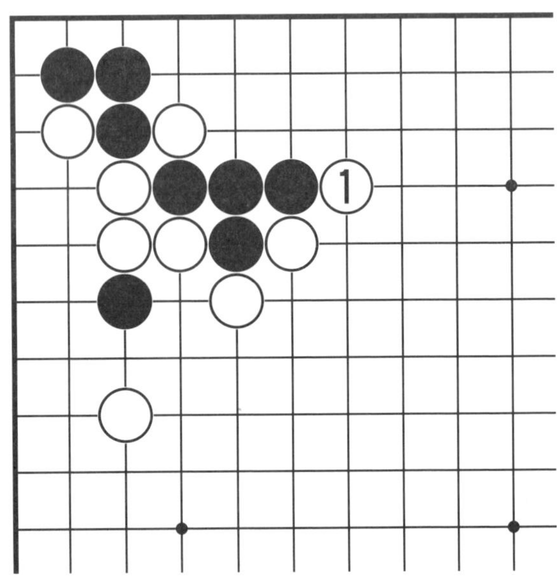

정해도

백1에 흑2로 끊어온다면 백3으로 돌려 치는 수가 호수. 흑6으로 연결할 때에는….

정해도 계속

이전 그림에 이어서 백1로 늘고 흑2, 4에 백5로 흑 석 점을 취해서는 백의 대성공입니다.

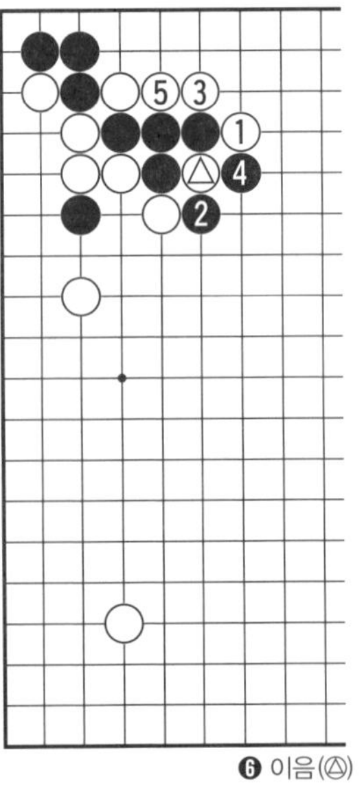

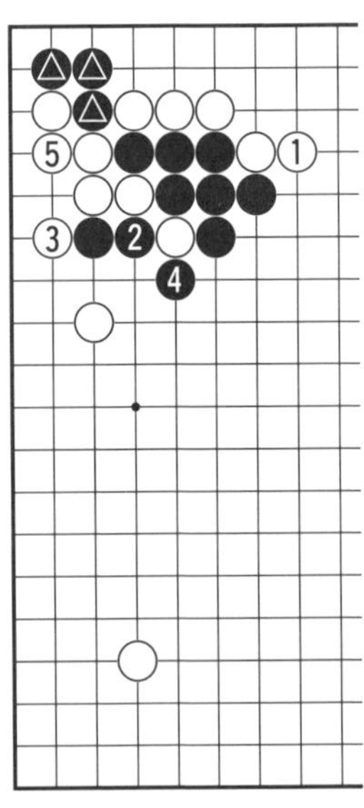

❻ 이음(△)

공격의 즐거움이 남아 백 유리

△로 젖혔을 때 흑1, 3으로 귀를 살아간다면 백4로 늘어가는 수가 통쾌한 수. 흑5에는 백6까지. 이 모양은 공격의 즐거움이 남아 백의 유리한 진행입니다.

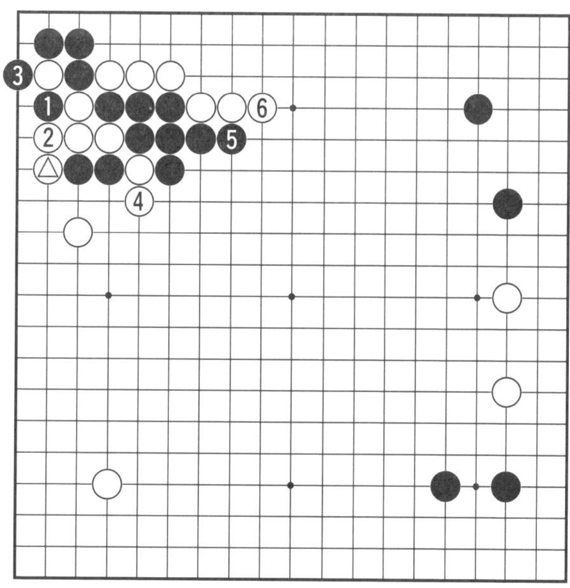

멋진 세력을 쌓아 백 만족

백1에는 흑2로 지켜두는 수가 예상됩니다만 많이 당한 모습. 백3으로 연결해 에워쌓인 모습이 되어서는 흑의 불만인 진행입니다.

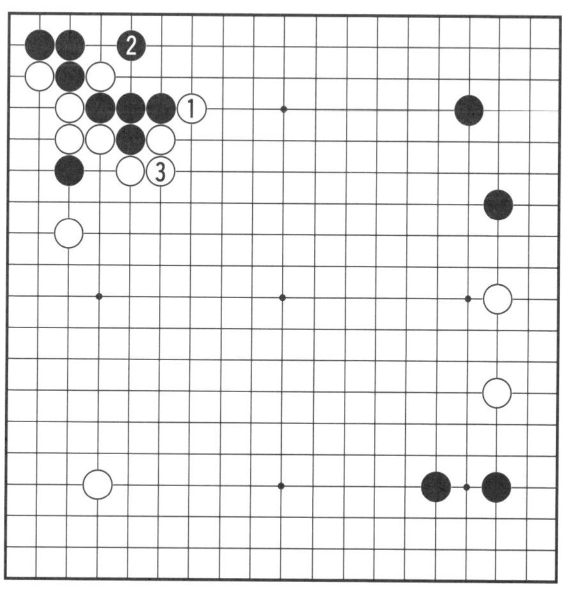

제10국
장면도

흑선

좌상의 공방

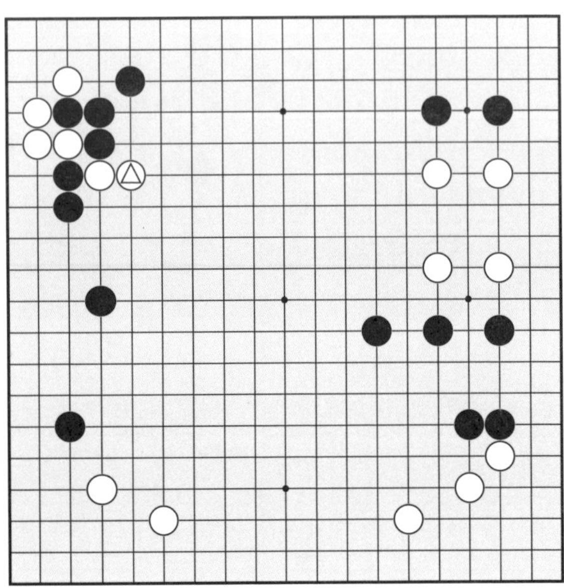

△로 뻗은 장면입니
다. 이 수는 무리수로
흑은 절대적인 찬스를
잡았습니다. 어떻게
두는 것이 좋을까요?

수순도

좌상귀 백30은 과욕의 수

1-30

좌변 백5에 흑7의 걸침.
백8 이하 16까지 온건한
진행. 좌상귀 흑21에는
백22, 24는 끊고 싶은 자
리이지만 흑29의 뻗음에
백30으로 나간 수는 과욕
의 수였습니다.

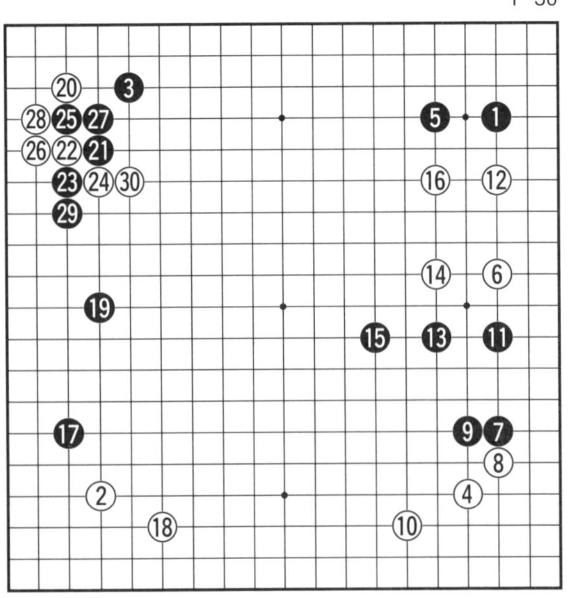

백30은 백1로 선수를 활용함

백30으로는 백1을 선수로 활용해버리는 것이 좋았습니다. 흑2로 연결하기를 기다려 백3, 5로 상변에 갈라 치는 것이 효율적인 작전. 좌상귀는 흑6으로 뻗어 공격을 노린다면 백7로 간명하게 살아 있는 모습입니다.

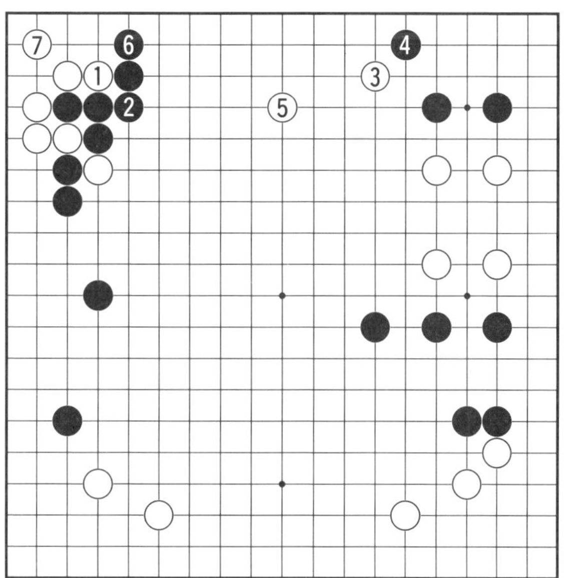

흑1로 치중

흑1로 치중 가는 수는 잘되지 않습니다. 백2에 흑3으로 두어도 백4로 흑은 둘 곳이 마땅치 않은 장면. 이 모양은 흑의 무리로 흑1은 급소를 비껴간 수입니다.

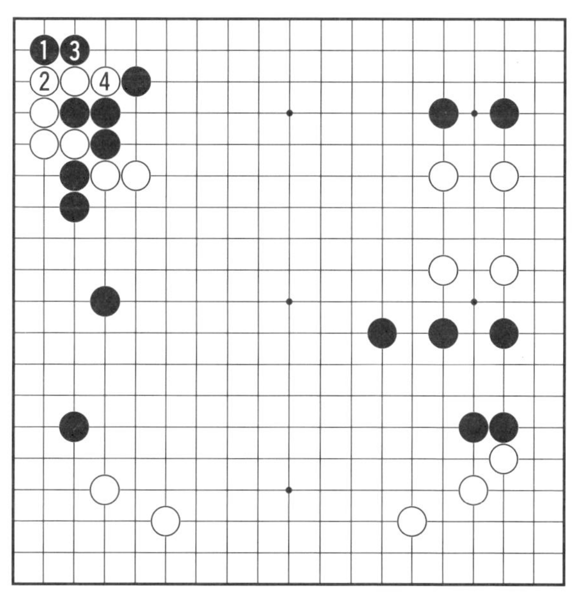

정해

흑1로 붙여가는 수가 날카로운 일착. 이 수로 백돌의 안형을 빼앗아 귀의 백을 잡으러 가겠다는 작전입니다.

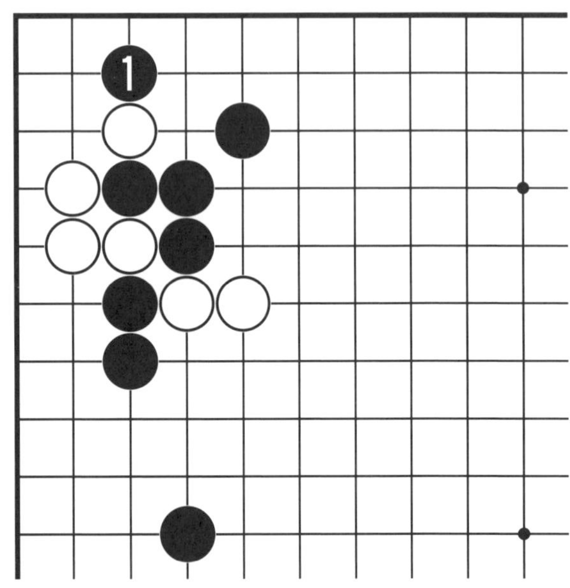

정해도

흑1, 3이 맥점의 연타

흑1에 백2로 막는다면 알기 쉽게 흑3으로 늘어두는 것이 중요합니다. 흑1, 3이 맥점의 연타로 백4, 6에는….

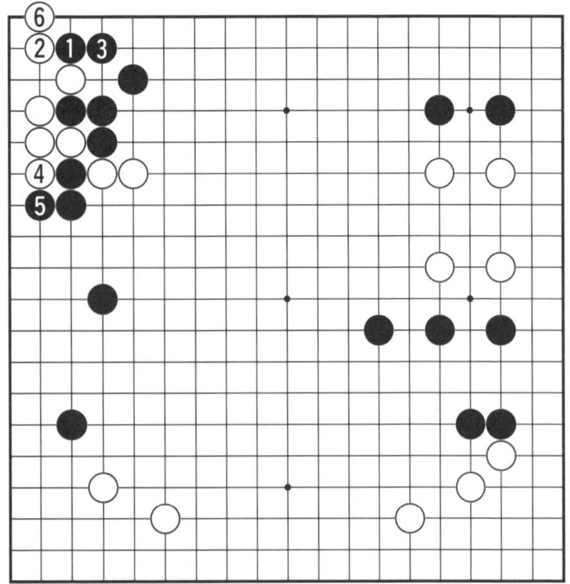

흑1, 3으로 치중이 급소

이전 그림에 이어서 흑
1로 젖힌 후의 치중이 급
소입니다. 백4에 흑5로
먹여치는 수가 성립해 백
은 한 눈밖에 나지 않은
모양입니다. 백이 전부
죽어서는 흑의 대성공입
니다.

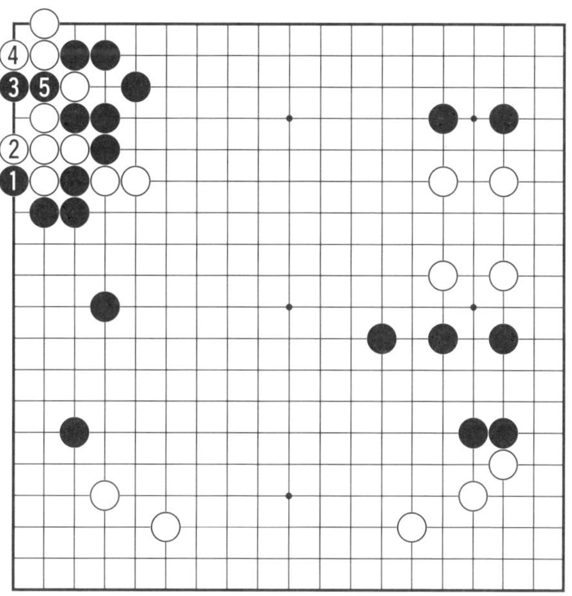

흑3으로 느는 수가 호수

흑1에 백2로 연결한다면
역시 흑3으로 늘어두는
수가 좋은 수. 백4 이하
8에는 흑9로 연결해 이상
무. 이 모양 역시 백이 잡
혀 백의 실패입니다.

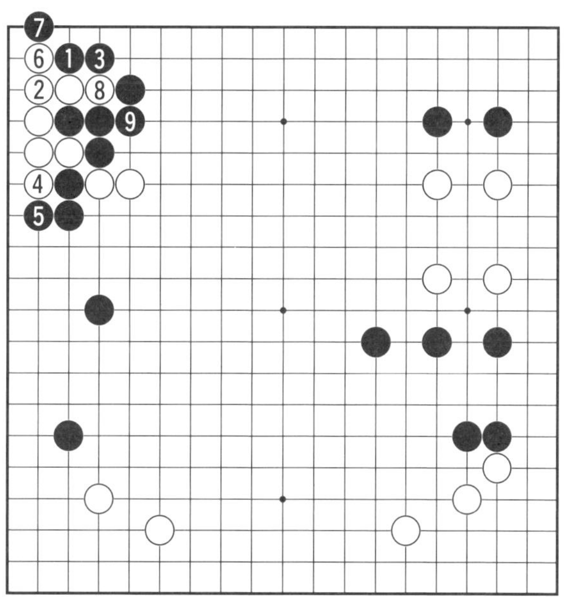

바둑책은 열심히 읽고 금방 잊어버려야 한다

바둑을 책이나 TV 강좌를 보며 공부하는 것은 아주 좋은 방법이다. 새로운 사실을 알게 된다는 것 자체로도 즐거운 일인데다가 스스로 즐기면서 공부하는 것이기 때문에 실력을 향상시킬 수 있다. 아마 뇌를 활성화시키는 데 있어서도 이보다 좋은 방법은 없을 것이다.

하지만 공부를 할 때는 잘 알 것 같다가도 금방 잊어버린다거나 실전에서 자신의 실력을 충분히 발휘하지 못하는 사람들도 있다. 그런데 그중에는 어차피 잊어버릴 거라면 애초에 공부를 하지 않는 것이 낫다고 생각해 공부를 하지 않는 사람도 있다. 그러나 이것은 '어차피 고파질 배라면 밥을 안 먹는 것이 낫다'라는 말과 같은 것이다.

사람의 뇌는 반복해서 학습해야 잊어버리지 않는다. 컴퓨터처럼 지식과 정보를 모두 기억한다고 해도 응용을 하지 못한다면 아무 소용이 없다. 아무리 맛있는 요리라도 과식은 몸에 독이 된다. 적당히 먹어도 우리 몸에서 필요한 영양분을 확실히 섭취하고 있는 것처럼 바둑 역시 '배우고 잊어버리기'를 반복하면서 그 나름대로의 배움을 얻을 수 있다.

잊어버리는 것에 연연하지 말고 꾸준히 공부하는 것이 중요하다. 그 과정이 피가 되고 살이 됨을 알게 될 것이다.

PART 2

끊어서 타개하는 맥점

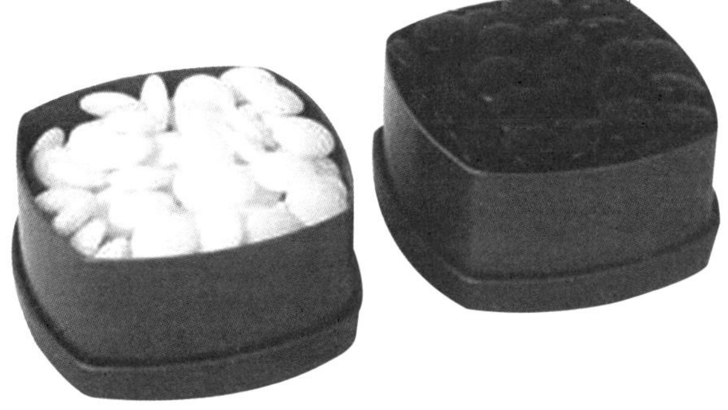

 흑선

제1국
장면도

좌변의 공방

△로 막은 장면입니다. 이제 흑은 어떻게 두는 것이 최선일까요?

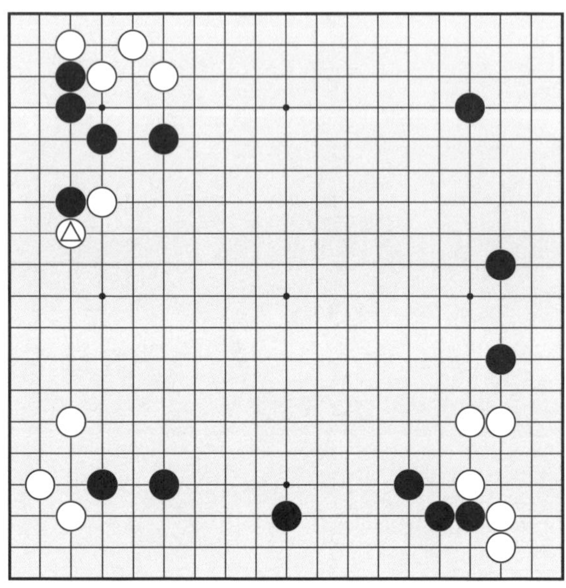

수순도

좌변 흑27은 호수

우변 흑11로 다가선 수는 좋은 자리로, 백12는 두텁게 지켜둔 수입니다. 우하 흑15, 17은 좋은 활용으로 흑의 불만 없는 진행. 좌상 백22에 흑23, 25로 붙여 끄는 수를 교환한 뒤 흑27로 붙여가는 수는 좋은 수순입니다.

1-28

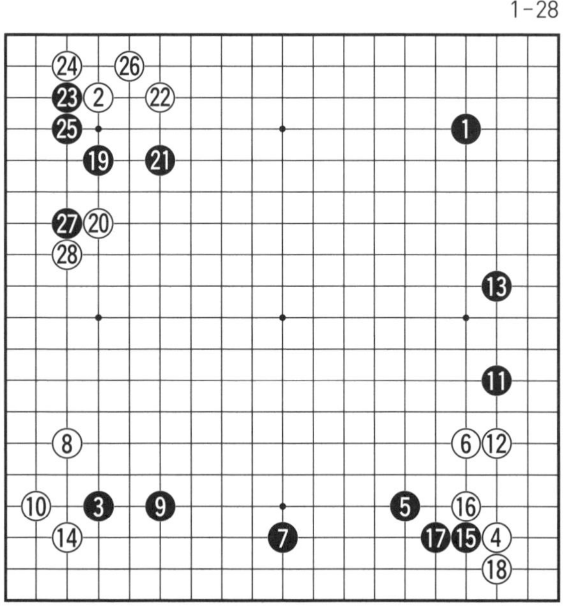

흑27로는 흑1로 협공하는 수는 완착

흑27로 1에 협공하는 수
는 완착입니다. 백2, 4로
뛰어서는 좌상귀의 흑돌
과 좌변 1의 돌이 모두 엷
은 형태가 되어 흑이 괴
로운 진행입니다.

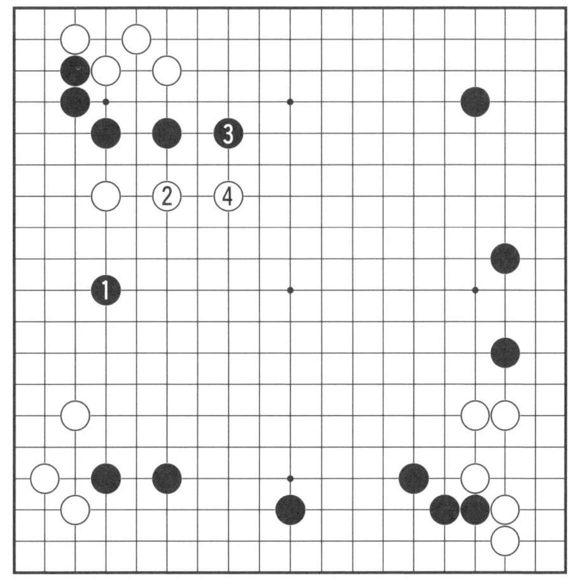

흑1로 이단젖힘

흑1로 이단을 젖히는 수
는 잘 되지 않습니다. 백
2, 4가 날카로운 응수로
흑5에 백6 이하 10까지
되어서는 흑이 망한 형태
입니다.

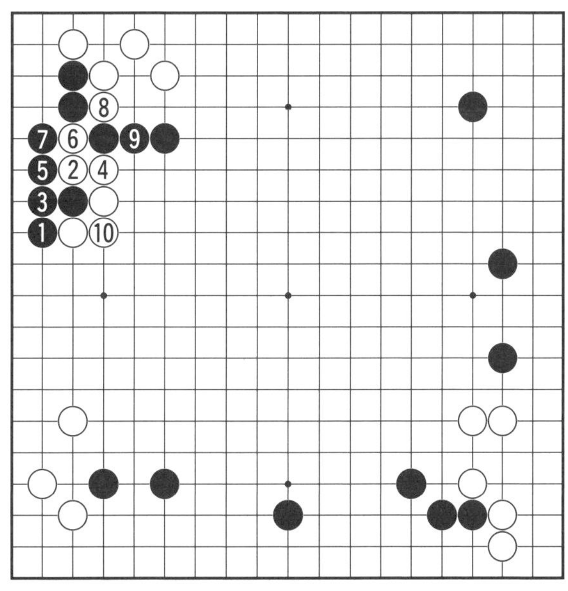

끊는 수로 타개

정해

흑1로 끊어가는 수가 정석입니다. 이렇게 끊어가는 수는 타개의 요령이라고 할 수 있습니다.

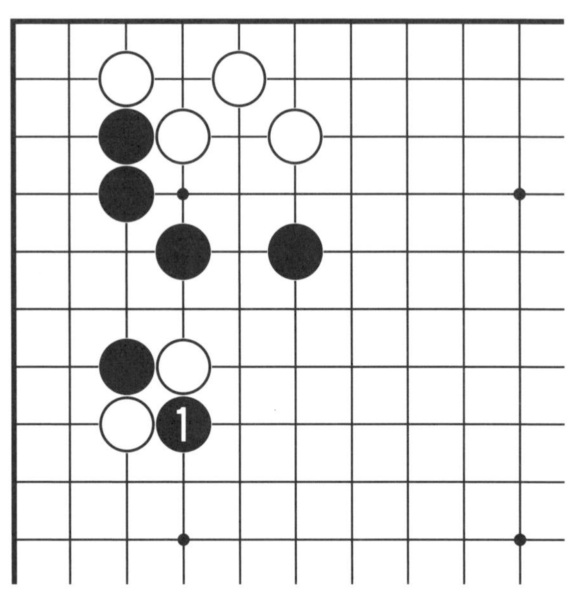

흑5로 뻗는 수가 두터움

흑1로 끊어왔을 때에는 백2의 방향으로 단수치는 것이 보통입니다. 흑5로 가만히 뻗어 한 점을 제압하는 수가 두텁고 좌하귀 큰 자리를 선점하여 서로 불만 없는 진행입니다.

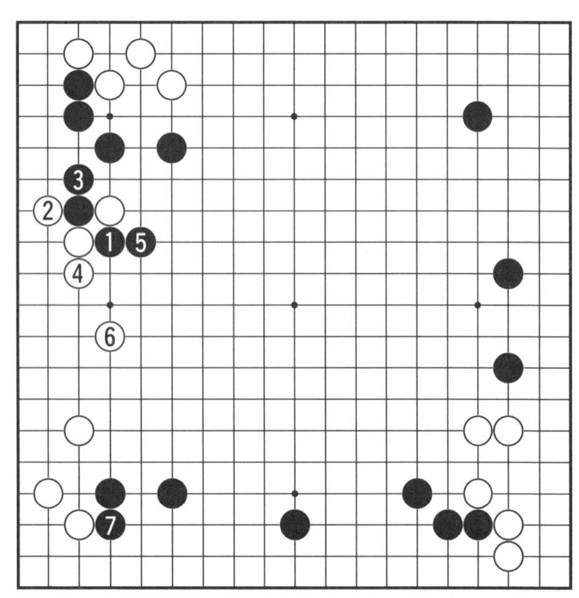

흑3으로 단수치는 수가 중요

백2로 가만히 늘어두는 수도 있습니다. 여기에서는 흑3으로 단수를 쳐 한 점을 제압하는 것이 포인트! 백이 4로 활용하고 6으로 지키면 흑도 7의 자리를 차지해 이제부터가 한 판의 바둑이라고 할 수 있습니다.

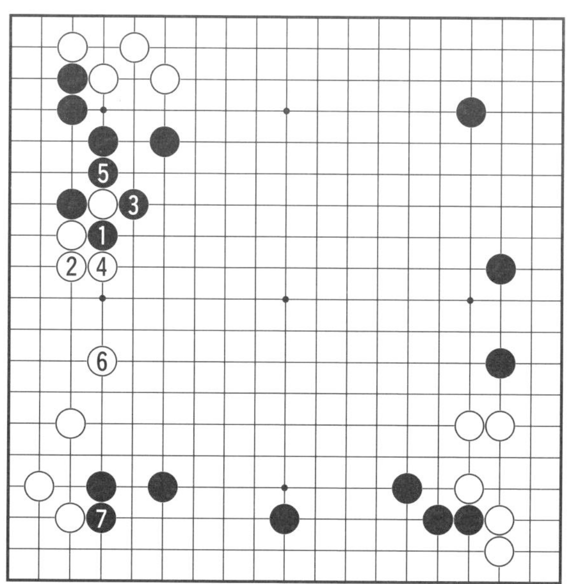

흑1의 끊음에 백이 2로 반발해온다면 흑5로 넘는 수가 통렬한 수. 백6, 8로 무리하게 끊어올 때에는….

이전 그림에 이어서 흑1로 단수치는 것이 절묘한 수. 3으로 활용한 뒤 흑5로 뻗어 △를 취해서는 흑의 만족스러운 진행입니다.

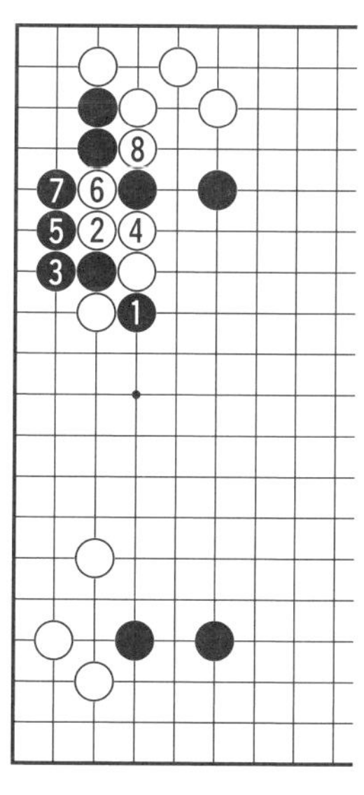

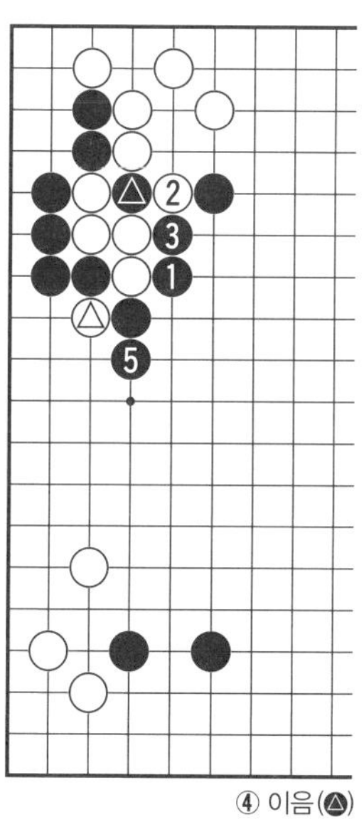

④ 이음(△)

제2국
장면도

백선

좌하귀의 공방

△로 도망을 간 장면입니다. 백의 다음 수는 어디가 좋을까요?

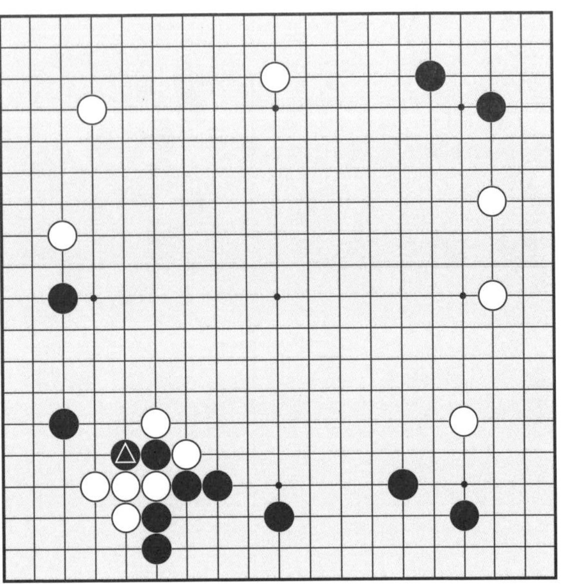

수순도

좌하귀 흑25는 의문의 수

1-25

좌하귀 흑13까지 서로 큰 자리를 차지하는 평범한 진행입니다. 우변 백14의 벌림은 발 빠른 작전. 흑15의 양걸침에 백16, 18로 젖히고 막는 수는 좋은 수순입니다. 백24의 단수에 흑25로 나간 수는 의문의 한 수.

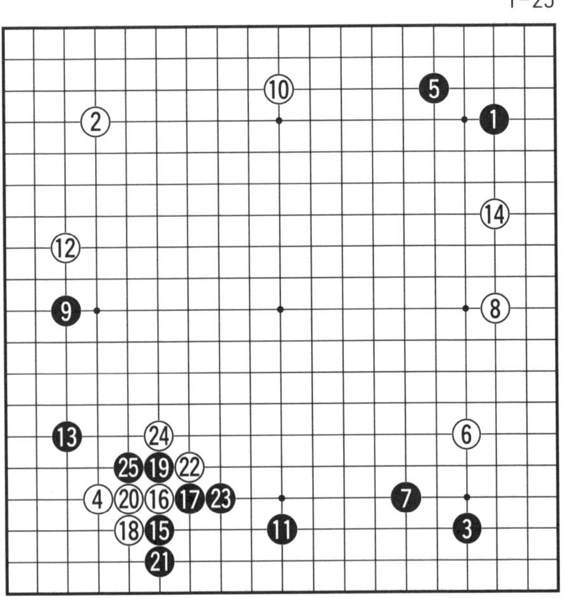

흑25로는 흑1로 입구자 하는 것이 호수

이전 그림의 흑25의 수로는 1의 마늘모 행마로 좌변을 강화하는 수가 좋았습니다. 백2 이하 흑9까지 좌변을 확실히 정비한 모습이 돋보입니다.

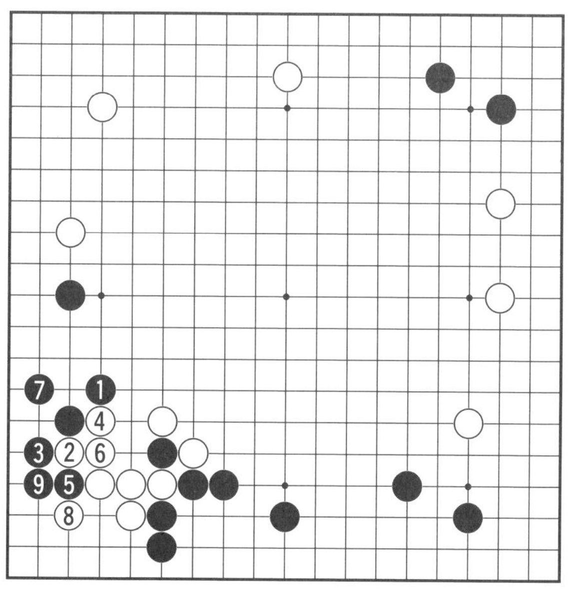

백1로 단수

백1로 단수치고 나오는 수는 이상한 수. 백7까지 흑 한 점의 제압에는 성공한 모양이지만 흑8로 한 칸 뛰는 모양이 견고한 수로 두터운 흑에 비해 백의 불만스런 진행이라고 할 수 있습니다.

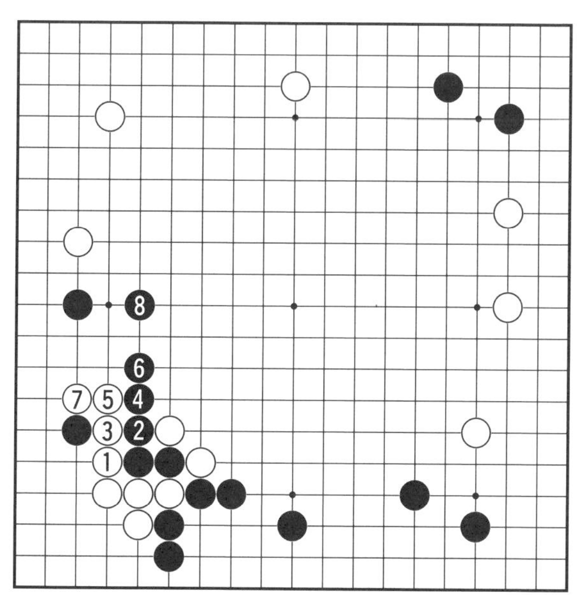

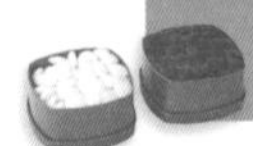

정해

백1로 붙여가는 수가
타개의 요령. 이제부
터 백은 △ 두 점을 이
용하여 흑의 실착을
제대로 응징해갑니다.

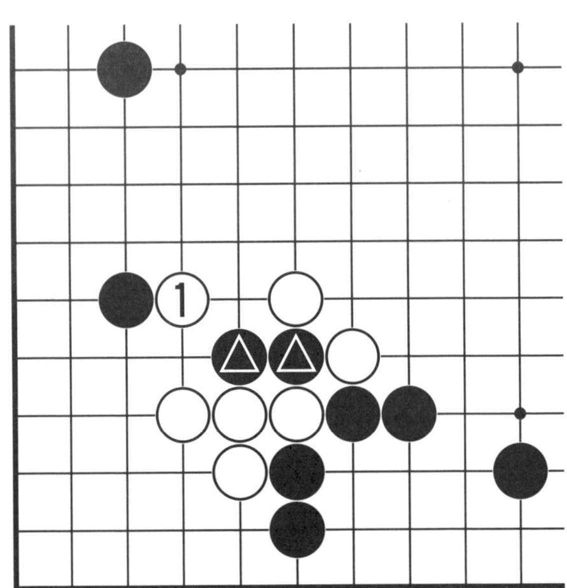

정해도

백3으로 단수치는 수가 간명

흑2로 끊어오면 백3으로
단수치는 수가 알기 쉽습
니다. 흑4의 따냄에는 백
5로 △ 한 점을 제압함과
동시에 좌변 ■ 또한 엷
어진 모양이라 백의 만족
스런 진행입니다.

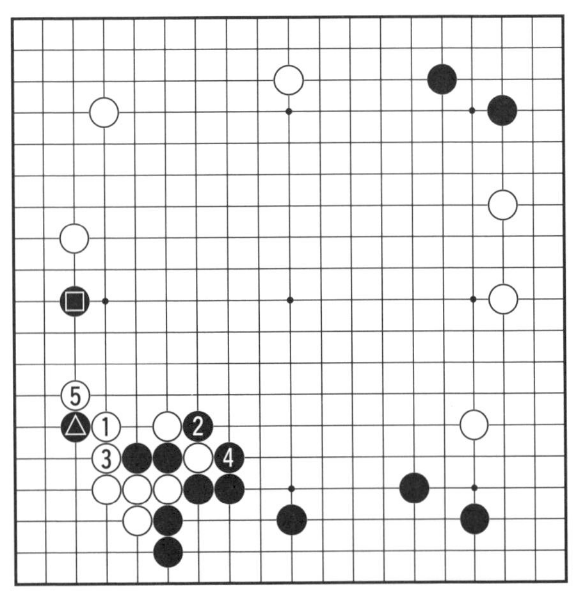

백3으로 막는 수가 통쾌한 수

백1의 붙임에 흑이 2로 젖혀온다면 백3으로 귀를 막는 수가 통쾌한 수. 백 5로 흑을 눌러가는 수가 기분이 좋고, 7로 귀를 막아서는 백의 충분한 진행입니다.

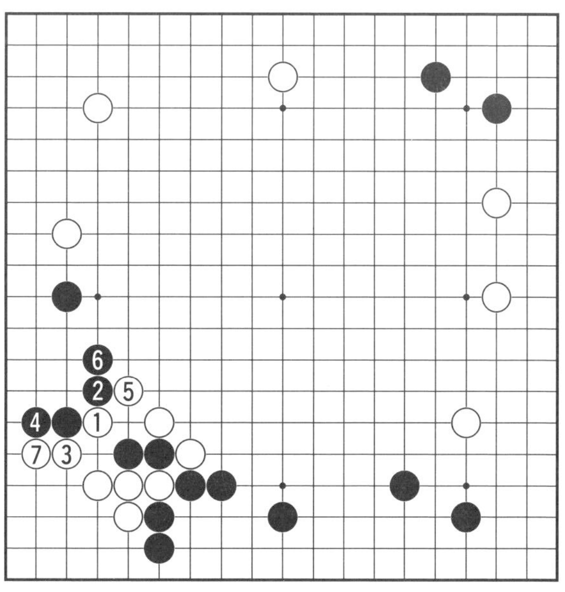

백5는 근거의 요점

백1의 붙임에 흑2로 뻗는다면 백은 3으로 ▲ 두 점을 잡습니다. 흑4의 지킴에는 백도 5로 지켜두는 수가 근거의 요점으로 이 또한 백의 충분한 모양입니다.

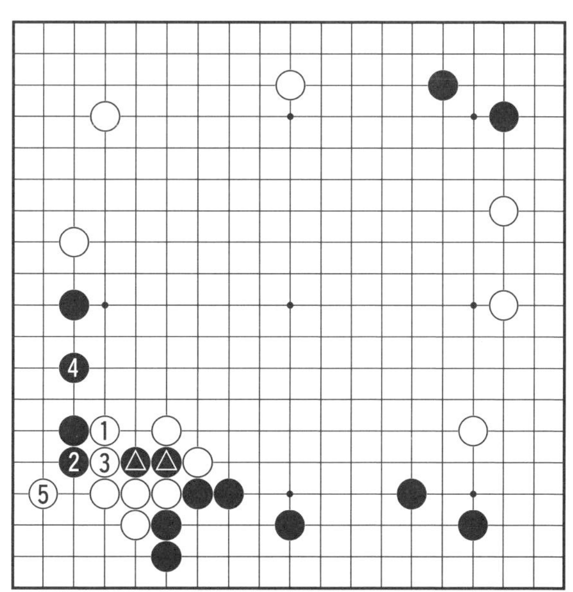

 백선

제3국
장면도

좌상귀의 공방

●로 귀에 붙여간 장면입니다. 백은 어떻게 응수하는 것이 정수일까요?

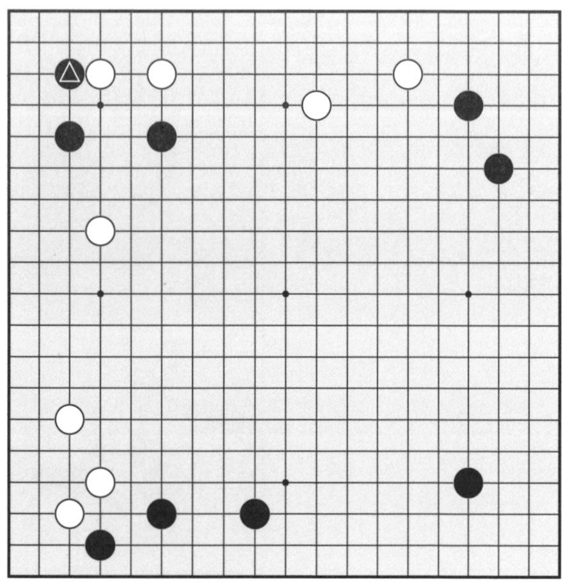

수순도

상변 흑15는 엷은 수

1-17

우하귀 5부터 9의 수는 기초정석. 백14의 높은 두 칸 협공에 흑이 두 칸을 뛴 수는 주위에 백돌이 많아 엷은 선택입니다. 백 16으로 견고하게 한 칸으로 응수하자 흑은 3.3 자리에 붙여왔습니다.

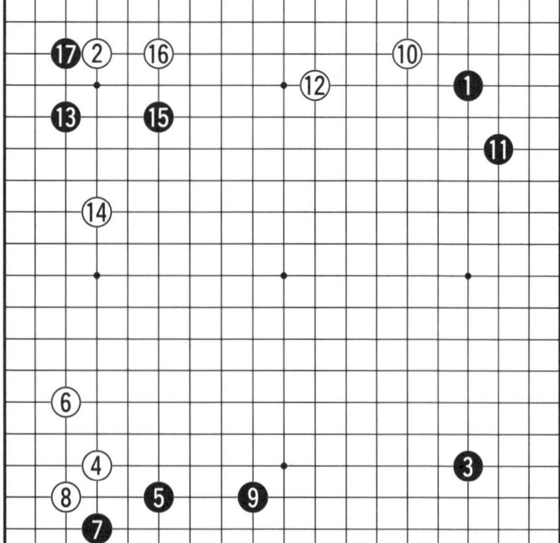

흑15로는 흑1로 마늘모 행마하는 수가 무난

흑1로 마늘모 행마하는 수
가 무난한 한 수. 백2의 지
킴에는 3으로 미끄러져 손
쉽게 안정한 모양입니다.

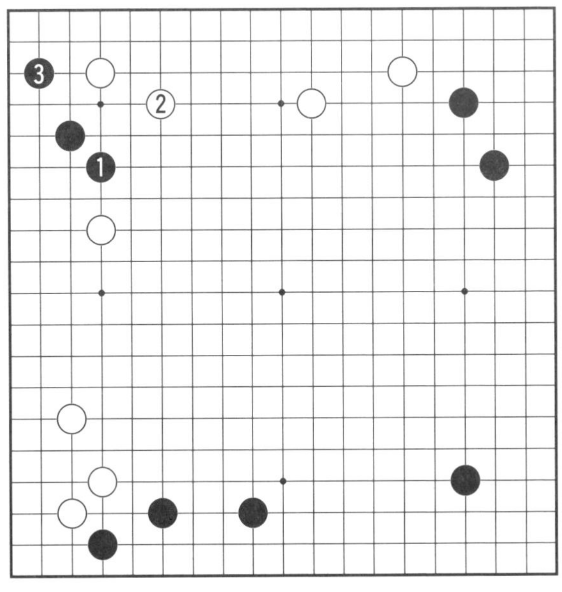

백1로 젖히는 수는 소극적인 수

흑2로 호구쳐 가는 수가
통쾌하고 눈목자로 미끄
러지는 수까지 허용해서
는 백이 당한 모습입니다.

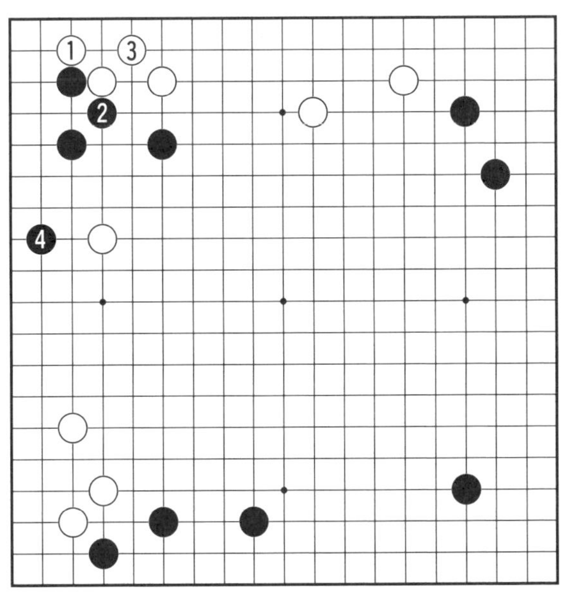

정해

백1로 붙여서 반발하는 수가 좋은 맥점입니다. 백은 두 칸 뛴 흑 두 점을 분단시켜 두텁게 두어가려는 작전이라고 할 수 있습니다.

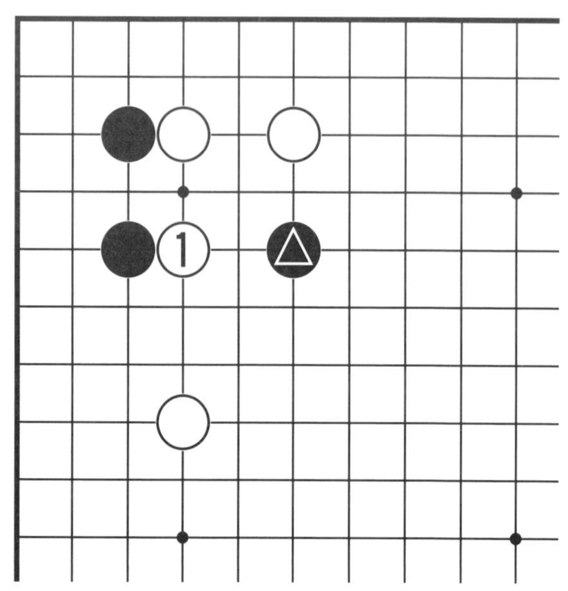

정해도

백3으로 치받는 수가 모양

백1의 붙임에 흑2로 잇는 수가 일반적인 수. 여기에서 백3으로 치받아 가는 수가 모양입니다. 흑4의 젖힘에는 호구로 막아 ▲를 분단시키고 백9까지 더욱 백을 두텁게 도와준 셈입니다.

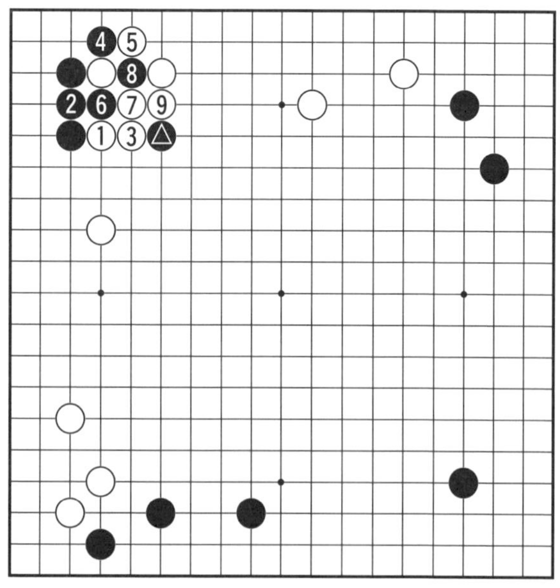

백3으로 끼워 잇는 수가 급소

백1의 붙임에 2의 방향으로 젖혀온다면 백은 3으로 끼우는 수가 급소입니다. 흑이 양호구로 지켜온다면….

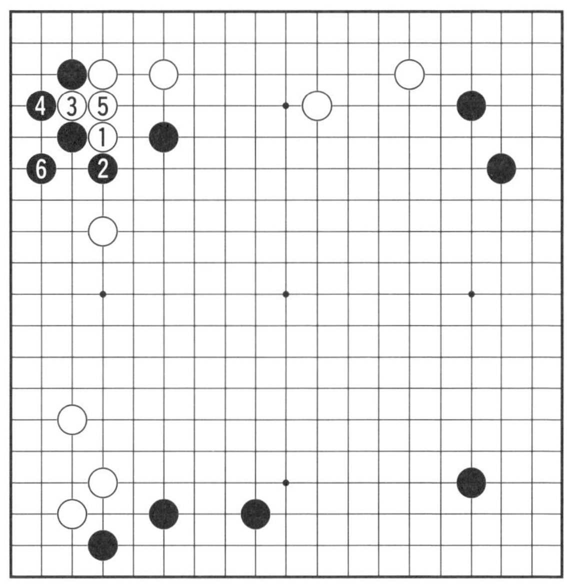

백1로 근거를 빼앗기

이전 그림에 이어 백1로 끊어 먼저 흑의 근거를 빼앗는 수가 좋은 수입니다. 흑2로 연결에 급급해 할 때를 기다려 백3으로 들여다본 후 5로 한 칸 뛰어 공격을 개시, 백의 호조인 국면입니다.

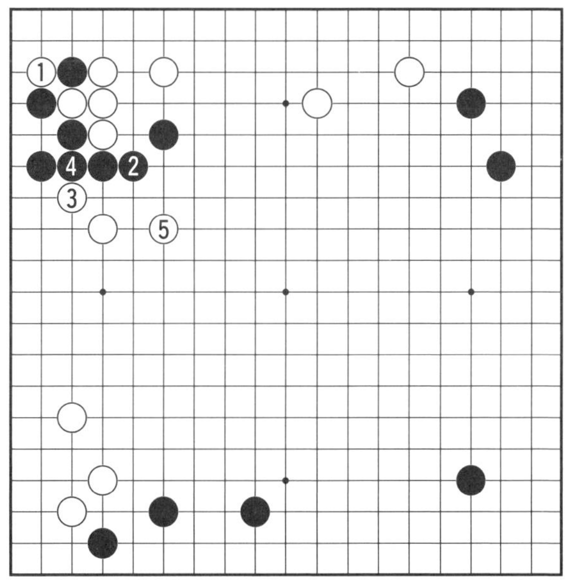

흑선

제4국
장면도

우하귀의 공방

◬로 늘어간 장면입니다. 여기에서 흑은 어디서부터 움직여가야 할까요?

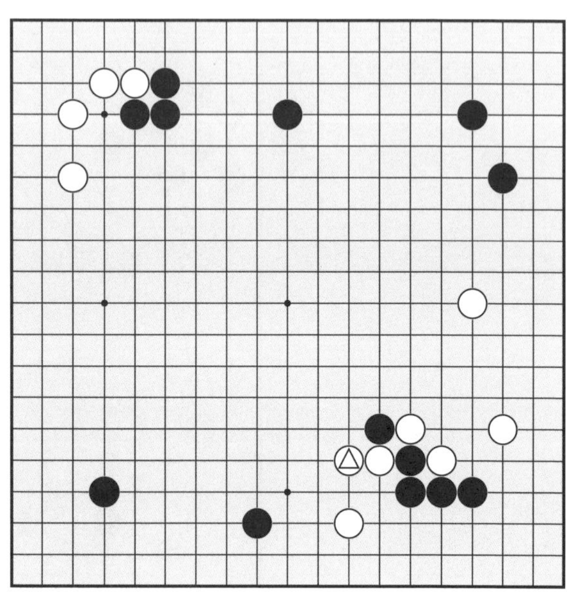

수순도

우하귀 백15, 17은 과욕의 수

1-21

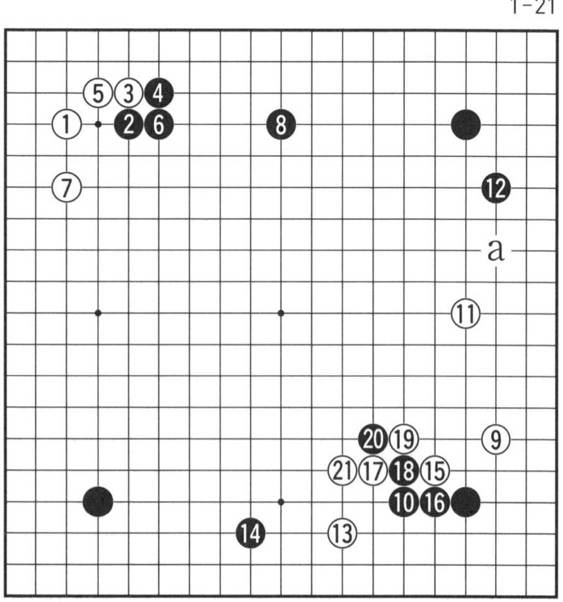

세 점 접바둑의 모양입니다. 흑12로 귀를 굳힌 수는 약간 소극적인 수로 a까지 벌려 백을 압박하는 수가 좋았습니다. 흑14의 협공에 백15로 들여다보고 17로 씌워간 수는 욕심이 과한 수. 흑18, 20으로 끊돈 것이 좋은 수입니다. 일단은 나와서 끊고 볼 자리입니다.

백15로는 백1로 뜀

수순도의 백15로는 1로 뛰는 수가 상식적인 수. 흑2로 같이 뛰어온다면 백3이 기민한 수로 흑4의 약점을 지키기를 기다려 백5로 미끄러지는 수까지 흑을 압박해가는 기분 좋은 진행입니다.

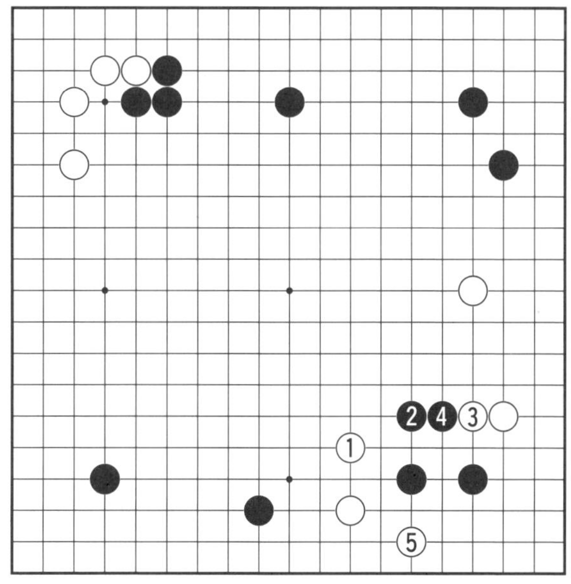

흑1로 끊기

흑1로 끊는 수는 백의 주문에 걸려든 수입니다. 흑3으로 치받는 수로 버텨보아도 백4로 막는 수가 좋아 백8까지 백이 두터운 모양입니다.

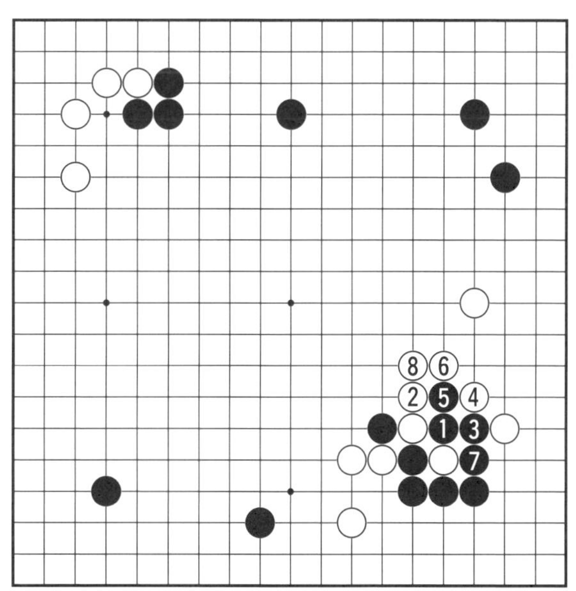

정해

흑1로 붙이는 수가 돌
파를 위한 최적의 수.
섣불리 단수를 치지
않고 흑a를 노리는 예
리한 수입니다.

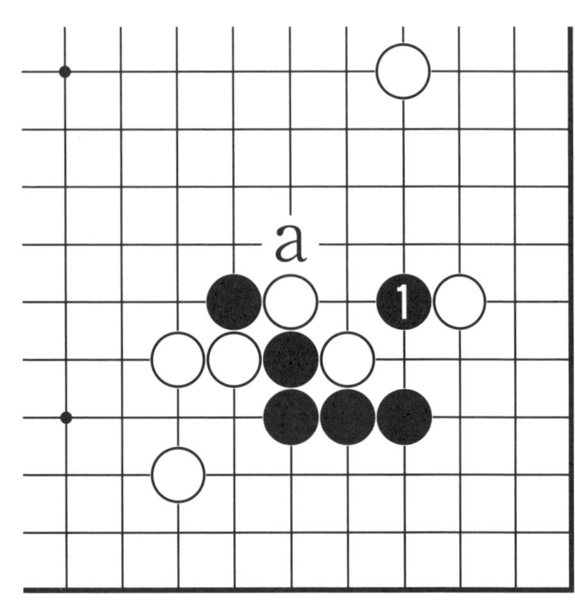

정해도

흑3으로 이단을 젖혀가는 것이 요령

흑1의 붙임에 백2로 젖
혀올 경우 흑은 3으로 이
단을 젖혀가는 수가 포인
트. 백8로 흑 한 점을 제
압하는 장면에서….

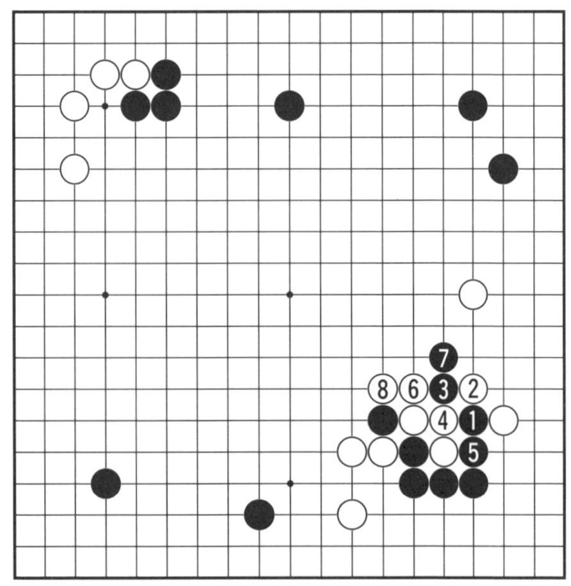

흑1, 3의 수가 간명

이전 그림에 이어 흑1로 단수치고 3으로 차단해가는 수가 간명합니다. 백 12까지 두 눈을 내고 겨우 살아간 모양이지만 우변의 백 한 점이 폐석화 되었고, 흑13으로 뛰는 수가 통쾌해 흑의 단연 유리한 진행입니다.

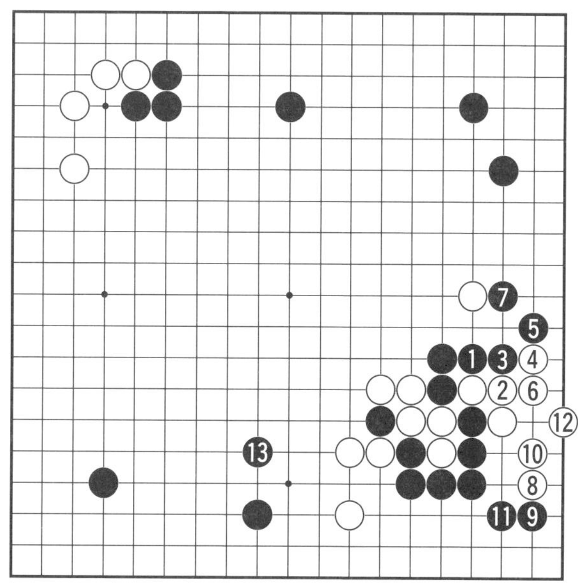

흑3으로 막는 수가 호점

흑1의 붙임에는 2로 단수치는 정도가 일반적인 수. 이때 흑3으로 막는 수가 놓칠 수 없는 호점. 축머리 활용을 방지하기 위해 한 점을 따낸다면 흑은 5로 지켜두어 충분한 진행입니다.

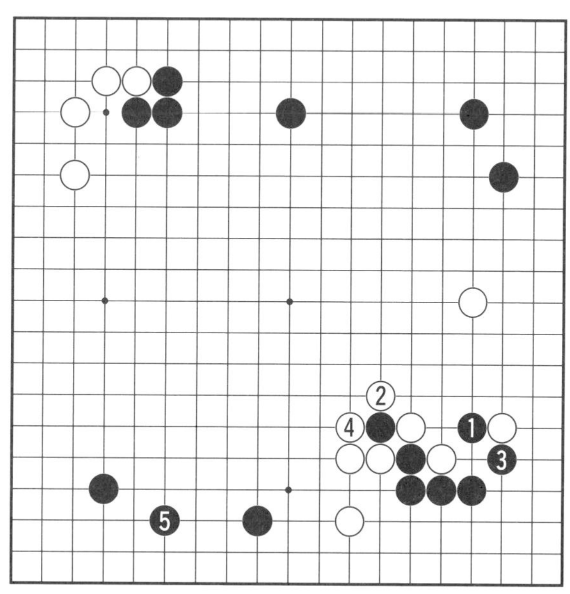

 흑선

제5국
장면도

⊘로 끊어온 장면입니다. 흑은 어떻게 응수하는 것이 최선일까요?

좌상귀의 공방

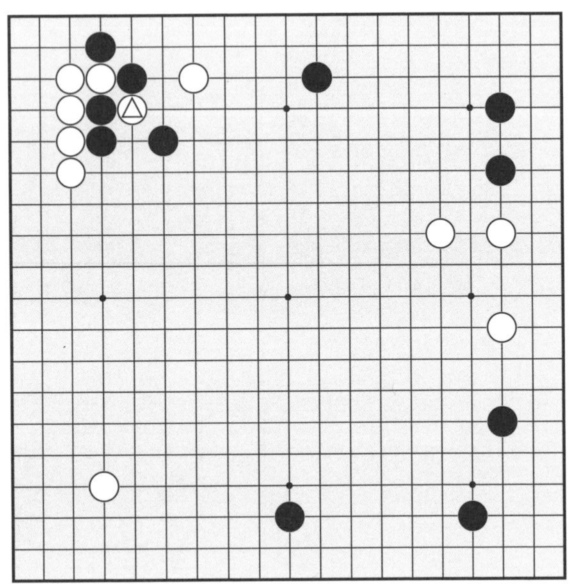

수순도

좌상귀 백22는 의문의 수

1-22

좌상귀 백10의 붙임에 흑이 11, 13으로 전개해간 것은 발 빠른 수법. 우변 백14의 갈라치기는 필연적인 수입니다. 상변 백20으로 뛰어들어 전투가 시작되려는 순간, 흑21로 모양을 준비하자 백22로 바로 끊어왔습니다. 하지만 지금 끊어가는 수는 의문의 한 수.

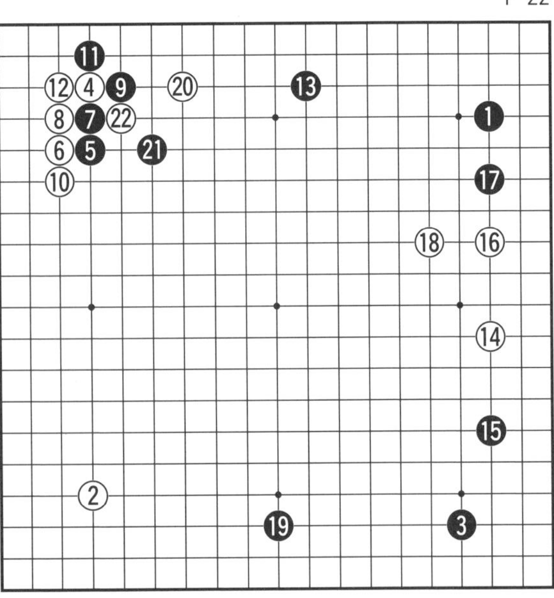

백22로는 백1로 붙여서 전투

백22로는 백1로 붙여가
는 수가 좋았습니다. 흑2,
4는 유력한 대응법이지
만, 백도 7로 뛰어 호각의
진행입니다.

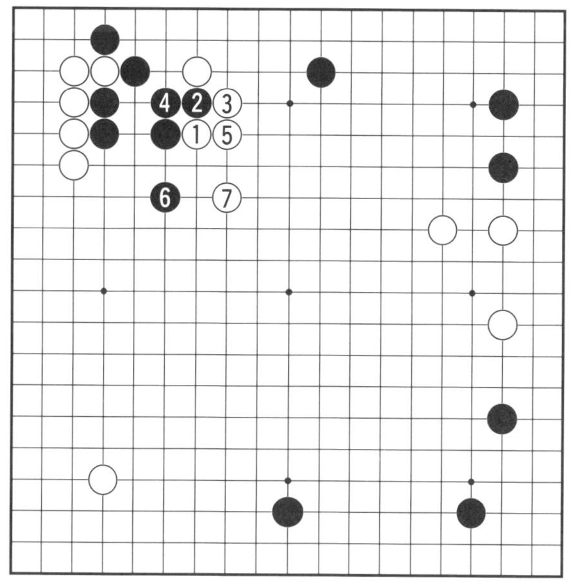

흑1로 단수

흑1의 단수는 백의 주문
에 걸려버린 수입니다.
백2로 끊어가는 수가 통
쾌하여 상변 백 집이 크
게 굳어져 흑 실패의 결
과입니다.

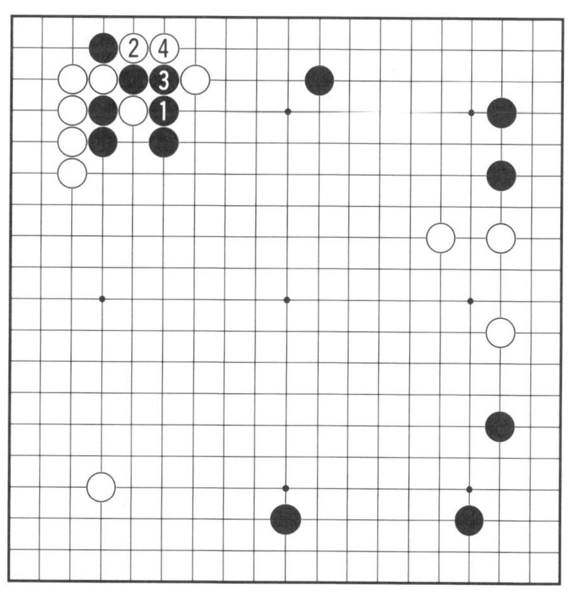

정해

흑1로 △의 돌에 치받아가는 수가 정수입니다. 백a의 끊음을 방지하면서 △의 돌을 압박해가는 일석이조의 수입니다.

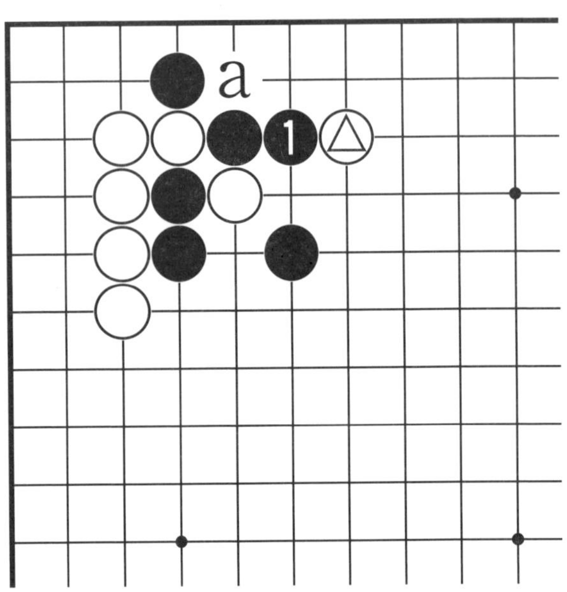

정해도

흑3으로 단수치는 것이 포인트

흑1의 치받음에 백2로 단수쳐 온다면 간명하게 흑3으로 단수치는 것이 좋은 수 입니다. 백4로 흑 두 점을 따낼 때 흑5의 씌움은 절대적인 한 수. △를 취하면서 자연스럽게 상변을 흑 집으로 굳혀 흑의 만족스러운 진행입니다.

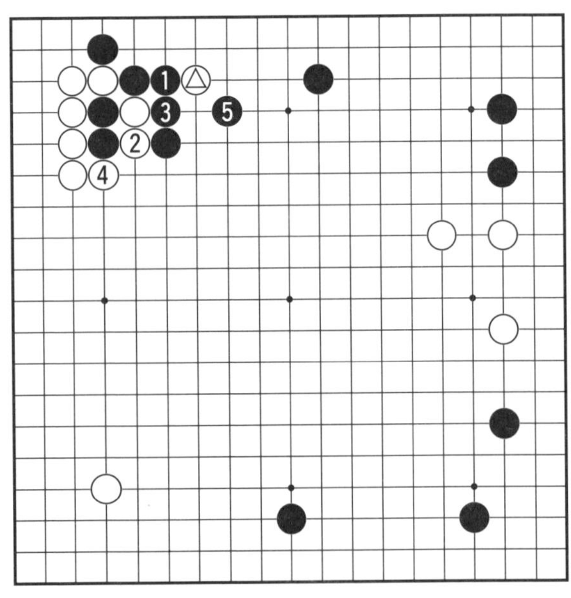

주도권을 쥔 흑의 호조

흑1의 치받음에 백2로 머리를 내미는 수는 대환영입니다. 흑7까지 공격의 주도권을 쥐고 있는 흑의 호조라고 할 수 있습니다.

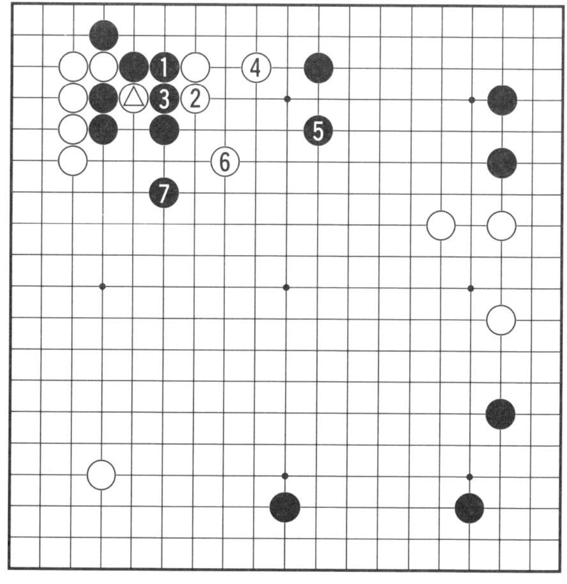

흑3의 이음이 냉정

흑1의 치받음에 백2로 내려선 수는 a의 뒷맛을 노린 예리한 수. 흑은 3으로 가만히 이어두는 것이 냉정한 한 수입니다. 흑11까지 우상귀 일대를 두텁게 하면서 백을 공격해가는 모양이 흑의 유리한 진행입니다.

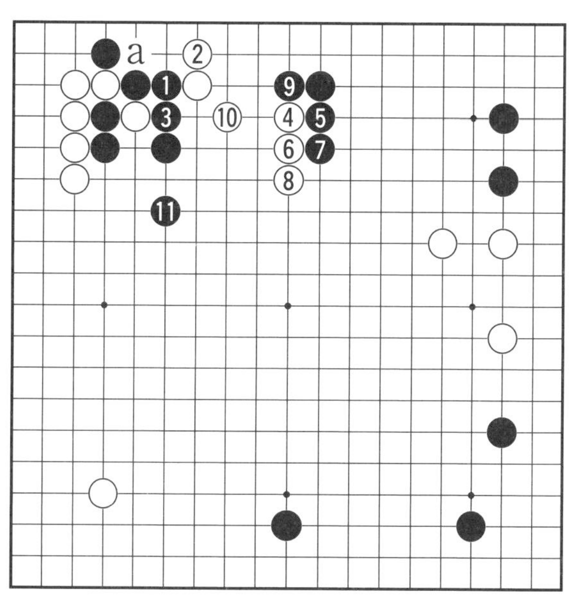

백선

제6국

장면도

좌변의 수단

△로 받은 장면입니다. 백의 노림수는 어느 쪽일까요?

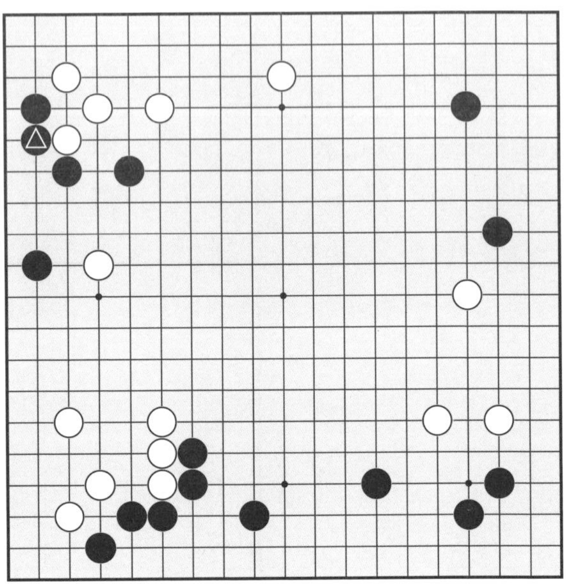

수순도

하변 흑29는 불필요한 수

1-31

좌상변 흑17에서 23까지 정석의 진행입니다만 약간 엷은 모양입니다. 한편 백은 24~28로 하변을 두텁게 처리해서 불만 없는 모양. 흑29는 불필요한 수로 중요한 곳을 지켜두어야 했습니다.

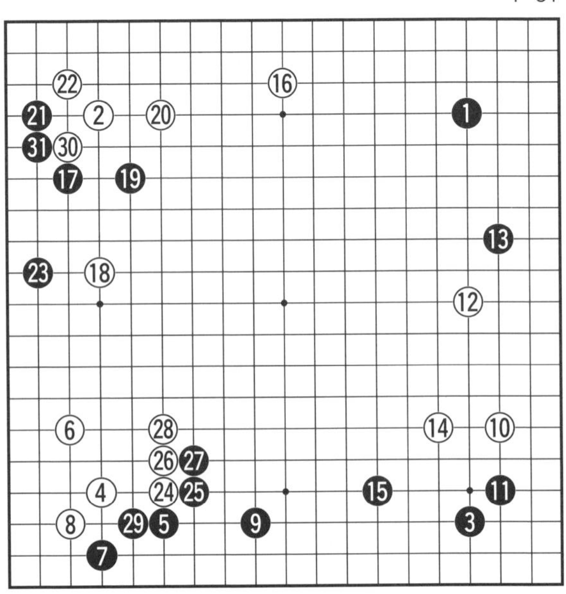

흑29로는 흑1로 보강

흑29로는 하변 백의 두터움을 의식하여 흑1로 흑의 엷은 모양을 정비해야 했습니다. 백2로 두어도 흑7까지 흑은 걱정 없는 모양입니다.

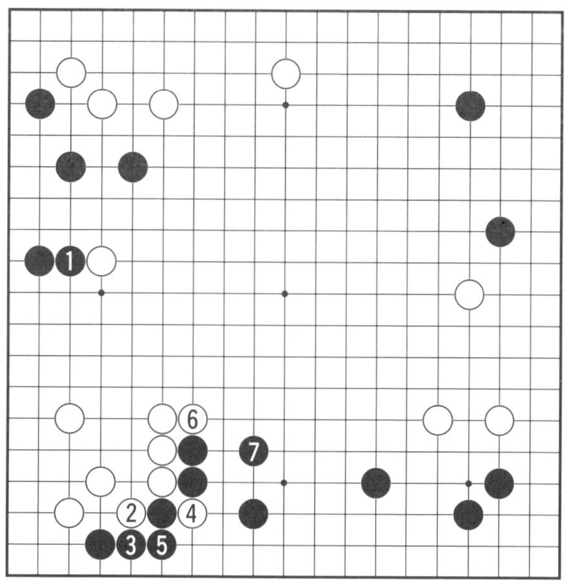

백1로 끼움

백1로 끼워 잇는 수는 의문의 수. 백5로 끊어도 흑8까지 백의 불만스러운 진행입니다.

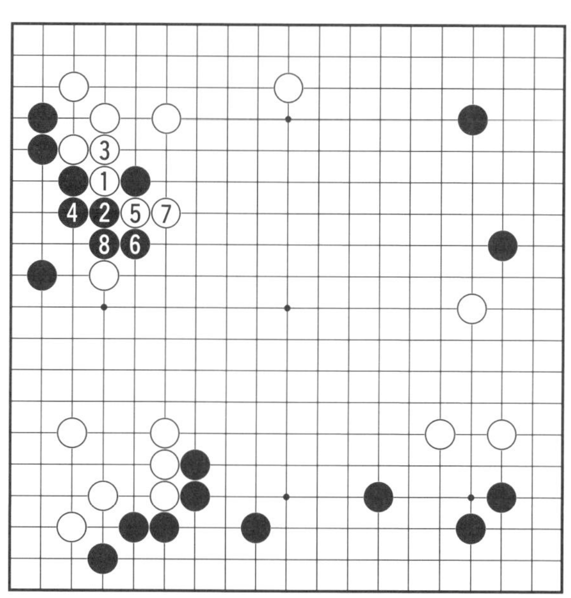

정해

백1의 마늘모가 날카로운 수. 백은 이 수로 흑을 엷게 만들어 이득을 취해가는 작전입니다.

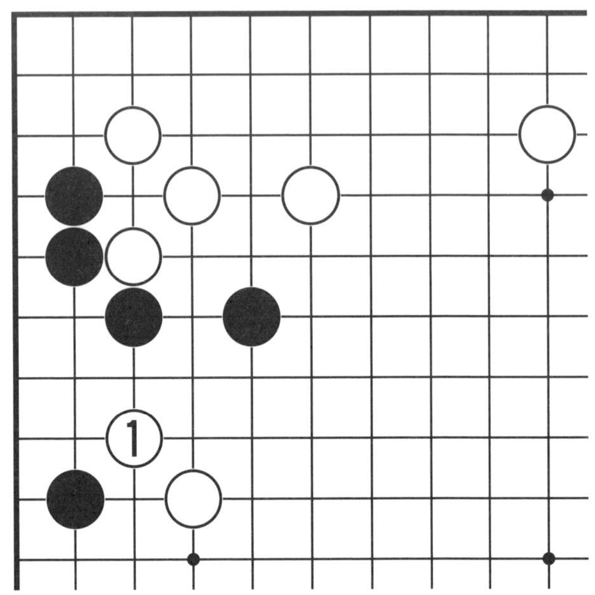

정해도

⬆를 분단시켜 백의 대성공

백1의 마늘모에 흑2로 단순히 2선으로 넘어간다면 백3으로 압박, 백5로 단수치고 7의 호구 모양으로 ⬆를 제압해 백의 성공적인 진행입니다.

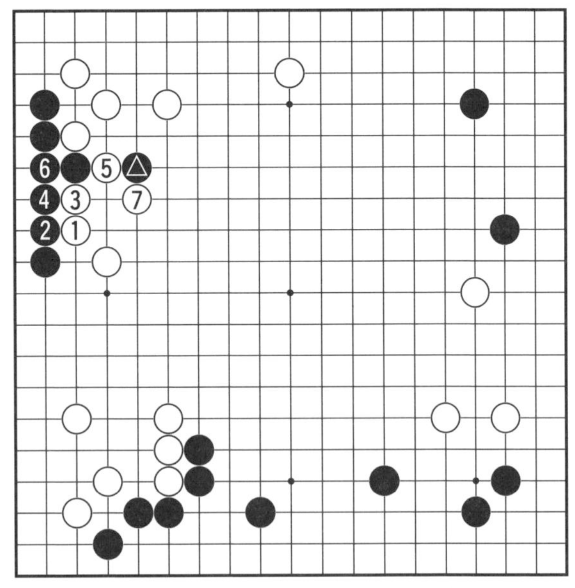

공격하는 즐거움이 남아 백의 만족

백1의 마늘모에 흑2로 한 칸 뛰어 연결한다면 백 3으로 찌르고 5로 끼워 붙이는 수가 좋은 맥점입 니다. 추후 흑 미생마를 공격하는 즐거움이 남아 백의 만족스러운 진행입 니다.

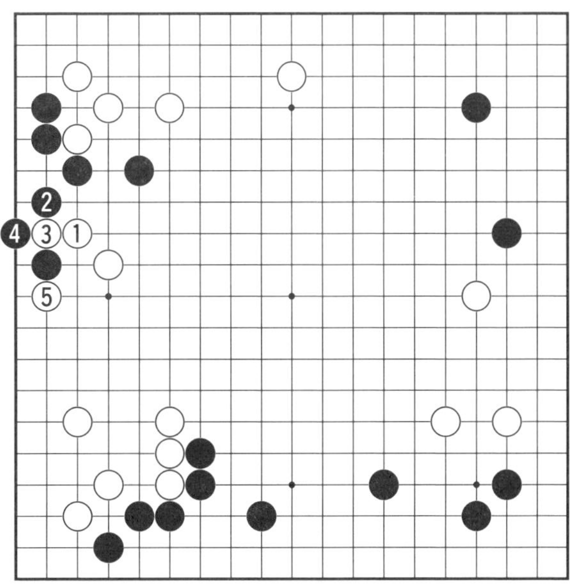

백3의 마늘모가 날카로움

백1의 마늘모에 흑2로 단 수를 쳐온다면 손을 빼 고 백3으로 급소 자리 를 차지하는 수가 좋습니 다. 이 모양은 ◢가 외롭 게 된데다 향후 미생마의 공격을 겸하고 있어 백의 대성공입니다.

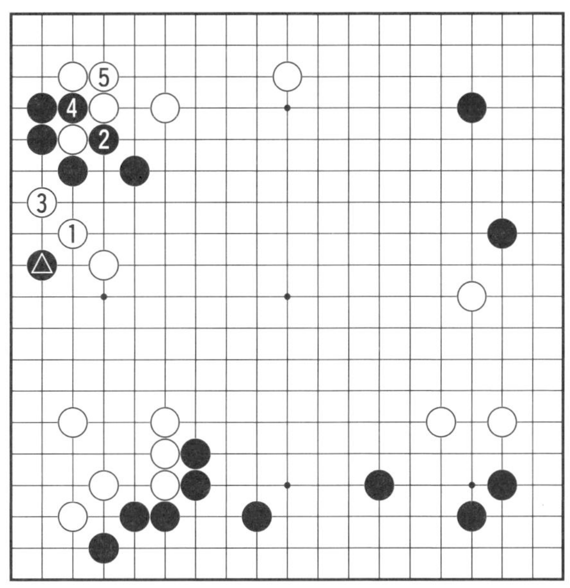

흑선

제7국

장면도

우변의 공방

△로 꼬부려간 장면입니다. 흑은 우변을 어떻게 처리하면 좋을까요?

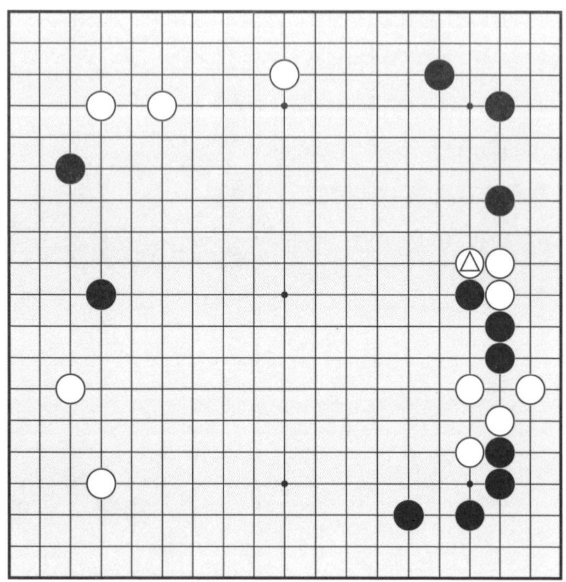

수순도

우변 백24는 의문의 수

1-24

우변 흑13으로 다가왔을 때 백14로 큰 자리를 차지했습니다. 흑19로 뛰어들 찬스를 노리고 있는 수로 백22는 당연한 수이지만, 백24의 꼬부림은 의문의 수입니다.

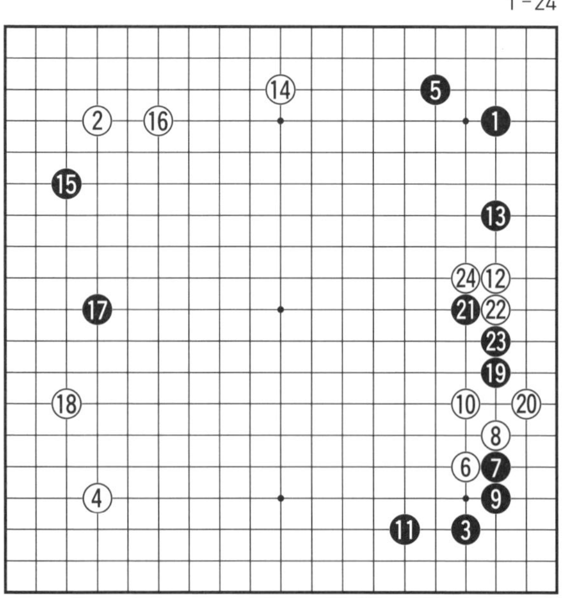

흑24로는 백1로 젖혀 넘어감

수순도의 백24로는 백1로 젖혀 넘어가는 수가 일반적인 수. 흑은 2로 찌르고 4로 단수를 활용한 뒤 6으로 막는 것이 옳은 수순이며 백11까지 호각의 진행입니다.

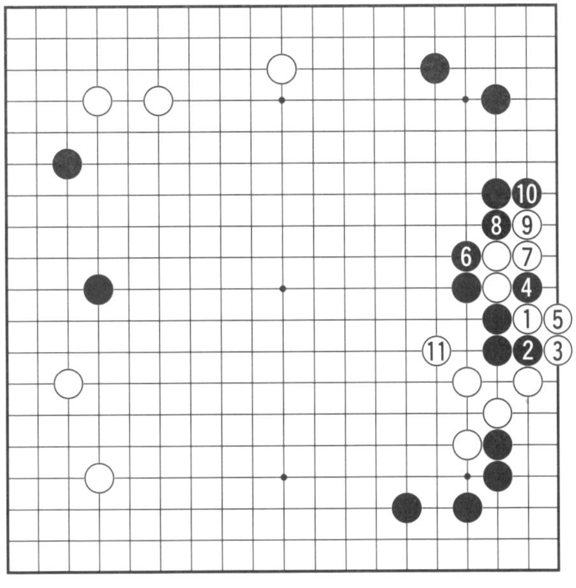

흑1로 뜀

흑1로 뛰는 수는 이상한 수. 백2로 연결해가는 수가 통렬해 백6까지 ◎의 꼬부린 수가 절대적인 호점에 가 있는 형태로 흑의 불만입니다.

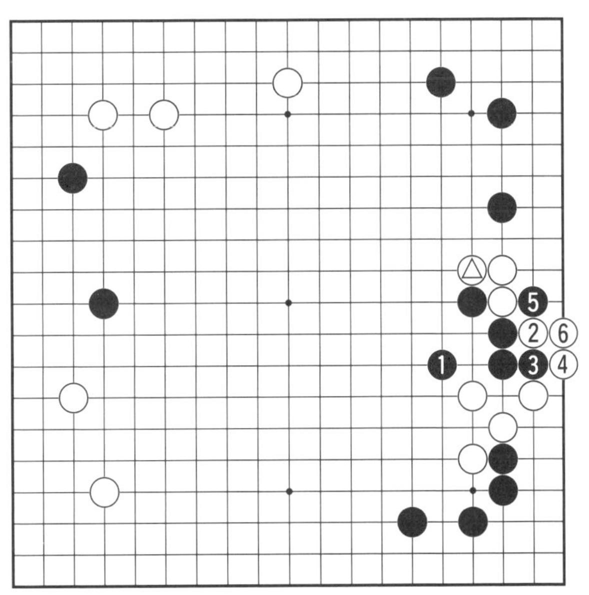

정해

흑1의 젖힘이 맥점입니다. 이 수는 백을 분단시키면서 ❹와의 연결을 노리는 일석이조의 수라고 할 수 있습니다.

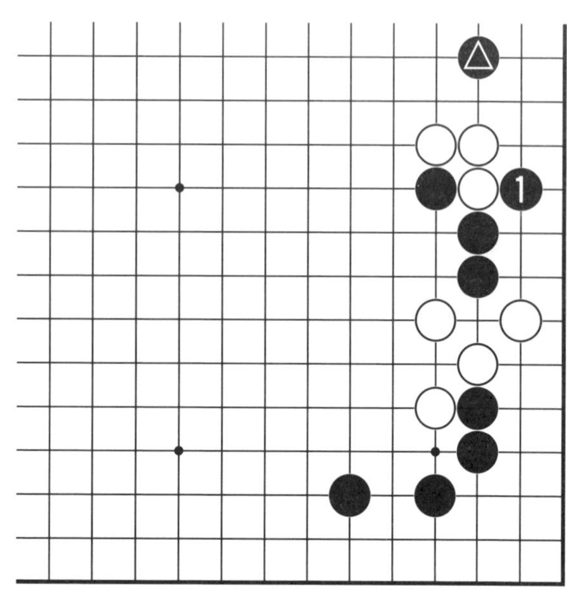

정해도

백을 양분하여 흑 호조

흑1의 젖힘에 백2로 막아온다면 흑3으로 지켜두어 백을 양분한 형태입니다. a의 끊음에는 b로 흑도 끊어가는 수가 성립해 흑1의 젖힘이 통쾌한 수입니다.

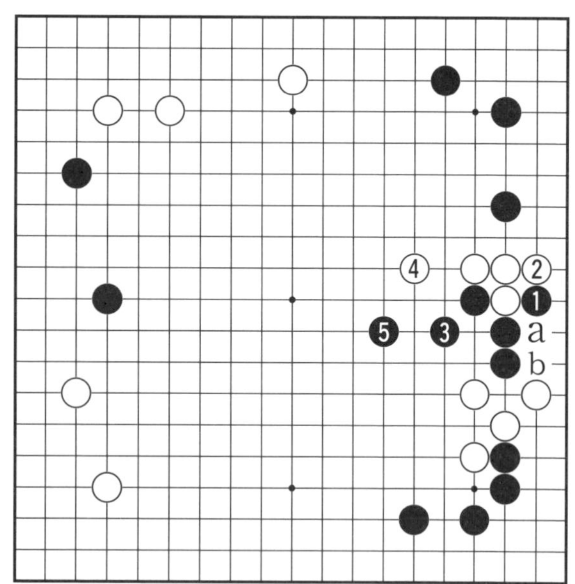

흑5로 나오는 수가 절대적인 호점

흑1의 젖힘에서 백2로 끊어온다면 흑3으로 맞단수치는 수가 포인트. 흑 한 점의 빵따냄을 허용하기는 했지만 흑5로 머리를 내미는 수가 절대적인 호수로 백이 양분되어 흑의 단연 유리한 진행입니다.

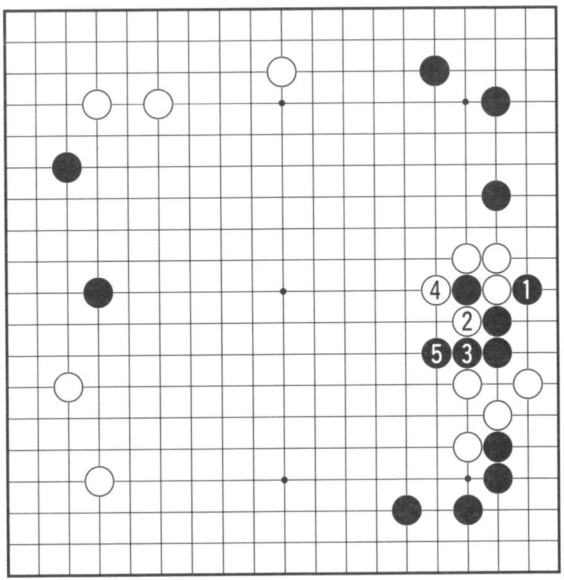

실리를 벌어들여 흑 만족

흑1의 젖힘에 백2로 단수를 쳐 온다면 흑3으로 가만히 이어두는 수가 냉정한 한 수. 흑은 5로 넘어가며 먼저 실리를 취하는 형태가 되어 엷은 모양의 백에 비해 우세한 진행입니다.

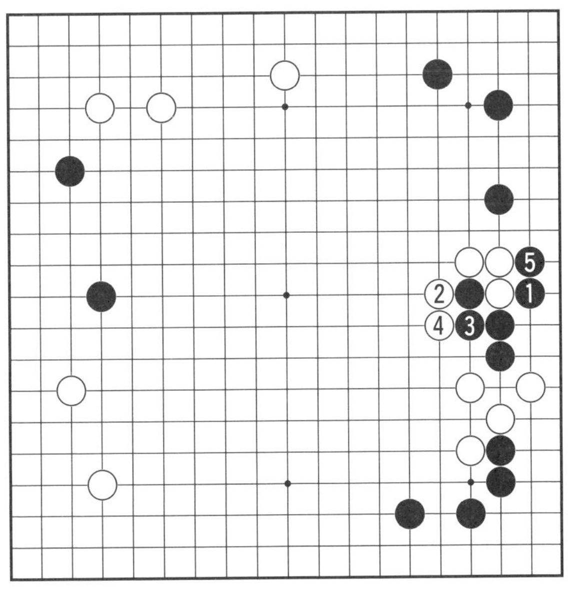

흑선

제8국
장면도

좌변에서의 대응법

△로 막아온 장면입니다. 이후 흑은 어떻게 응징하면 좋을까요?

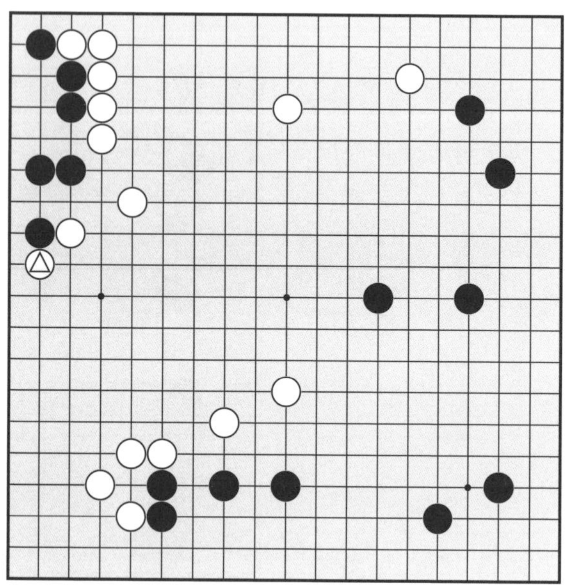

수순도

좌상귀 백28은 시기상조

1-32

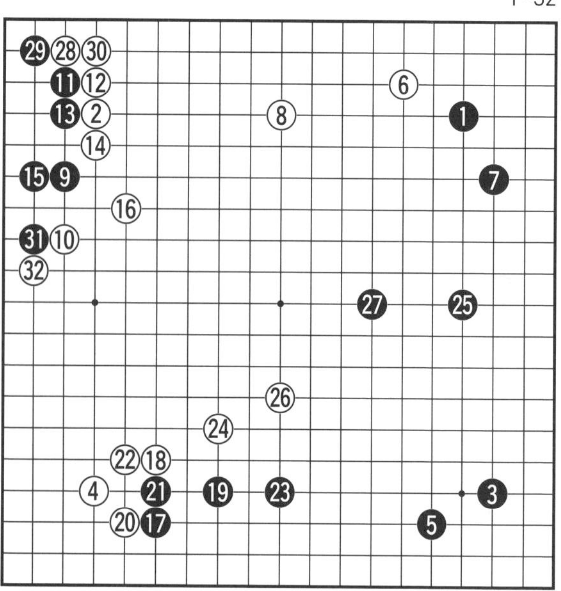

좌상귀 흑11에서 백16까지 각각 실리와 세력을 택한 정석입니다. 좌하귀 백18 이하 26까지 백은 호쾌하게 세력작전을 펴고 있는 모양입니다. 좌상귀 백28의 젖힘은 시기상조의 수로 좌변 흑31로 붙여 응수를 묻는 수가 절묘한 수입니다.

백28로는 백1로 중앙에 선착

수순도의 28로는 백1로
중앙을 선점하는 수가 좋
았습니다. 좌변 흑2로 침
입해온다면 백3, 5로 날
카롭게 공격해 백의 충분
한 모양입니다.

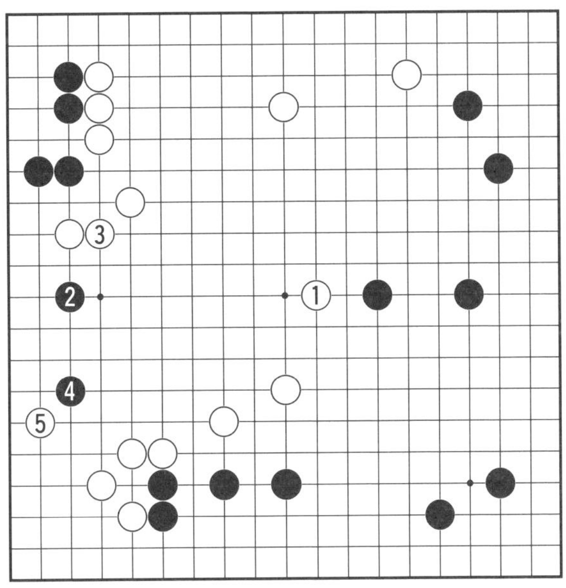

흑1로 건너서 붙여 끊기

흑1의 건너서 붙여 끊는
수는 의문의 수입니다.
백은 2로 물러서 받는 수
가 좋은 응수. 백6까지 오
히려 백을 두텁게 도와준
셈이 되어 흑의 대실패인
형태입니다.

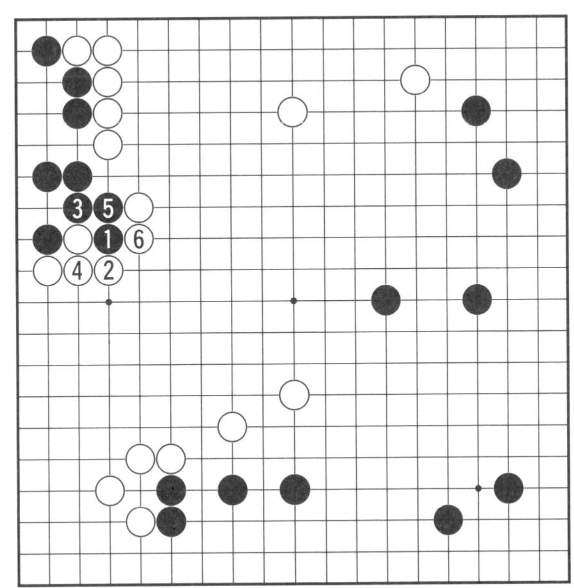

정해

흑1로 끊어가는 수가
날카롭습니다. 여기서
부터 백 진영을 파괴해
가겠다는 구상입니다.

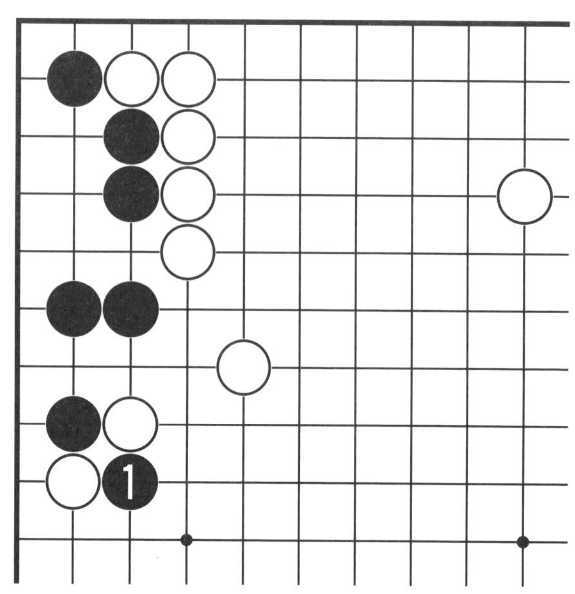

정해도

흑3으로 잡는 수가 성립

흑1로 끊어갔을 때 백2로
뻗는다면 흑3으로 잡는
수가 성립. 백4로 단수치
고 끊으려고 해봐도 연결
에는 이상무. 흑의 바람
대로 진행된 결과입니다.

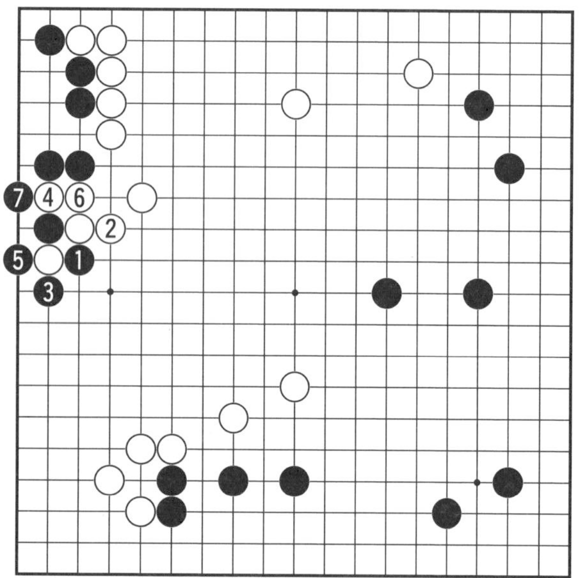

백 세력을 완전히 관통해 흑 성공

흑1의 끊음에 백2로 한 점을 잡는다면 흑3으로 돌려치는 수가 급소. 백이 한 점을 따낼 때 흑은 5, 7로 백 세력을 관통해 대만족입니다.

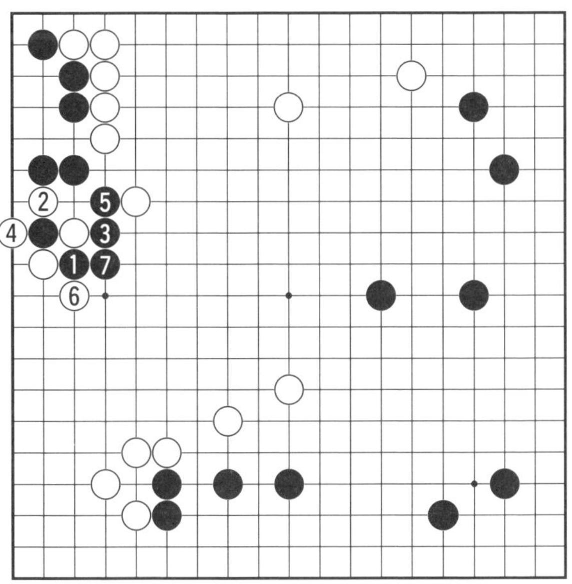

흑7로 씌워가는 수가 호수

흑1의 끊음에 백2로 치받고 4로 늘어버린다면 흑은 5, 7의 씌움을 택하게 됩니다. 백8로 패망선을 기어가는 모양이 되어서는 흑의 단연 유리한 진행입니다.

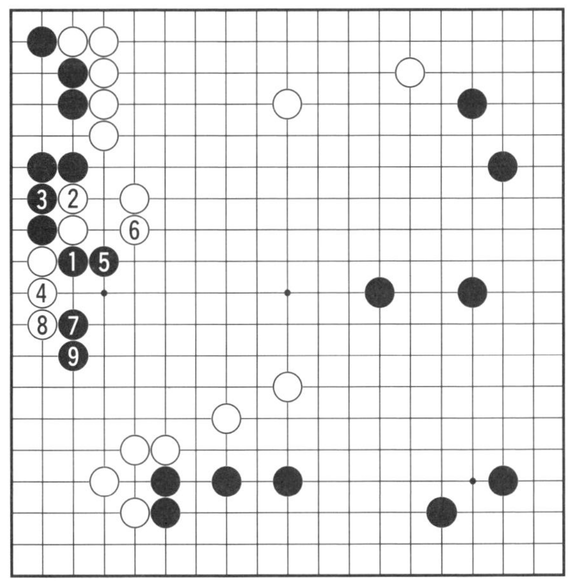

흑선

제9국
장면도

좌변의 공방

◎로 막아선 장면입니다. 흑은 어떻게 두어가야 할까요?

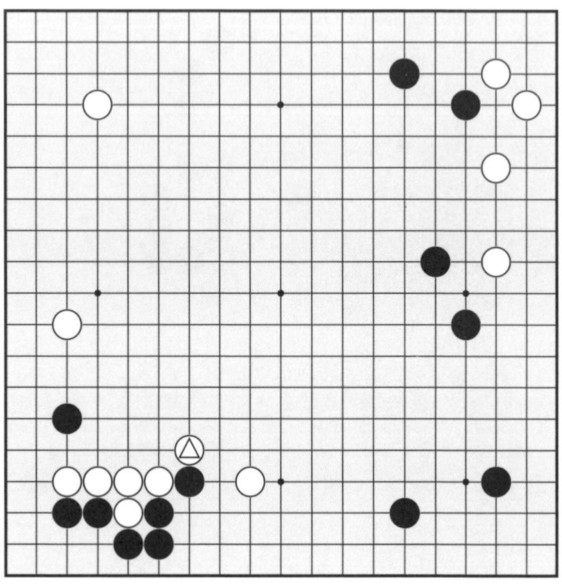

수순도

좌변 백24는 너무 적극적인 수

1-26

우변 백8의 갈라치는 수에 흑9는 13과 함께 세력을 의식한 수. 좌하귀 흑15의 양걸침에서 백24로 다가선 수는 부분적으로는 정수이지만 이 국면에서는 욕심이 과한 수입니다.

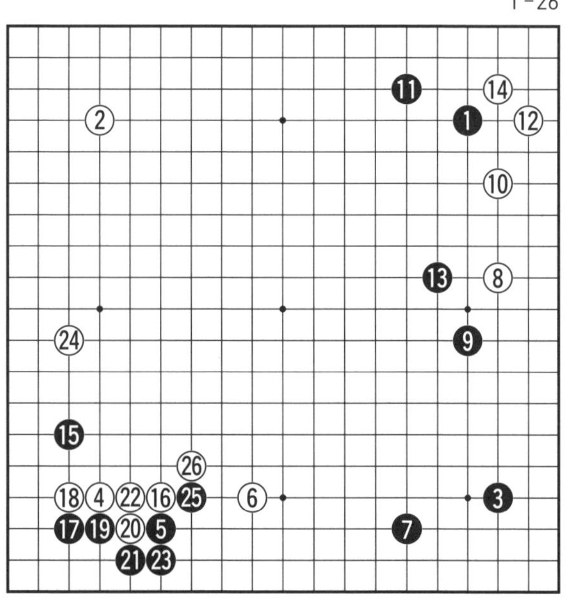

백24로는 백2로 젖혀서 연결

백24로는 우하귀 쪽 흑의 세력을 의식하여 1로 젖혀두는 수가 좋았습니다. 흑2, 4의 젖혀 이음에 백도 5로 연결해두어 상대의 두터움에 두터움으로 맞서는 진행입니다.

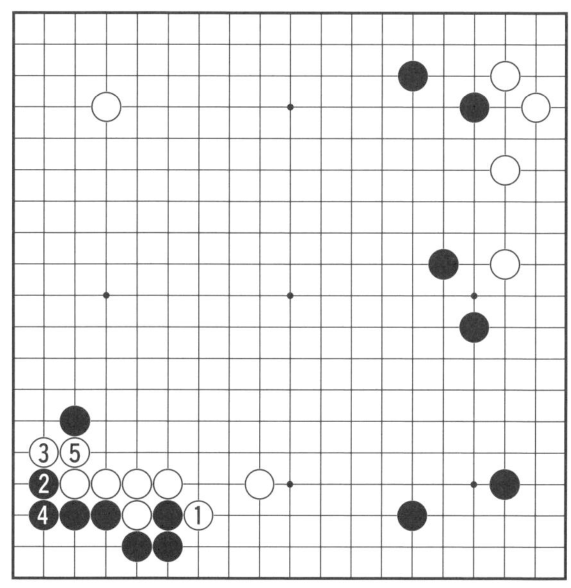

흑1로 치받기

흑1로 치받고 끊는 수는 욕심이 지나친 수입니다. 백4로 어깨를 짚어가는 경쾌한 행마를 당하는데다 백a, b 등의 활용이 남아 있어 괴롭습니다. 흑으로서는 불만스러운 진행입니다.

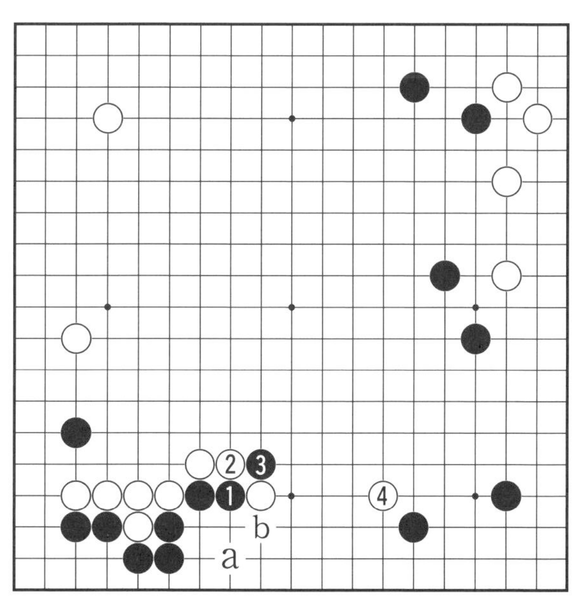

정해

흑1로 이단을 젖혀가는 수가 강력한 수입니다. 이 수로부터 백을 분단시켜 유리한 전투로 유도해가려는 작전입니다.

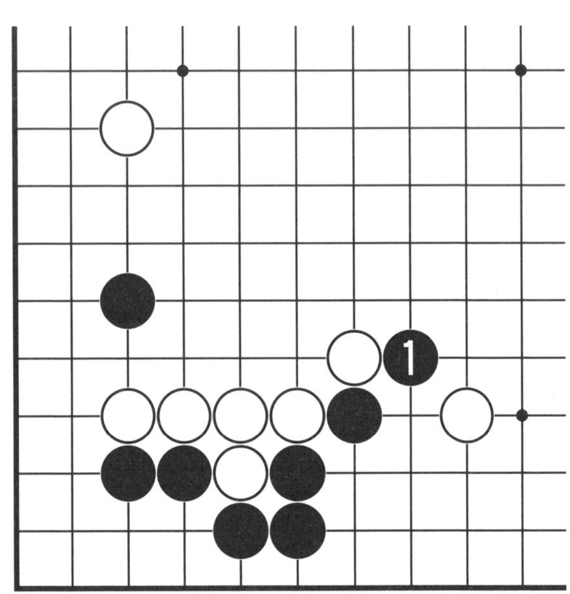

정해도

공격의 주도권을 잡음

흑1의 이단젖힘에 백2로 끊어온다면 흑9까지 우하귀 두터운 흑 진영을 이용해 하변 백 두 점을 노리는 작전이 좋습니다. 흑이 먼저 공격하게 되므로 즐거운 바둑입니다.

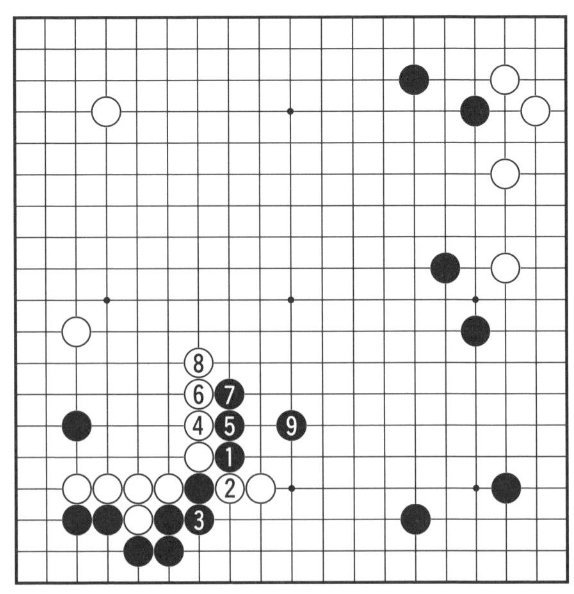

흑7로 씌워가는 수가 통쾌

흑5로 밀어갔을 때 백6으로 젖혀온다면 흑7로 뛰어 씌워가는 수가 통쾌한 수. 백8 이하 12까지의 반격으로 흑 한 점이 잡히게 되지만….

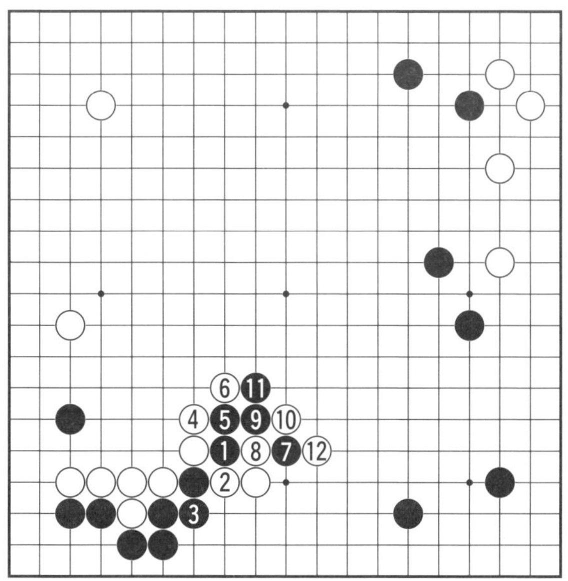

흑3으로 끊어가는 수가 날카로운 수

이전 그림에 이어서 흑1, 3으로 끊어가는 수가 호수입니다. 좌하귀 백이 굉장히 엷은 형태이므로 백4, 6으로 지켜두는 것이 백으로서는 최선의 선택. 흑은 3, 5로 기분 좋게 한 점을 따내고 7로 씌워가 하변 백을 압박하여 호조의 진행입니다.

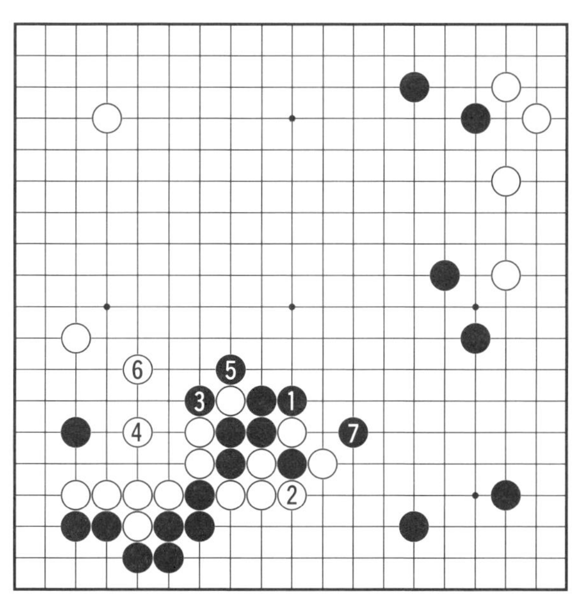

흑선

제10국
장면도

좌변의 공방

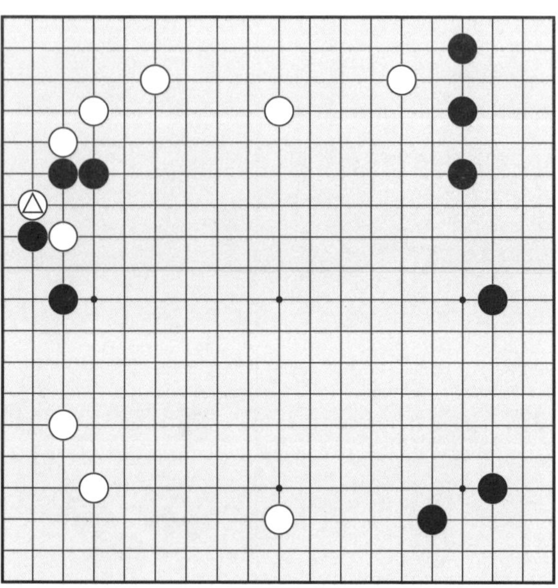

⊘로 젖혀온 장면입니다. 흑은 어떻게 대응하는 수가 최선일까요?

수순도

좌변 백20은 의문의 수

1-20

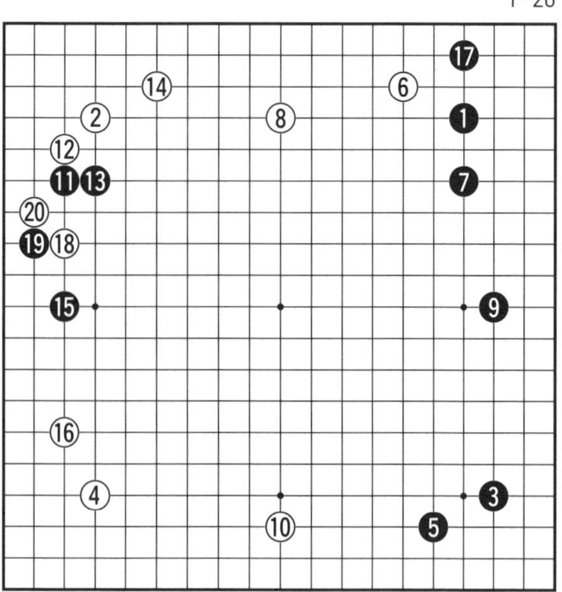

우변 흑9의 벌림은 기분 좋은 수. 좌상귀 흑11의 걸침에 백12, 14는 유행에 민감한 수법입니다. 좌변 백18로 뛰어든 수는 흑19, 밑으로 붙여가는 수가 호점으로 여기에서 바로 걸침을 결행한 백20은 의문의 수입이다.

백20으로는 백1로 큰 자리를 차지

수순도의 백20으로는 백 1로 하변을 벌려가는 수가 좋았습니다. 흑2로 △를 완전히 제압해온다면 백은 3으로 젖혀두고 5로 다시 큰 자리를 선점합니다.

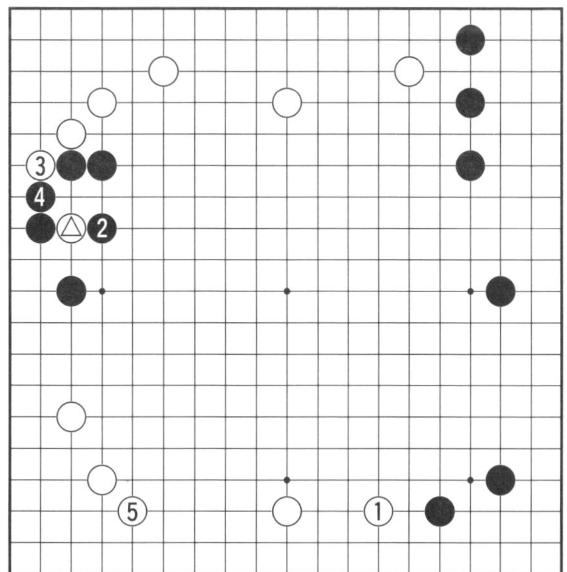

흑1로 짚어감

흑1로 짚어가는 수는 의 문수입니다. 백2의 연결 이 눈에 보이는 급소로 흑3 이하 9까지의 진행이 일반적이지만, 흑 모양이 엷어 세력으로 보기에는 힘듭니다. 우상귀 백10의 벌림마저 선점당해서는 흑의 불만인 진행입니다.

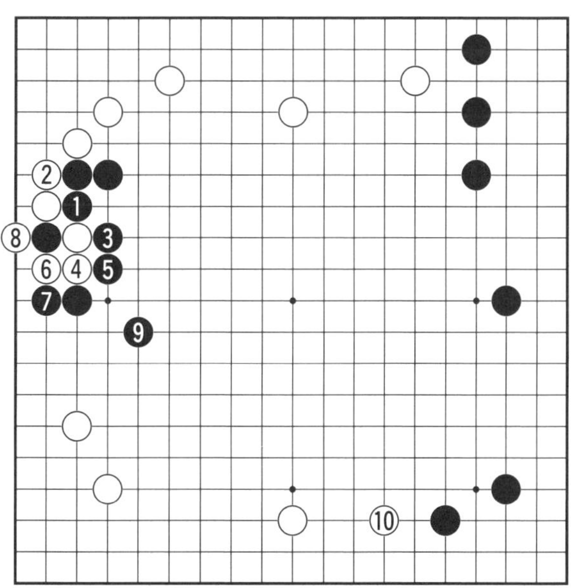

정해

흑1로 뚫어 반발하는
수가 정수입니다. 일단
백을 귀의 백과 분단시
키는 일이 가장 시급하
다고 할 수 있겠습니다.

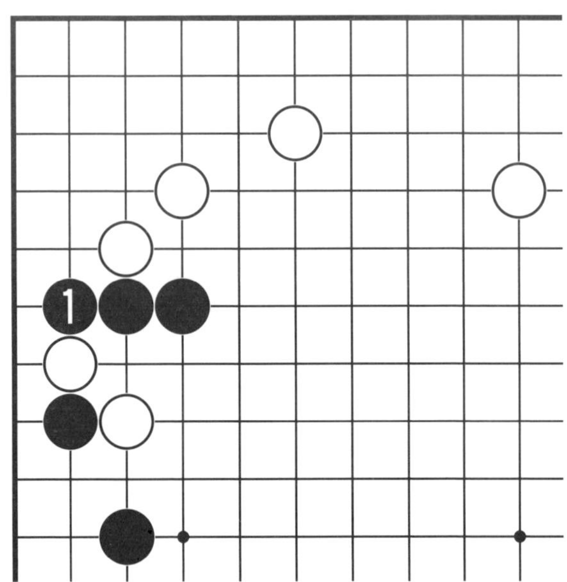

정해도 흑3의 붙임이 호수

흑1의 뚫음에 단순히 백
2로 한 점을 잡는다면 흑
3으로 위에서 붙여가는
수가 좋은 수입니다. 흑
7, 9가 간명한 처리로 흑
11 날일자로 씌워가는 수
가 통렬해 흑의 불만 없
는 진행입니다.

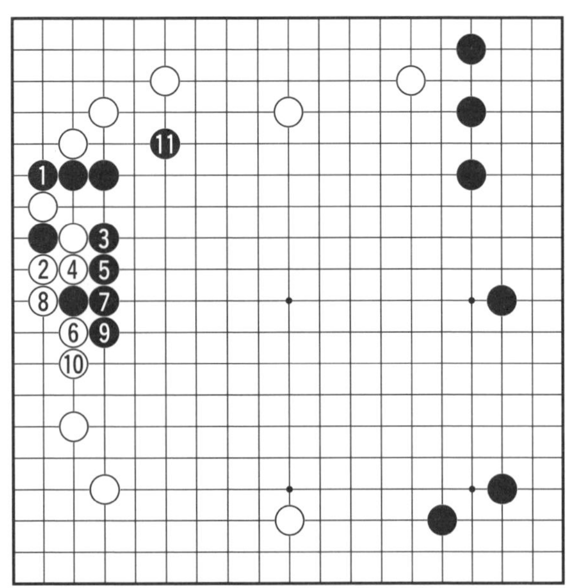

흑3으로 치받는 수가 좋은 수

흑1로 뚫은 장면에서 백2로 이어온다면 흑3의 치받는 수가 멋진 수입니다. 백4의 끊음에는 흑5로 젖혀서 막는 수가 좋습니다. 백6 이하 10은 예상되는 진행이며 흑11로 단점을 보강해 흑의 만족스러운 형태입니다.

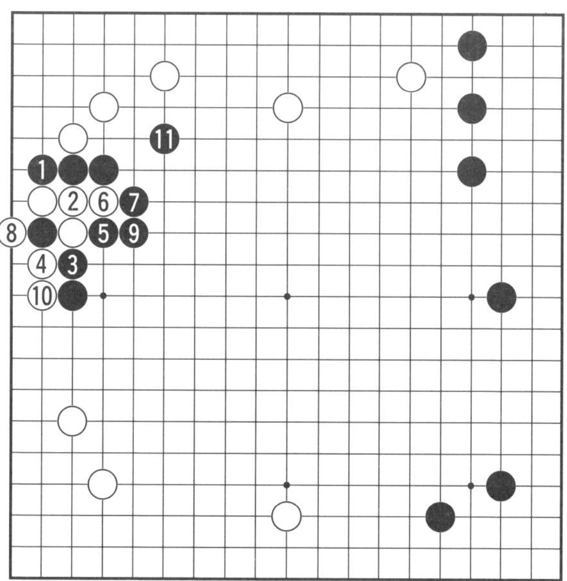

흑5로 밀어가는 수가 냉정

흑1, 3으로 두어왔을 때 흑이 4로 뛰어온다면 흑5로 넘는 수가 냉정한 수. 백6으로 쌍립을 선 모양에서는 7로 미는 수가 급소입니다. 백8에 흑9로 한 번 더 붙인 뒤 흑11로 벌려 흑으로서는 불만 없는 진행입니다.

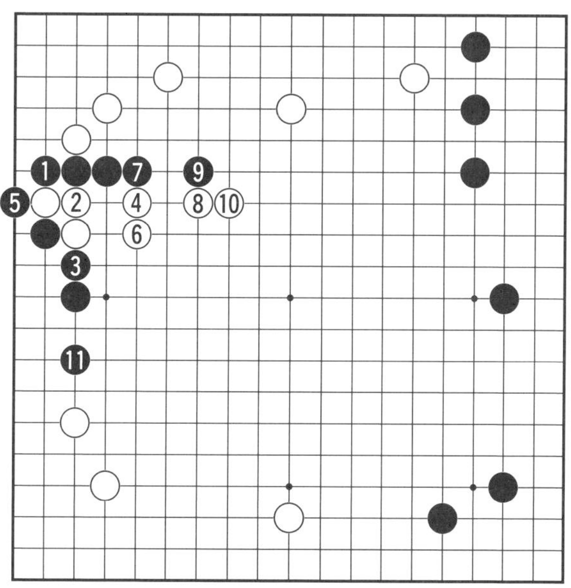

이기는 법은 상대방도 알고 있다

대국을 하면 할수록 지는 횟수가 많아진다는 사람도 있다. 학습의 효과는 승패와 직결되지 않지만 비슷한 실력의 맞수가 있다는 것은 기력 향상에 큰 도움이 된다. 이기고 지는 즐거운 승부 속에서 실전 감각과 기초 실력이 쌓이게 된다.

이때 주의할 것은 승부에 집착하지 않는 마음가짐이다. 물론 바둑은 승부 그 자체이기 때문에 이기는 것을 목표로 한다. 하지만 무엇보다 바둑을 즐기고 있는 사이에 강해져 있는 것이 중요하다. 즉, 맞수와 함께 성장해 나가는 자세가 가장 바람직할 것이다.

'이기고 지는 것'이 '상대방이 이기고 내가 지는 것'이 될 수도 있다. 하지만 자신이 졌다 하더라도 이긴 상대방을 통해 배우는 것이 더 많을 수도 있다. 나 혼자만 강해져야 한다는 욕심은 오히려 기력 향상에 걸림돌이 된다.

이 책과 같이 기력 향상에 도움이 될 만한 것을 찾았다면 망설임 없이 맞수에게 추천해 보자. 이러한 마음의 여유가 바둑 실력을 키워줄 밑거름이 될 것이다.

PART 3

급소를 차지하여
주도권을 잡는 맥점

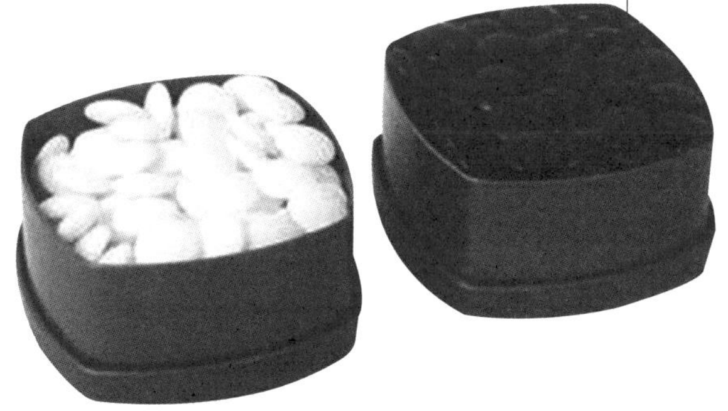

흑선

제1국
장면도

우하귀의 공방

△로 단수를 쳐 온 장면입니다. 흑은 어떻게 두는 것이 최선일까요?

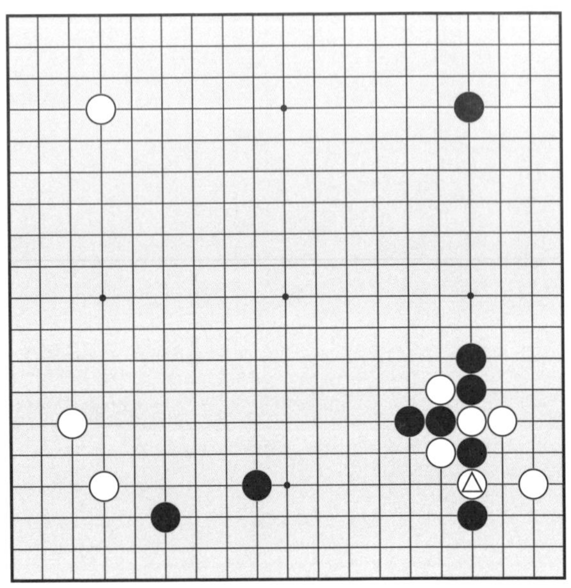

수순도

우하귀 백10이 일반적

1-18

흑5, 7로 하변에 진을 쳤습니다. 흑9에 백10으로 달려간 수는 평범한 진행. 흑11의 고압적인 수법에 백12, 14로 끊어온 장면입니다. 그리고 16, 18로 한 점을 제압했습니다.

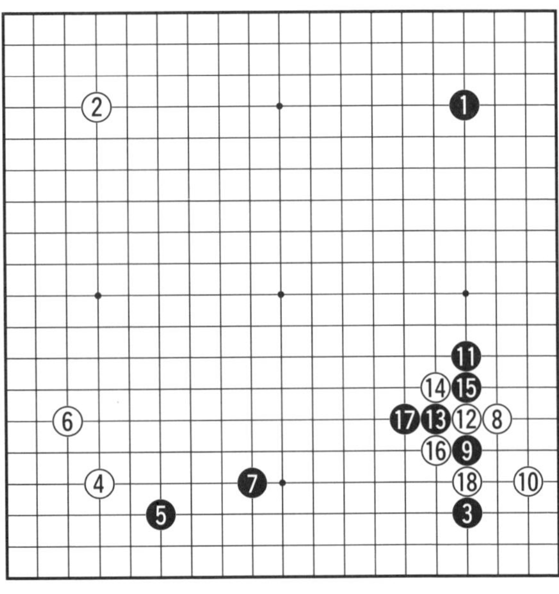

백10으로 백1로 밀어가는 수는 곤란

백10으로 만약 백1로 밀어간다면 백으로서는 어려운 바둑이 되므로 추천하고 싶지는 않습니다. 흑2로 막고 백3으로 뻗을 수밖에 없을 때 흑4로 다가오는 수가 좋아 일방적으로 시달릴 우려가 있습니다.

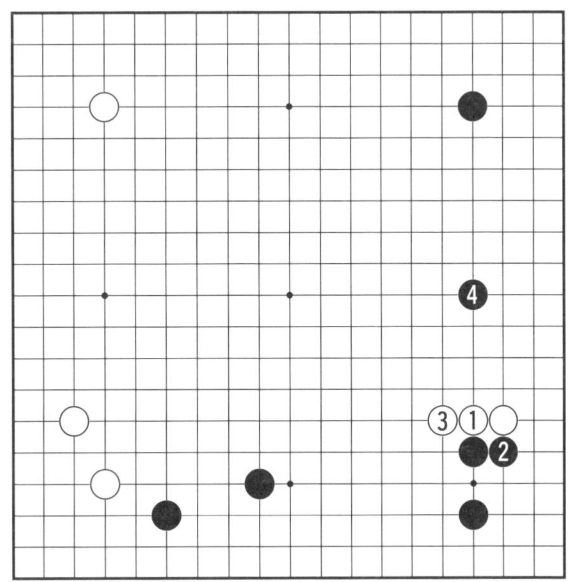

흑1로 늘음

흑1로 늘어두는 수는 이상한 수입니다. 백2로 밀고 나오는 수가 좋아 흑3으로 젖혀가도 5로 끊고 6으로 꼬부려 어떻게 피해를 만회하기가 힘든 상황입니다. 흑의 대실패라고 할 수 있습니다.

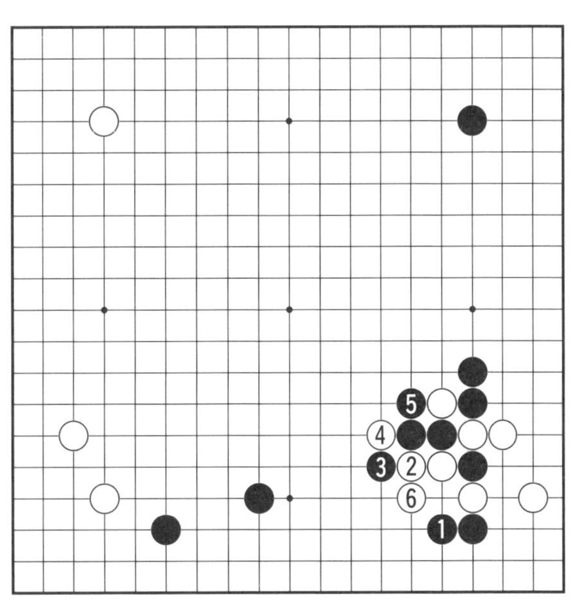

정해

흑1로 끊는 수가 정수
입니다. 이 수로부터
백을 봉쇄해 두터운
세력을 쌓고자 하는
작전입니다.

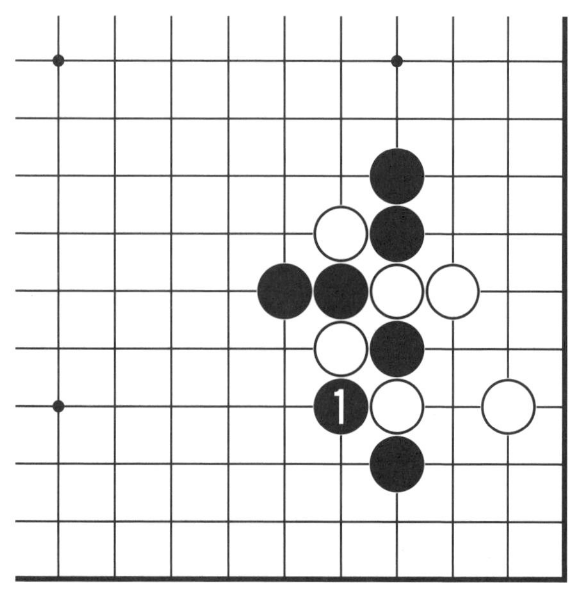

정해도

두터운 세력을 쌓아 흑 만족

흑1의 끊음에 백2로 따낸
다면 흑3으로 막는 수가
좋습니다. 여기에서 백
4의 이음은 의문의 수로
흑5, 7로 두터운 철벽을
만들어 흑의 만족스러운
진행입니다.

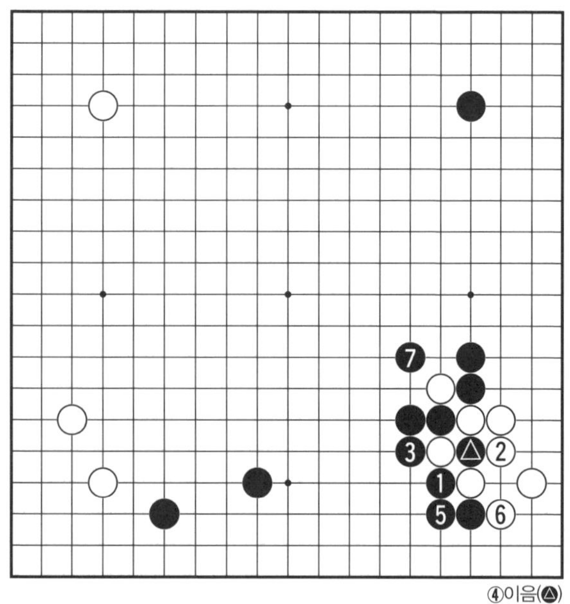

④이음(△)

흑5로 이어두는 수가 간명

흑1, 3으로 막아오면 백은 4로 끊을 수밖에 없습니다. 흑은 이때 패 한 점을 따내지 않고 5로 이어두는 수가 간명한 선택. 백6, 8에는 흑9로 상변의 큰 자리를 선점하여 호각의 진행입니다.

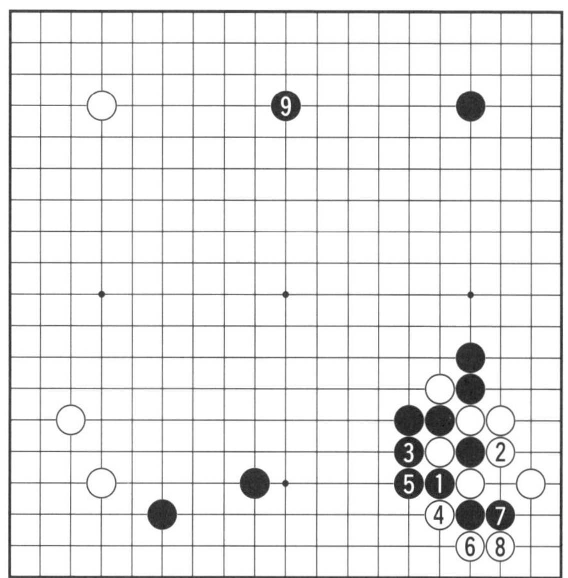

흑1로 끊었을 때 백2로 반발해온다면 흑은 3, 6으로 이어 싸우게 됩니다. 백6으로 밀어온다면 흑7로 한 번 참아두고 8에는 9로 잡아두는 것이 보통 백10에는 11로 벌려가는 수가 냉정한 수로 흑의 유리한 진행입니다.

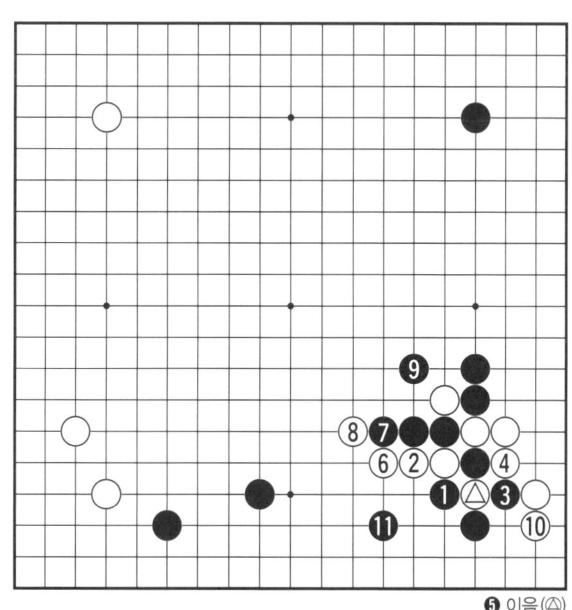

❺ 이음(△)

흑선

제2국
장면도

하변을 처리하는 맥점

△로 지켜온 장면입니다. 쟁점은 하변 백돌에 대해 어떻게 접근하는가입니다. 흑의 다음 수는 어디일까요?

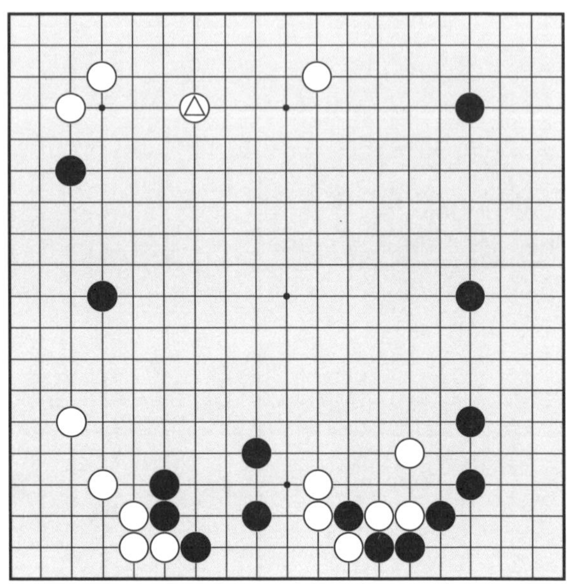

수순도

상변 백30은 이상한 수

하변 흑7로 협공해왔을 때 백8 이하 16까지 정석의 일련 수순입니다. 좌하귀 백26의 젖혀 이음은 비록 2선이라고는 해도 굉장히 좋은 자리. 흑29로 자신을 정비했을 때 백30으로 상변을 지킨 것은 이상한 수였습니다.

1-30

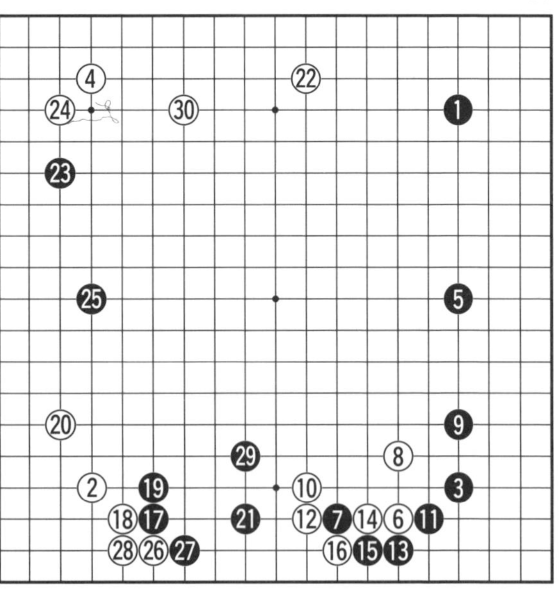

96

백30으로는 하변 백을 보강

백30으로는 백1로 들여다볼 타이밍입니다. 그리고 2로 이어주기를 기다려 3으로 보강하는 것이 유력한 수. 나중에 a, b로 활용하는 뒷맛이 남아 백도 불만 없는 진행입니다.

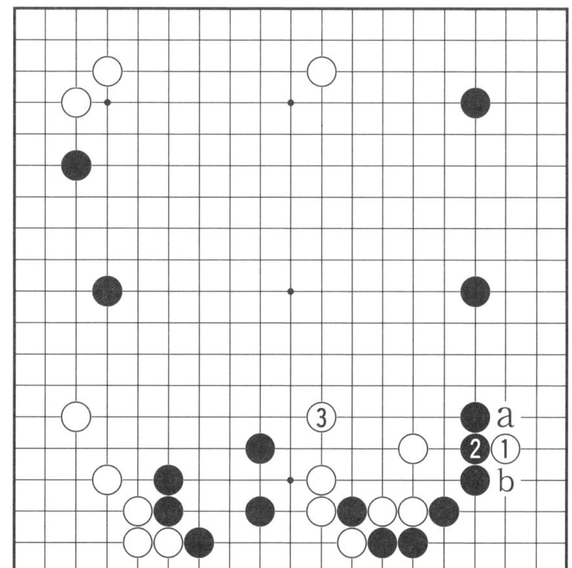

흑1로 날일자

흑1의 날일자는 어설픈 공격입니다. 백2로 한 칸 뛰면 여유 있는 모양. 백 a의 노림도 남아 있어 흑의 불만입니다.

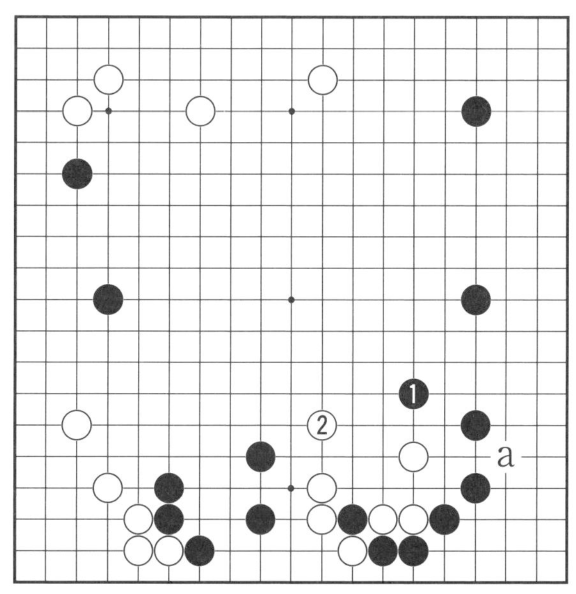

정해

흑1로 붙여가는 수가 날카로운 맥점. 이 수로 백의 안형을 빼앗아 전투의 주도권을 잡으려는 구상입니다.

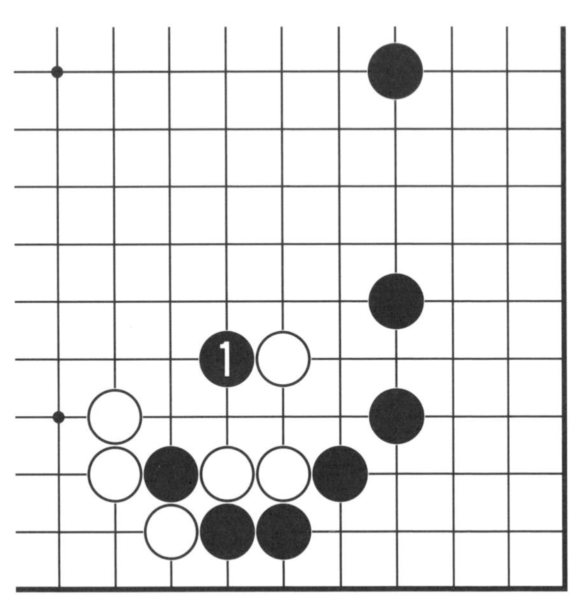

흑3의 젖힘이 좋은 모양

정해도

흑1의 붙임에는 백2로 따내는 수가 보통. 그때 흑3의 젖힘이 통렬한 수입니다. 백4의 한 칸 뜀에는 흑5로 한 점을 제압해두는 것이 뒷맛이 좋은 수. 공격하면서 자연스럽게 우하귀를 두텁게 정비해 흑의 만족스러운 진행입니다.

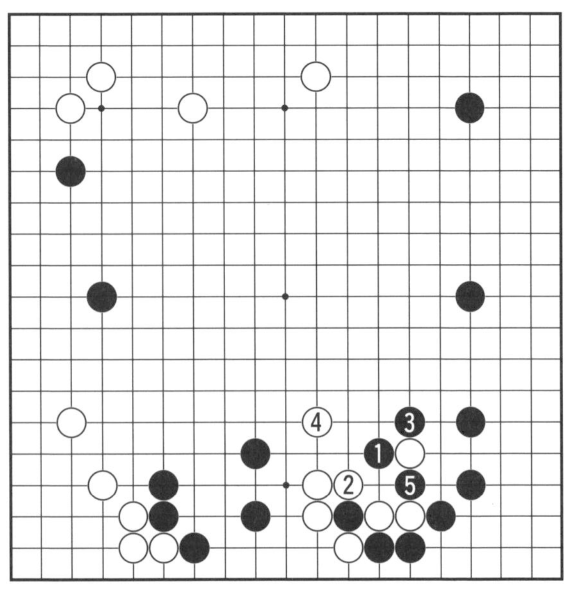

정해변화도 1

흑3으로 달아나는 수가 성립

흑1의 붙임에 2로 저항해 온다면 흑3으로 연결해 달아나는 수가 성립하게 됩니다. 흑7까지 축이 되지 않는데다 백돌이 분리되어 흑의 대성공입니다.

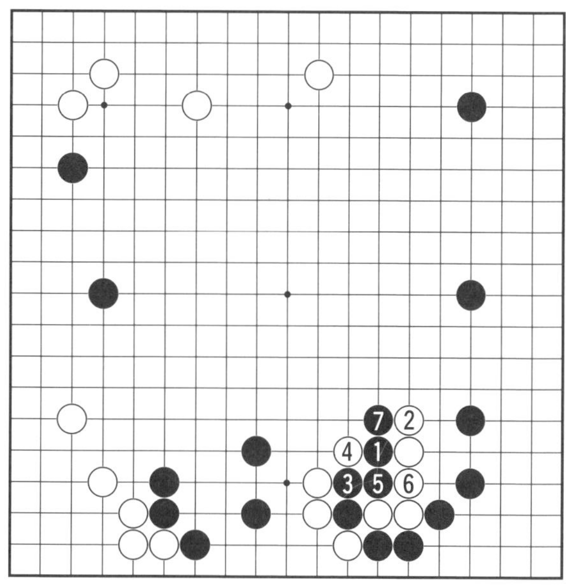

정해변화도 2

흑3의 젖힘이 날카로움

흑3의 젖힘이 날카로운 수로 흑1의 붙임에 백2로 이어온다면 흑3으로 젖히는 수가 날카로운 일착. 백4로 끊어오는 수는 걱정 없습니다. 흑5로 단수 친 후 7로 나가는 수가 성립해 백이 갑갑한 싸움을 하게 됩니다.

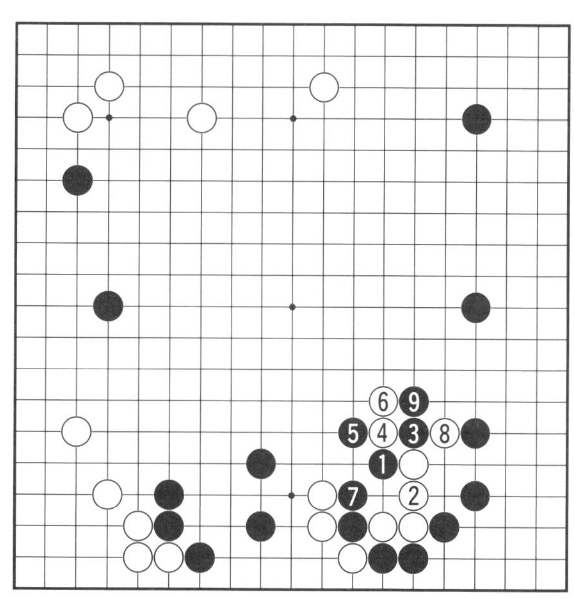

흑선 | 제3국 | 장면도

우상귀의 공방

△로 내려선 장면입니다. 여기에서 흑은 어떻게 대응하는 것이 좋을까요?

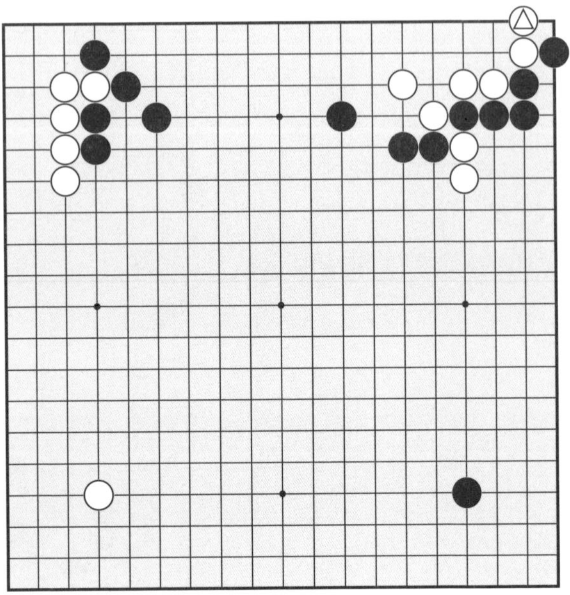

수순도

우상귀 백22는 과욕의 수

좌상귀 백10의 뻗음에 흑 11, 13은 간명하게 처리하고자 하는 작전. 우상귀 백14의 걸침에 15로 붙여온 것은 적극적인 자세입니다. 백20의 지킴에 흑21로 씌워간 수는 유력한 작전으로 백22의 끊음은 다소 과욕의 수였습니다. 여기에서는 좀 더 무난한 작전으로 가는 것이 일반적입니다.

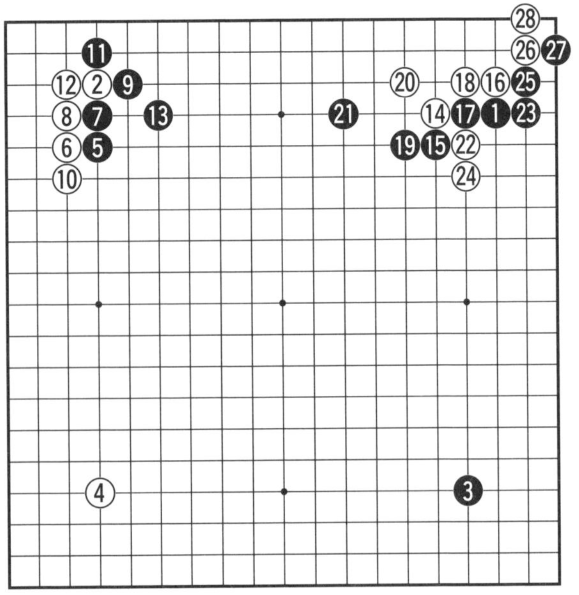

백22로는 백1로 미끄러지는 수가 무난

백22로는 백1로 날일자로 달려두는 것이 온건한 수. 우변 흑2의 벌림에는 우하귀 백3으로 걸쳐가는 정도로 백a의 약점을 노림수로 남겨두게 됩니다.

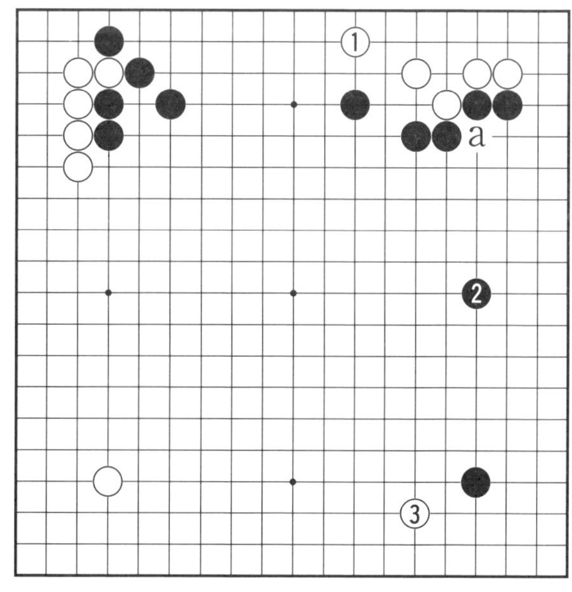

흑1로 2선으로 뛰는 수는 의문

백2로 마늘모로 받았을 때 살아 있지만 2선을 여러 번 기어야 하는 것은 굴욕적입니다. 흑의 실패인 진행입니다.

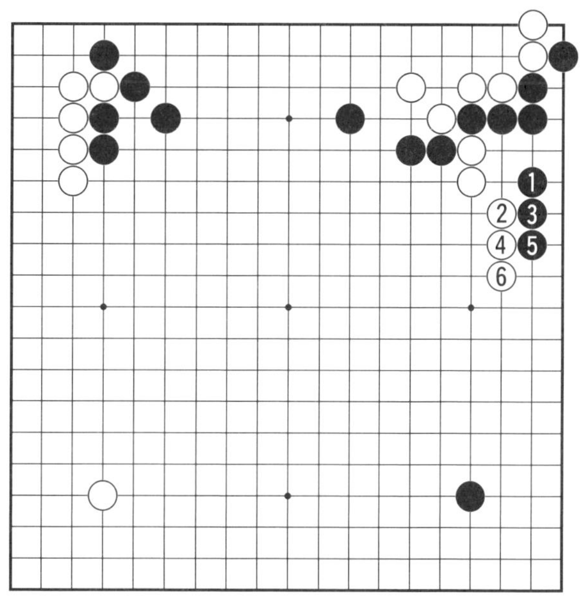

정해

흑1의 눈목자 행마가 빛나는 일착입니다. 이 수로 변에 진출함은 물론 △ 두 점을 압박하게 됩니다.

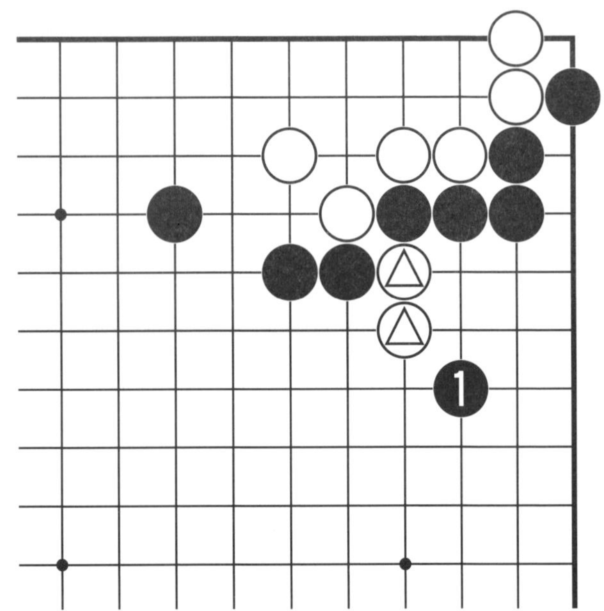

흑3의 젖힘이 좋은 모양

흑1의 눈목자 달림에 백2로 밀어온다면 순순히 3으로 늘어두는 것이 정수. 백6으로 두 칸 뛰어 보강해오기를 기다려….

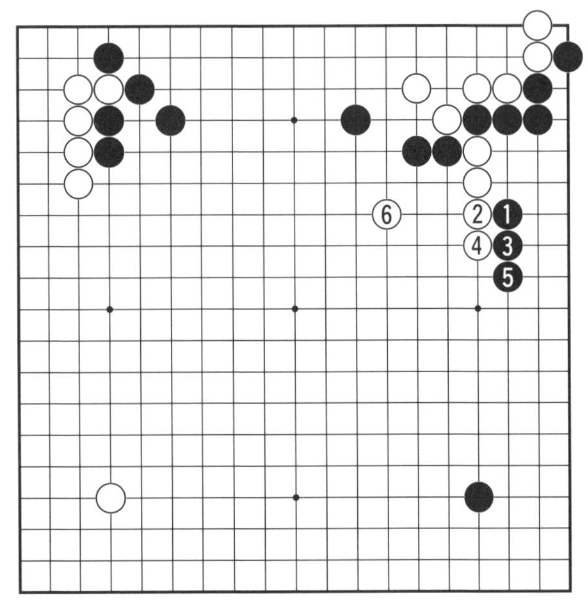

흑7이 좋은 밸런스

이전 그림에 이어서 흑1, 3을 활용해버리는 것이 간명합니다. 백4, 6으로 살아야만 할 때 흑7로 상변의 흑 모양을 키우면서 백돌을 공격하는 형태가 흑의 이상적인 진행입니다.

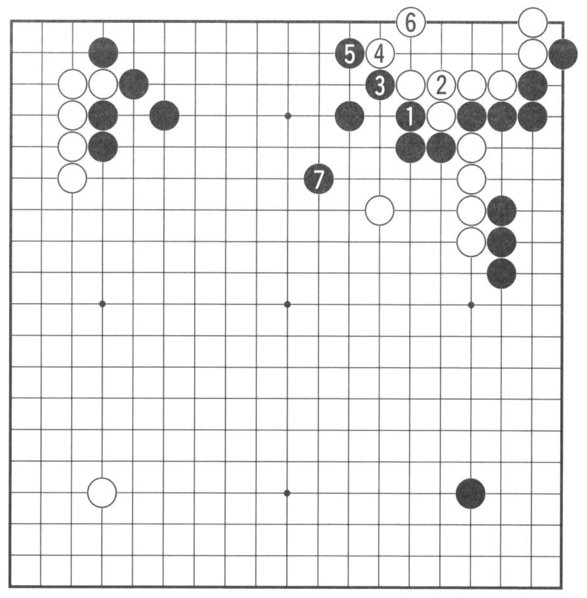

흑3, 5로 나와 끊는 수가 성립

흑1로 뛴 장면에서 백2로 붙여 저항해온다면 흑3, 5로 나와 끊는 수가 성립하게 됩니다. 게다가 백8의 단수에는 흑9로 나가면 그만으로 흑의 단연 유리한 진행이라고 하겠습니다.

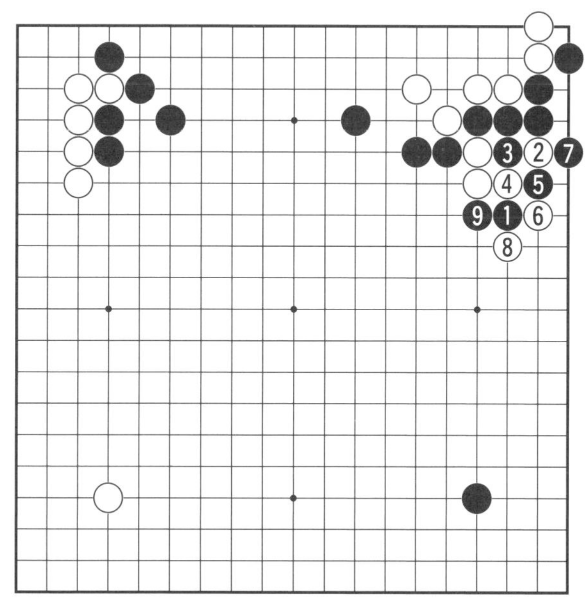

흑선

제4국
장면도

우상귀의 공방

△로 막아온 장면입니다. 여기에서 흑의 날카로운 수가 있습니다. 과연 어디일까요?

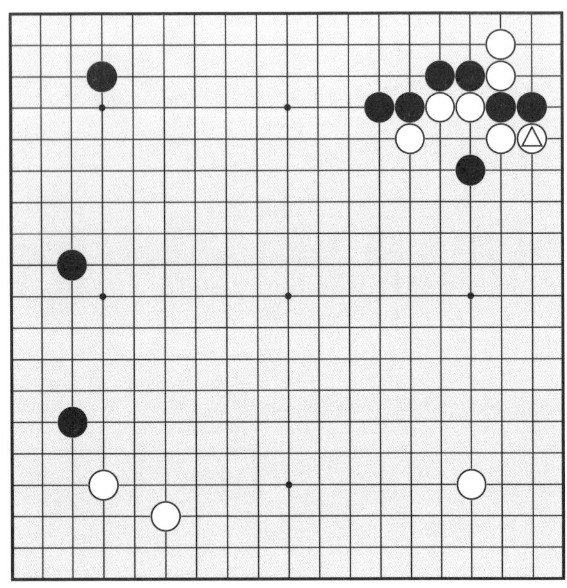

수순도

우변 흑17은 유력한 수법

1-20

흑3부터 7까지는 유행에 민감한 미니 중국식 포석. 우상귀 흑9의 붙임에 10으로 치받고 12로 막는 정석을 선택하였지만 현재 배석 상태에서는 바람직하지 않았습니다. 백 14, 16에 흑17은 유력한 수법입니다.

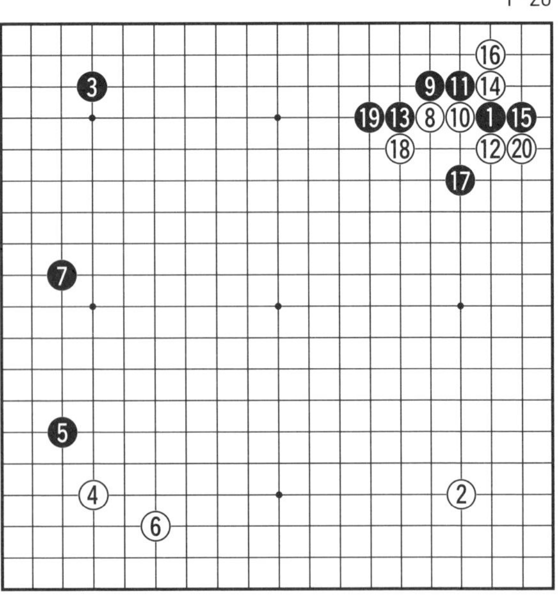

백10으로는 백1로 막는 수가 간명

백10으로는 단순하게 1로 막고 5까지 상변에 벌려 좌변 흑의 미니 중국식 포석을 견제하는 수단이 좋았습니다.

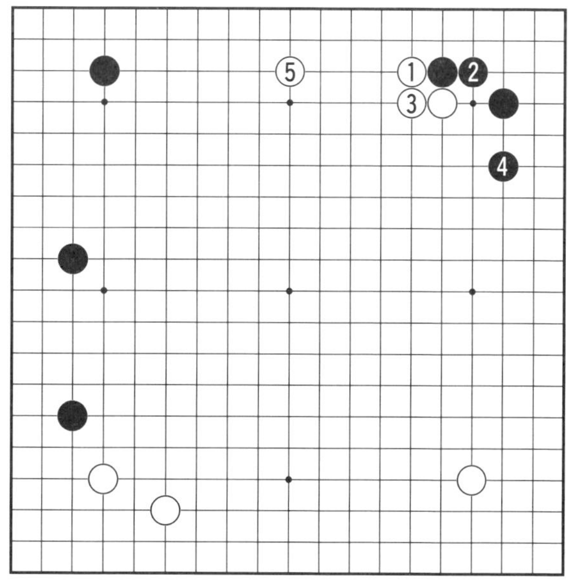

흑1로 끊음

흑1로 끊어가고 싶은 장면이지만 별다른 후속 수단이 없어 불만입니다. 백2, 4로 간단하게 처리하는 수로 백이 착실히 실리를 벌어들인 모양으로 흑의 실패인 진행입니다.

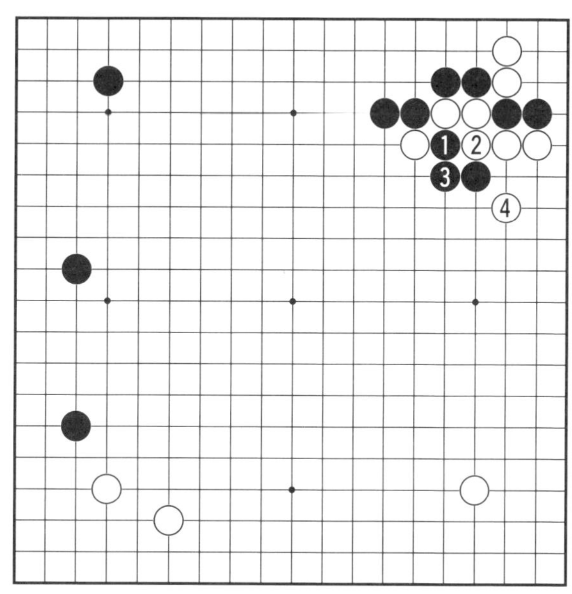

자충을 노린 날카로운 붙임

흑1로 옆구리에 붙여
가는 수가 기가 막힌
맥점. 이 수로부터 백
의 자충을 노리는 작
전이 시작됩니다.

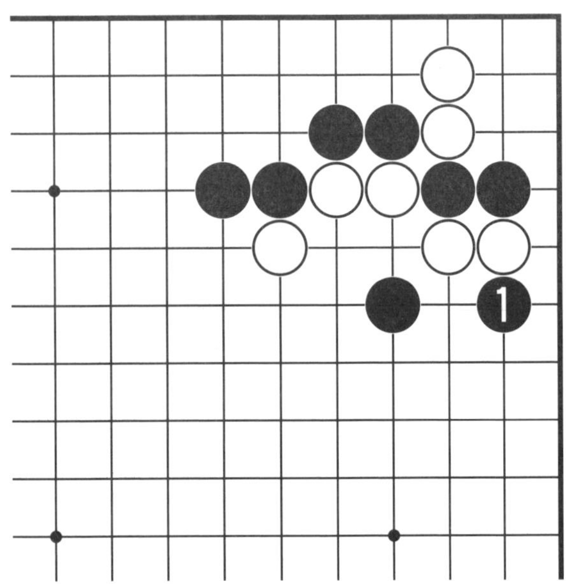

흑3으로 끊는 수가 강수

흑1의 붙임에 2로 나온
다면 3으로 단수치는 수
가 중요. 백4로 잇는 것을
기다려 흑5까지 석 점을
취해서는 흑의 대성공입
니다.

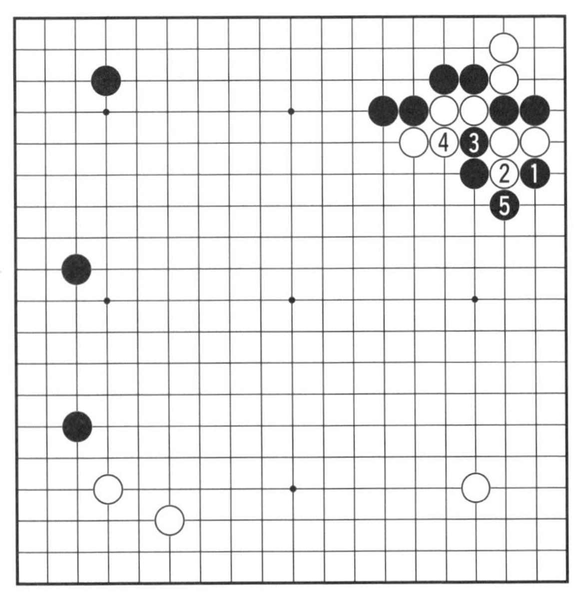

흑1로 붙이고 3으로 끊는 수순이 맥점

흑1에는 백2로 단수치는 것이 최선으로 흑3으로 끊고 5로 씌워가는 수가 요령입니다(흑a의 단수치는 뒷맛이 남음). 이 장면은 배석 상 흑의 기분 좋은 포석의 진행입니다.

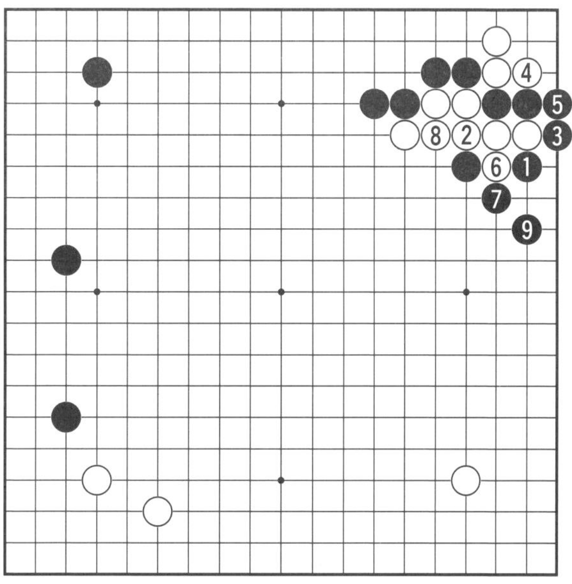

흑3으로 끊고 5로 씌우는 것이 수순

흑1에는 백2의 단수가 최선으로 흑3으로 끊고 5로 씌우는 수가 좋은 수입니다(흑a의 단수 허용). 가볍게 처리하여 흑이 즐거운 진행입니다.

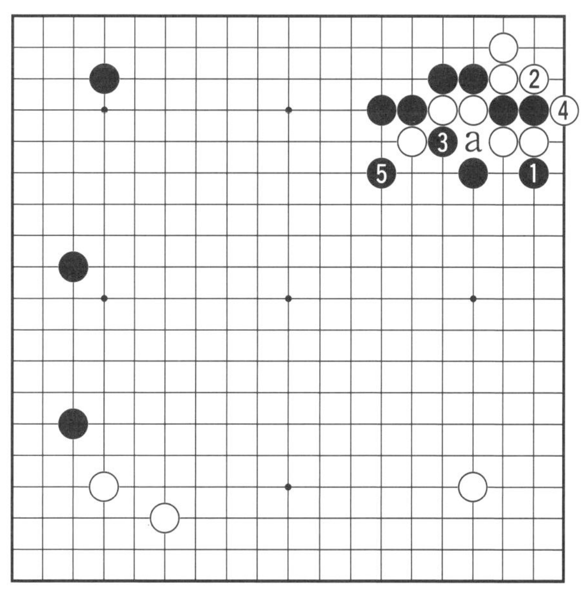

백선

제5국
장면도

우상귀의 공방

◮로 끊어온 장면입니다. 백은 어떻게 응수하는 것이 좋을까요?

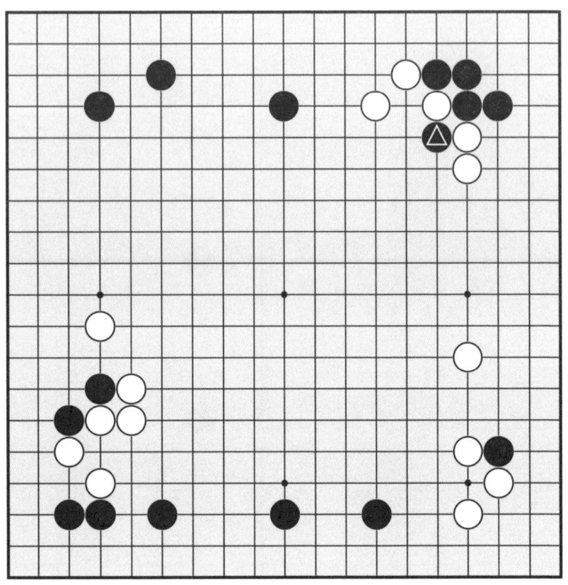

수순도

우상귀 흑29는 시기상조

1-31

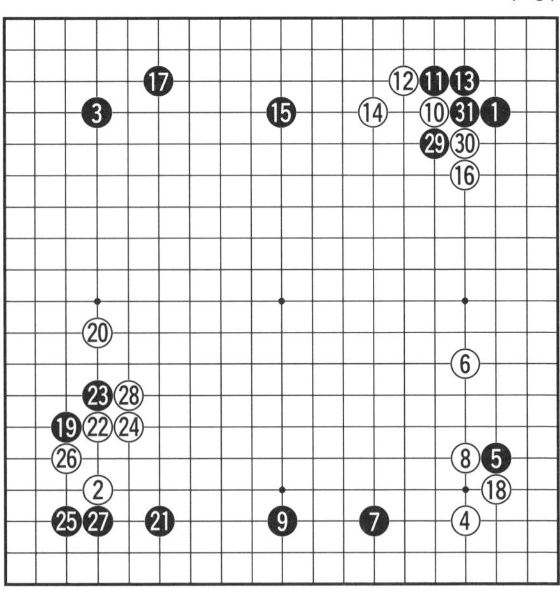

우변 백6의 협공에 흑7, 9는 바꿔치기 작전의 수법. 상변 백14에 16으로 다가선 것은 적극적인 기풍으로 우상변 백16의 날일자 씌움은 균형상 좋은 자리이며 우상귀 흑29의 건너서 붙이고 끊는 수는 노림수였지만 현 국면에서는 시기상조였습니다.

흑29는 흑1로 미끄러짐이 무난한 수

흑29는 흑1로 날일자로 미끄러져가는 수가 좋았습니다. 좌변 백2의 벌림에 흑3으로 귀를 지키는 정도로 이제부터 시작인 한 판의 바둑이라고 할 수 있겠습니다.

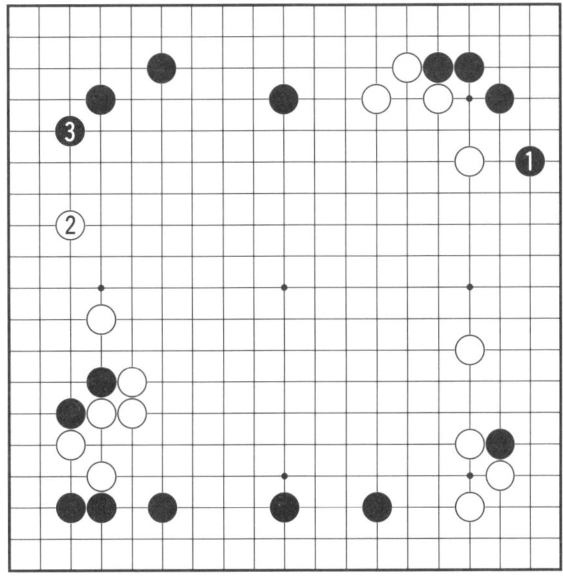

백1로 이음

백1로 연결해두는 것은 일반적으로 생각하기 쉬운 수이나 이 장면에서는 흑의 주문대로 두어주는 셈이 됩니다. 흑2, 4, 6으로 세 번 밀고난 후 8로 씌워가는 수가 통렬해 백의 불만인 진행입니다.

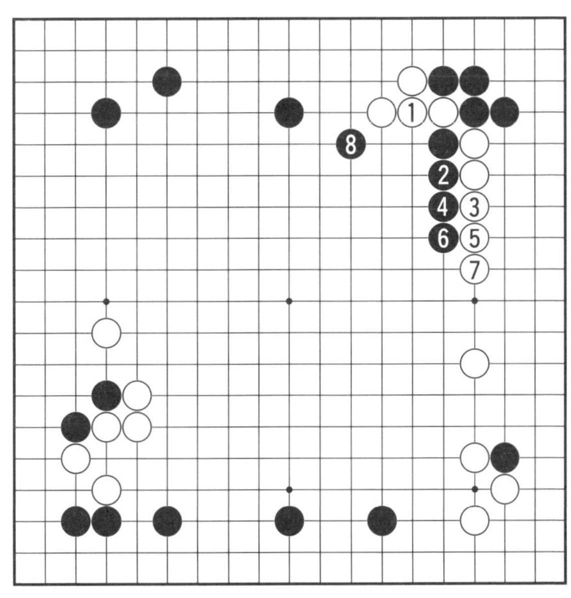

정해

백1과 같이 단수치는 수가 유력한 대응책입니다. 백은 △의 돌을 사석으로 이용하여 두터운 세력을 얻으려는 작전입니다.

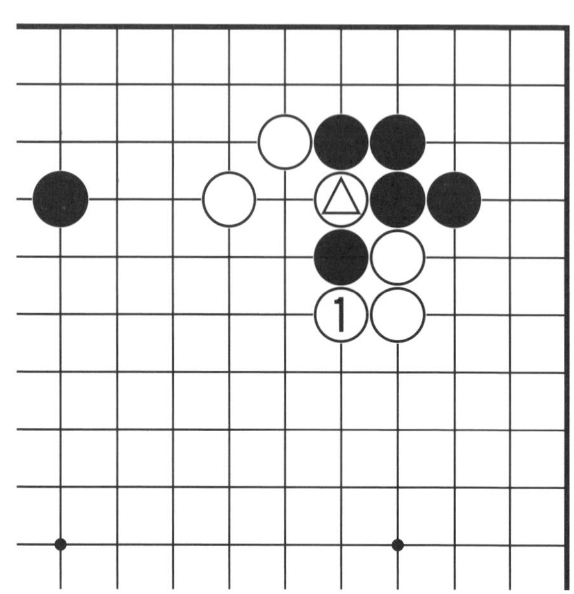

정해도

백3으로 맞단수치는 수가 통렬

백1의 단수에 흑이 순순히 백 한 점을 따낸다면 백3으로 맞단수치는 수가 통렬합니다. 흑4로 두 점을 연결하기를 기다려 백5로 약점을 보강해 백의 만족스러운 진행이라고 할 수 있습니다.

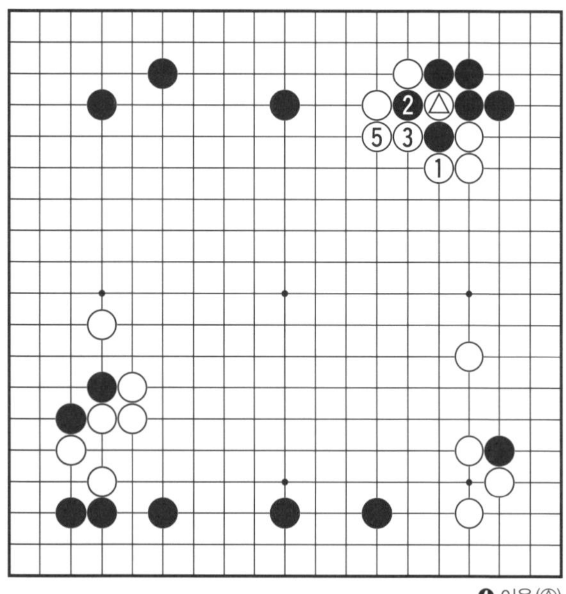

❹ 이음(△)

백3으로 장문 씌워가는 수가 맥점

백1의 단수에 흑이 2로 나온다면 백3으로 장문 씌워가는 수가 빛나는 일착. 흑4, 6까지 움직이면 움직일수록 백은 철벽을 쌓게 되어 대환영입니다.

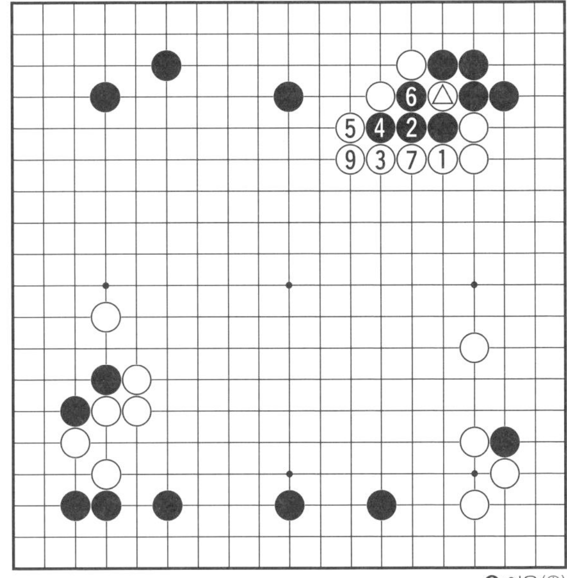

❽ 이음(△)

우변 백의 실리가 돋보임

백3의 장문에 4로 바로 따내는 수는 5 이하 8까지 활용한 후 백9로 한 칸 뛰어서 지킨 수가 좋은 수로 백의 실리가 돋보이는 진행입니다.

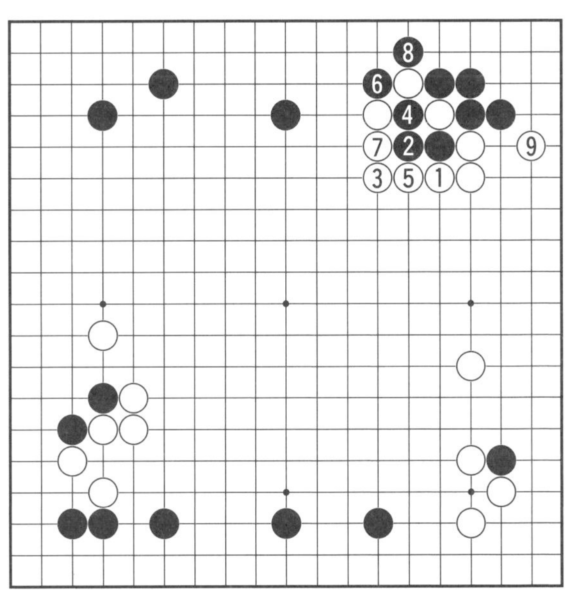

흑선

제6국
장면도

우상귀의 수단

△로 1립2전한 장면입니다. 쟁점은 우변 백에 대한 작전입니다. 흑은 어떻게 진행하는 것이 바람직할까요?

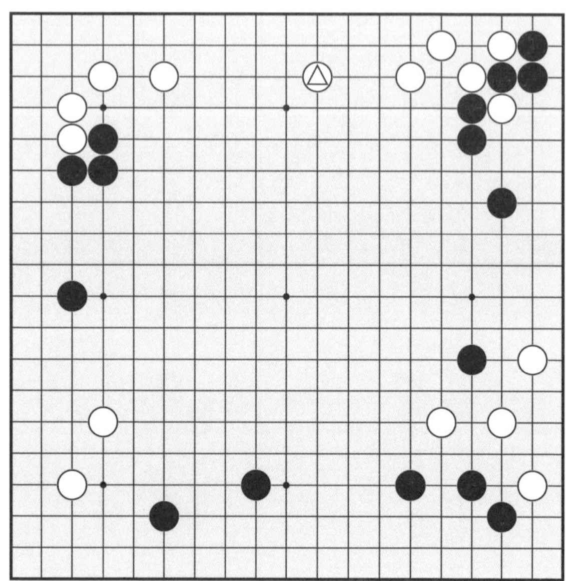

수순도

상변 백32는 의문

우하귀 백8의 걸침에 한 칸 높은 협공. 우변 백14의 미끄러짐까지 전형적인 정석의 진행입니다. 우상귀 백22의 걸침에 흑24 눈목자로 받은 것은 개인의 취향으로, 우상귀 흑31의 꼬부리는 수에 백32로 진행한 것은 이상한 수였습니다.

1-32

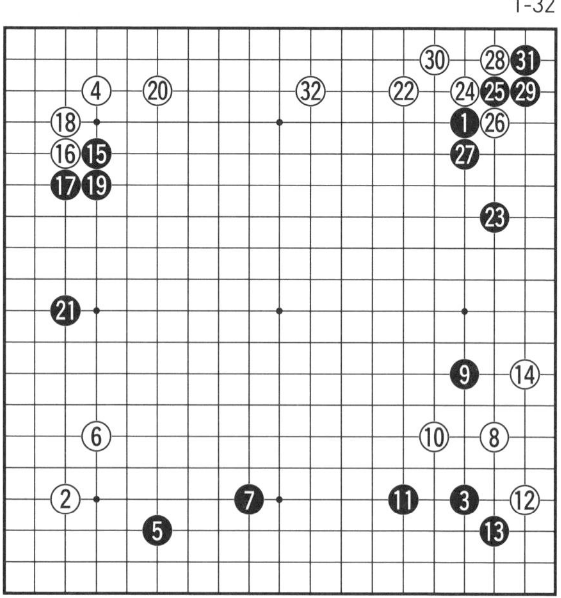

백32로는 백1로 젖힘

백32로는 백1로 젖혀두는 것이 좋았습니다. 흑2로 받기를 기다려 선수를 잡은 백은 3으로 하변에 침입, 실리의 균형을 맞추는 것이 시급합니다.

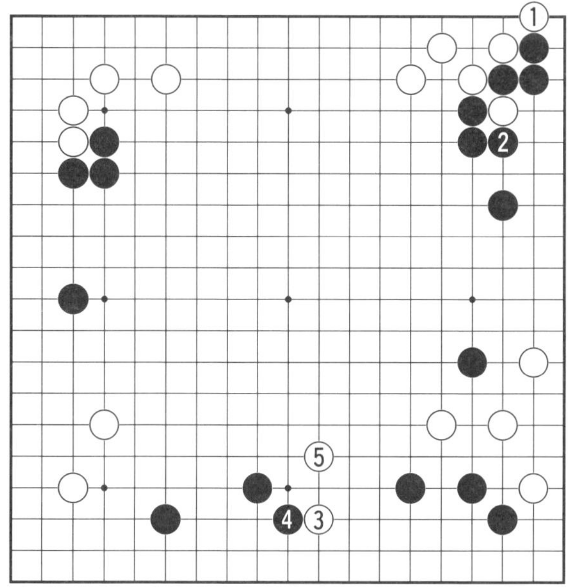

흑1로 붙임

흑1로 마늘모 붙여가는 수는 의문의 수입니다. 백2로 찜어가는 수가 좋은 수로 흑3에는 백4로 넘어가 오히려 흑이 빈삼각의 우형을 스스로 자초한 셈이 되어 흑의 실패입니다.

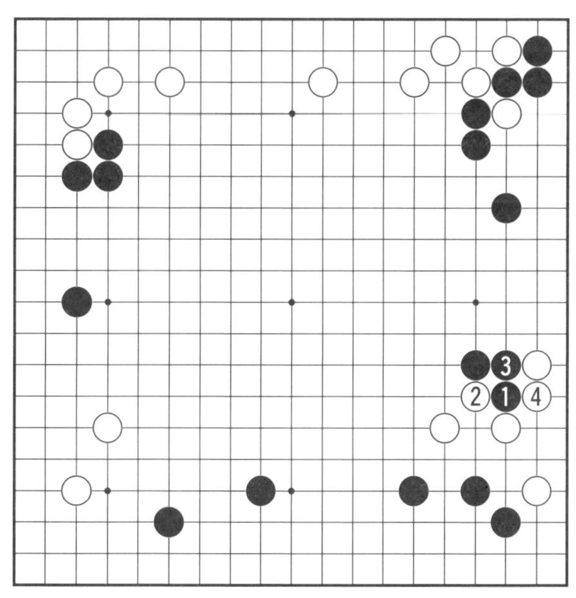

정해

흑1로 마늘모 붙여가는 수가 유력한 수법입니다. 백을 봉쇄하겠다는 노림을 지닌 예리한 수입니다.

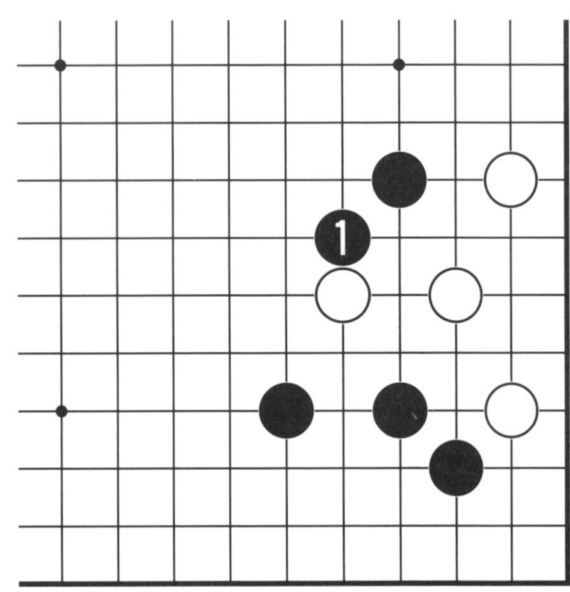

정해도

흑1의 붙임에 백2로 이어 준다면 흑3으로 막는 수가 좋습니다. 백4, 6으로 끊어 싸우자고 덤벼도 흑5, 7로 흑이 유리한 가운데 벌어지는 전투가 됩니다.

정해변화도 1

흑1의 붙임에 백2로 찍어 온다면 흑3으로 치받는 수가 좋은 수. 백4에는 흑5가 강수로 흑이 유리합니다.

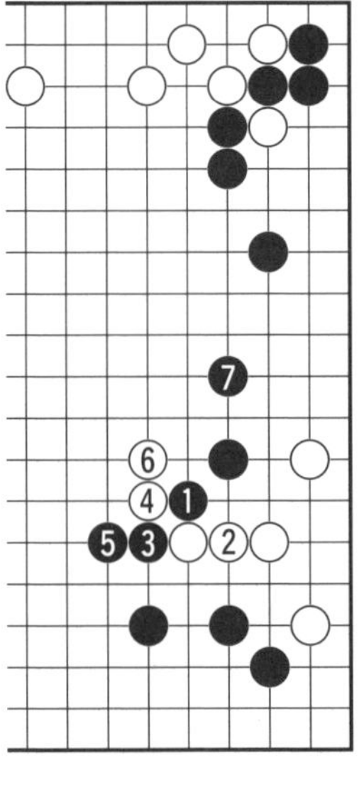

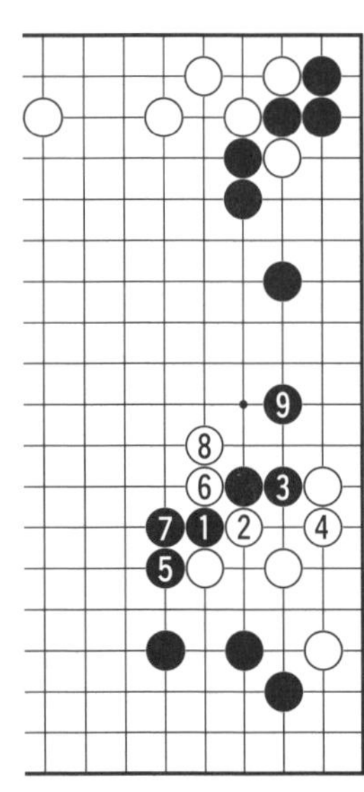

흑1의 붙임에 2로 끊어
왔을 때의 변화입니다.
백8까지의 저항을 기다
려….

이전 그림에 이어 흑1로
막고 2 이하 6으로 진행
될 때 흑7로 붙이는 수가
좋은 맥점으로 이는 흑의
단연 유리한 진행입니다.

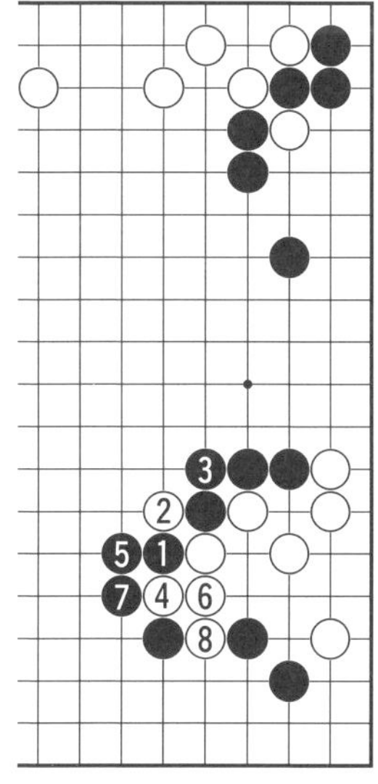

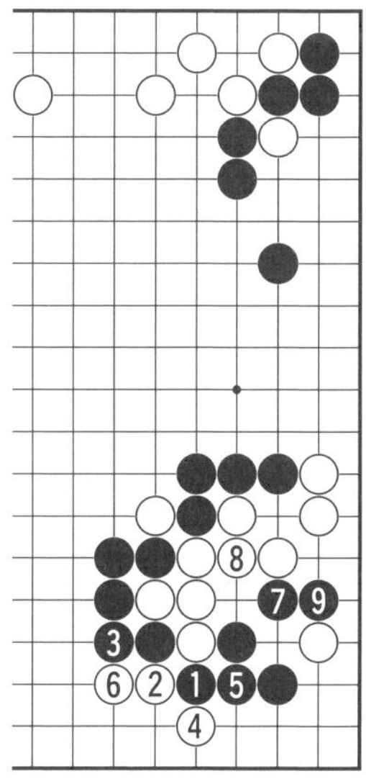

패를 걸어가는 강수

흑1의 붙임에 2로 뻗어
저항한다면 흑3 이하 7까
지 패를 걸어가는 수가 강
수입니다. 이 장면에서는
흑9, 11로 좌하귀를 차지
해 흑의 대성공입니다.

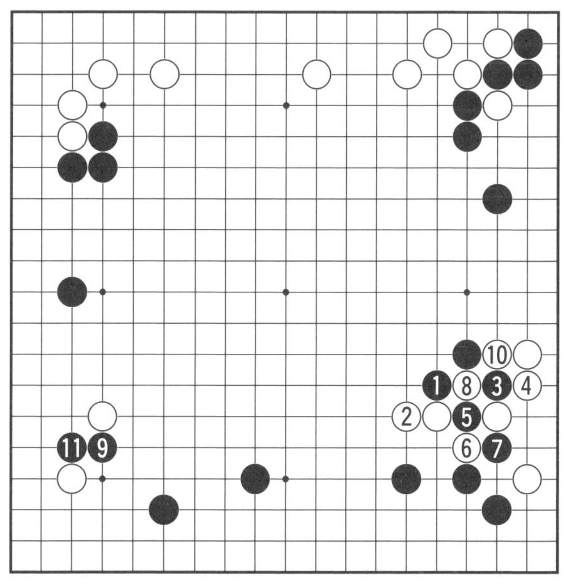

흑선

제7국
장면도

상변의 공방

△로 한 점을 제압한 장면입니다. 흑이 절대적으로 놓쳐서는 안 되는 수는 어디일까요?

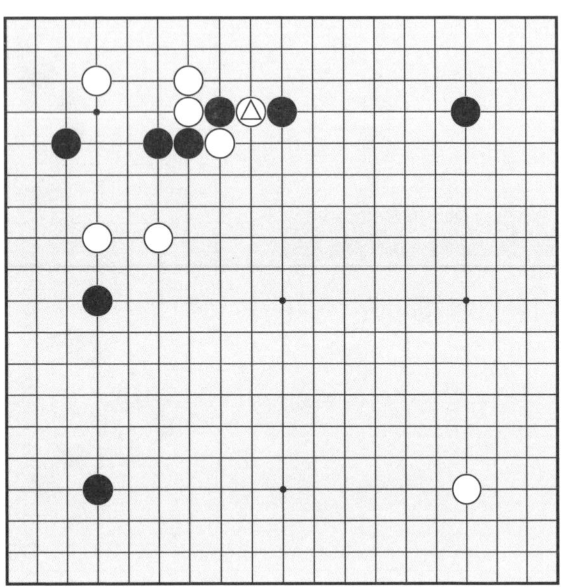

수순도

흑15는 좋은 맥점

좌상귀 흑5의 걸침에 두 칸 높은 협공. 흑7, 백8로 각각 두 칸씩 뛰고 흑9로 협공해간 후 백10의 한칸 뜀. 흑11의 씌움에 반발, 나와서 끊는 수순까지 흑15로 한 칸 뛰어 받은 수가 빛나는 일착입니다. 여기에서 백은 16으로 잡았습니다만 더 좋은 수가 있었습니다.

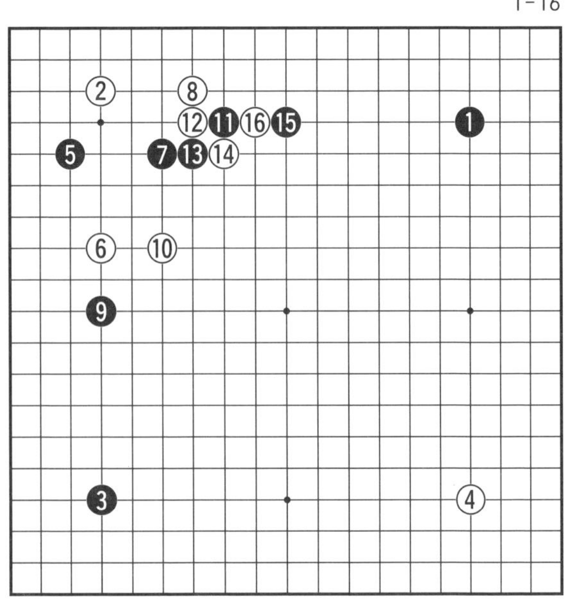

1-16

백16으로는 백1로 뻗음

수순도의 백16으로는 백1로 뻗어 싸우는 수가 유력했습니다. 흑2로 막기를 기다려 3, 5로 젖혀 잇는 수가 기민한 수로 흑 석 점도 갑갑한 모양이 되어 백의 충분한 진행입니다.

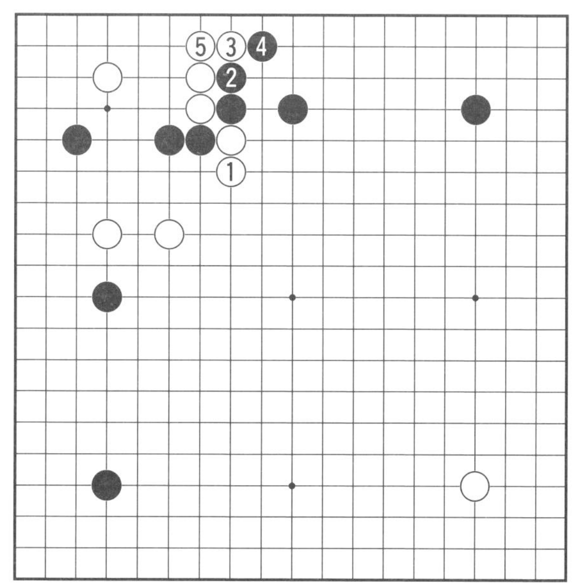

흑1로 도망

흑1로 탈출을 시도하는 것은 무리수입니다. 백2로 단수치고 4로 잇는 수가 좋아 흑5, 7로 백의 절단에는 성공했지만 상변 흑석 점이 잡혀서는 흑의 불만인 진행입니다.

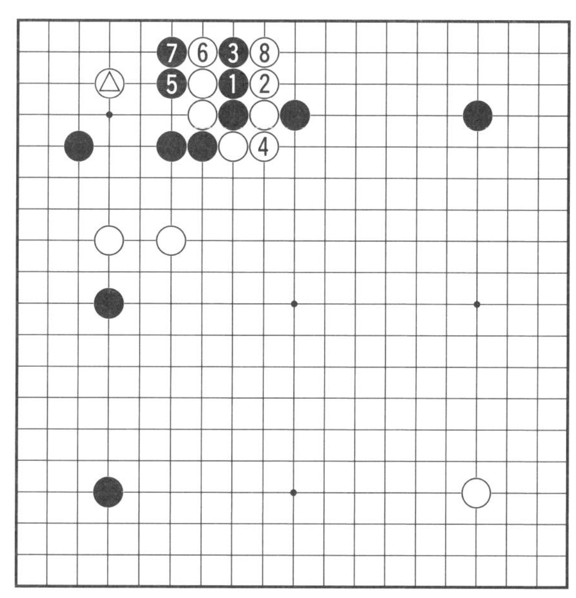

정해

흑1로 끊는 수가 좋은 맥점입니다. 이 수로 백돌을 봉쇄하여 유리한 전투를 이끌게 됩니다.

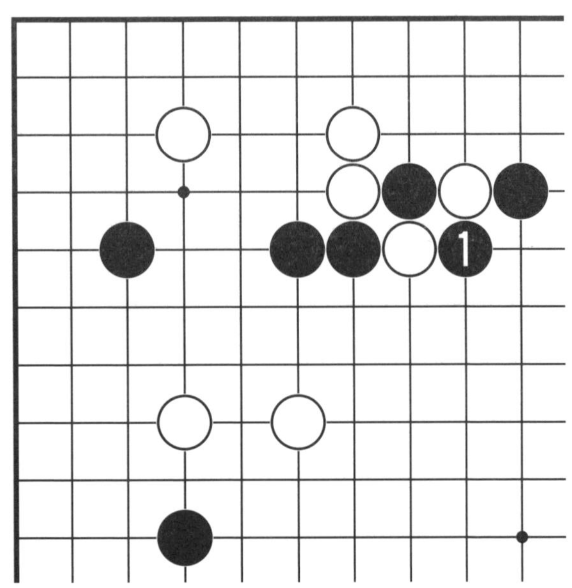

정해도

흑3으로 막는 수가 호수

흑1의 단수에 백2로 따내온다면 흑3으로 막는 수가 좋습니다. 백4로 연결하기를 기다려 흑5로 약점을 보강하면 백6, 8로 두어오게 되는데….

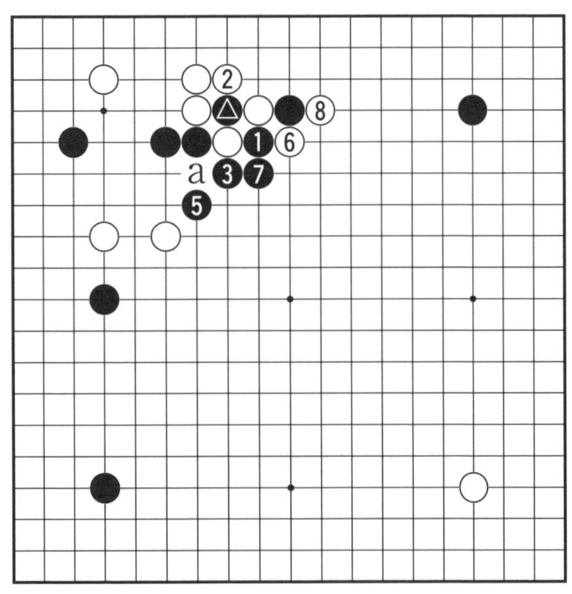

흑1이 사석 작전의 테크닉

이전 그림에 이어서 흑
1로 늘어두는 수가 좋은
수입니다. 백2로 막을 때
끊어가는 수로 이후 축머
리를 활용하는 등 여러 활
용 수단이 남게 됩니다.
흑3, 5로 좌변 백을 공격
하여 흑의 호조입니다.

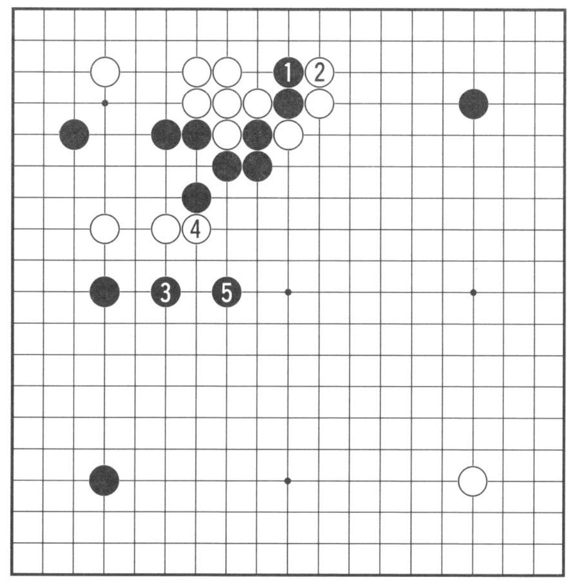

주도권을 잡은 흑이 유리

흑1, 3의 단수에 백4로
끊어 반발한다면 흑5로
따내고 7로 뻗는 것이 좋
은 수순. 백8의 늘음에는
9로 한 칸 뛰어 전투의
주도권을 잡은 흑의 유리
한 진행이라고 할 수 있
습니다.

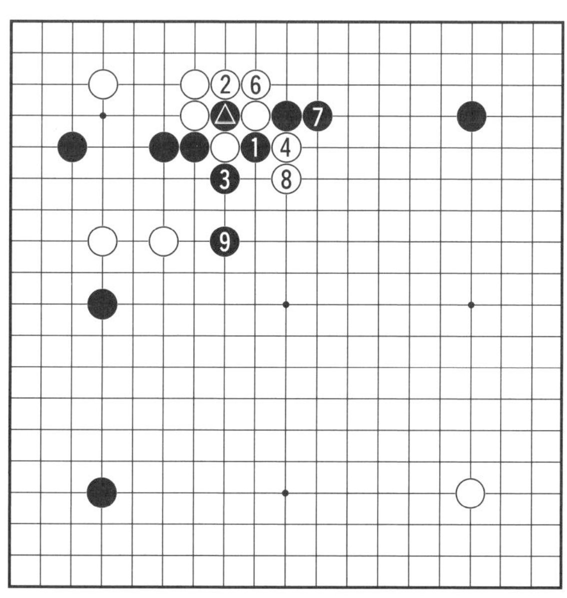

흑선

제8국
장면도

우하귀의 공방

△로 연결한 장면입니다. 이후 흑은 어떻게 대응하는 것이 좋을까요?

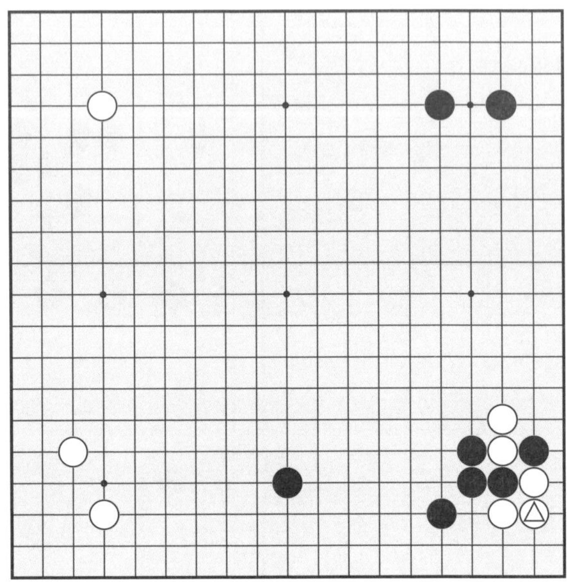

수순도

우하귀 백16은 과욕의 수

1-16

하변 흑7의 벌림은 다소 독특한 발상입니다. 우하귀 백8의 걸침에 흑9로 마늘모가 궁리 끝에 나온 수입니다. 백10의 한 칸 벌림은 좋은 수로 흑15로 끊어가는 수에 백16의 연결은 욕심이 좀 과한 수였습니다.

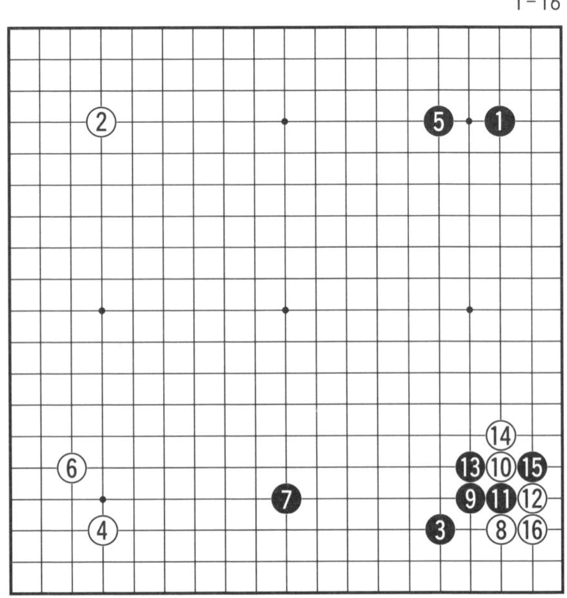

백16으로는 백1로 잡음

백16으로는 백1로 잡는 수가 일반적입니다. 흑2, 4로 ⊿ 한 점을 취하게 되지만 우변에 먼저 선점해 백의 불만 없는 진행입니다.

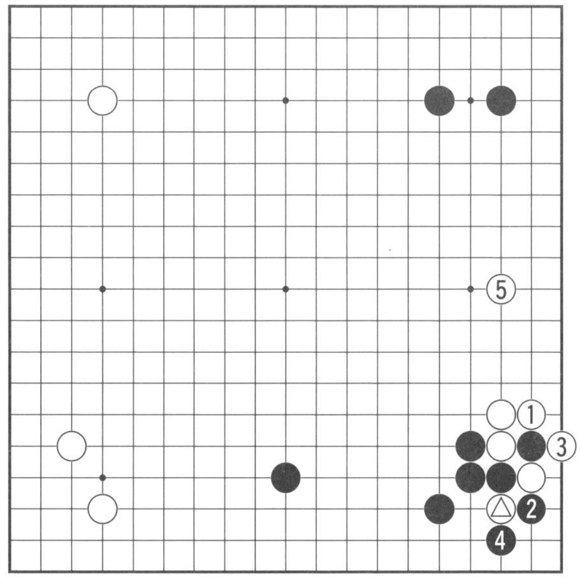

흑1의 씌움

흑1의 씌워가는 수도 있지만 현 국면에서는 별로 어울리지 않습니다. 2로 찌르고 4로 잡을 때 6으로 진출해서는 흑의 불만스런 진행입니다.

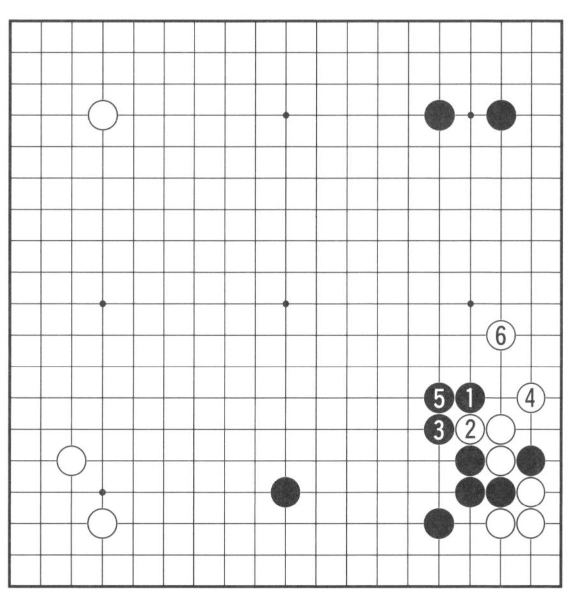

정해

흑1이 날카로운 붙임입니다. 잡혀 있는 ◬를 최대한으로 활용하는 멋진 맥점이라고 할 수 있습니다.

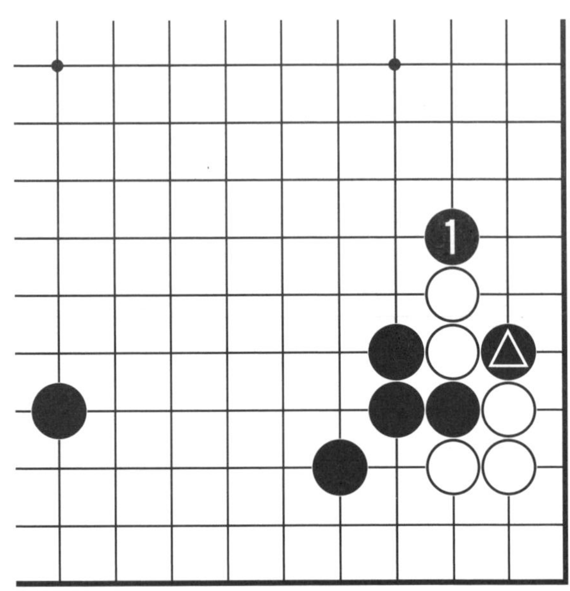

정해도

흑3으로 봉쇄하는 수가 통쾌

흑1의 붙임에 백2로 잡는다면 흑3의 봉쇄가 기분 좋은 수. 백4의 꼬부림에는 흑5로 늘게 되는 형태로, 이 형태는 흑의 두터운 세력이 돋보여 흑이 유리한 진행입니다.

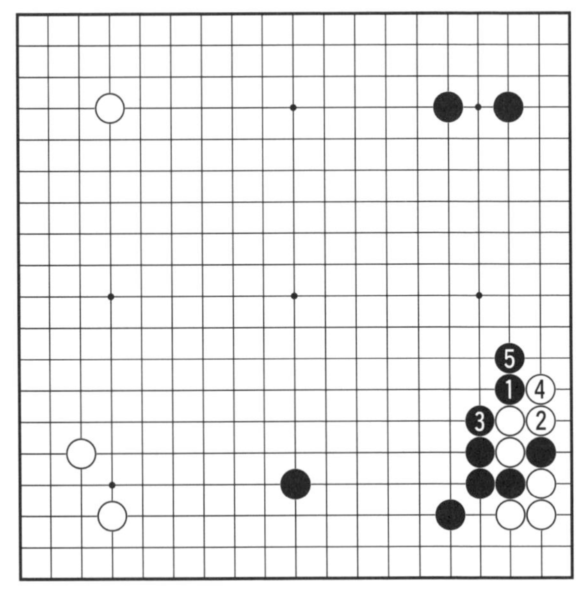

흑이 단연 유리한 전투

흑1의 붙임에 2로 한 점을 잡은 백이 4로 끊어온다면 흑은 5로 단수친 후 7로 한 칸 뛰는 것이 올바른 대응책입니다. 백이 8로 뻗어서 버틸 때에는 흑9로 한 칸 뛰어 두터움 속에서 싸우게 되는 흑이 단연 유리한 전투의 진행입니다.

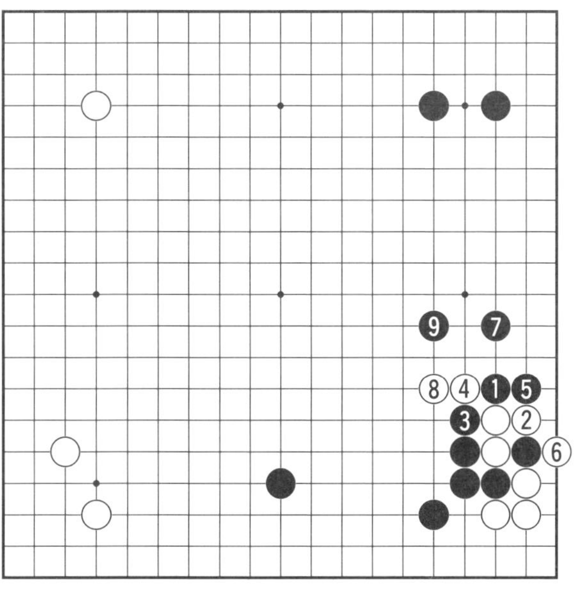

흑3이 일석이조의 수

흑1의 붙임에 백2로 나와 저항한다면 흑은 3으로 자기 돌의 연결과 상대방 돌의 분단을 도모하는 일석이조의 수가 빛납니다. 백4의 밀어가는 수에서 5, 6에는 7로 응수해 흑 11까지 백을 공격하는 재미가 쏠쏠한 진행입니다.

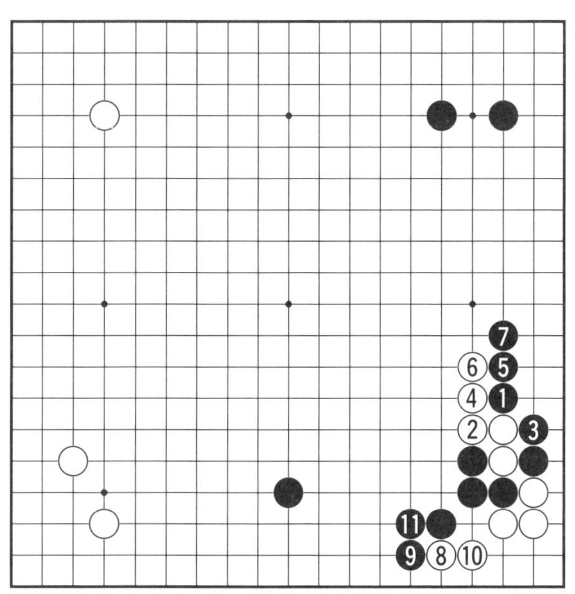

백선

제9국
장면도

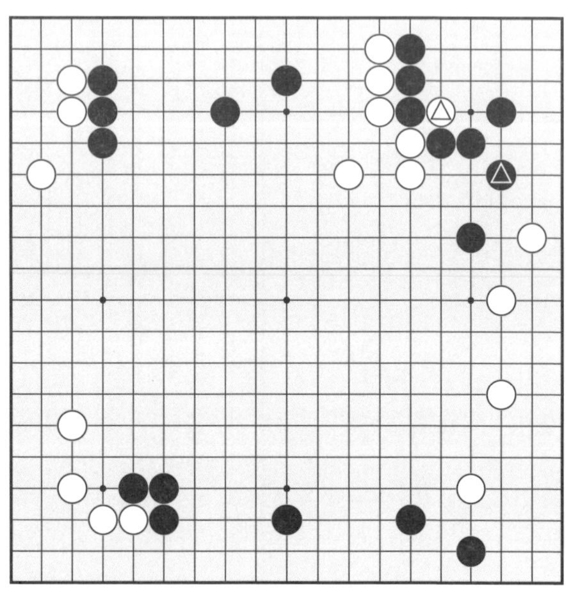

⬤로 두어온 장면입니다. 우상귀 △ 한 점을 이용해 끝내기에서 큰 이득을 보는 수를 찾아보세요.

우상귀의 수단

수순도

흑1이 정수

1-37

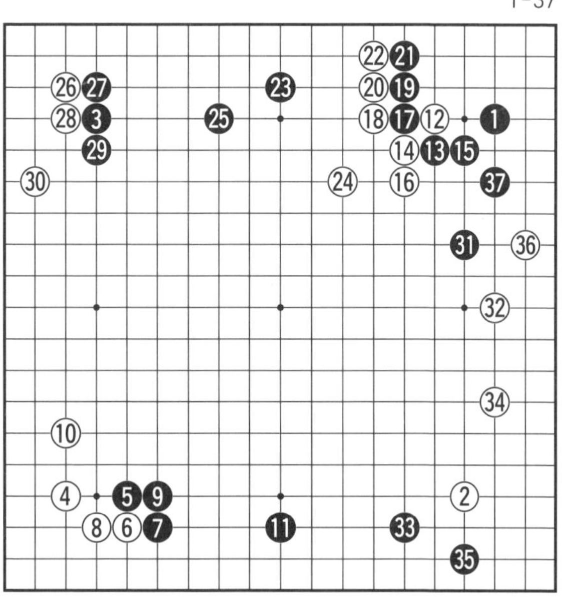

우상귀 흑21은 이상한 수로 흑1로 마늘모 두는 수가 정수였습니다. 백2의 단수에는 3으로 이어 우상귀 흑 진영이 뒷맛 없이 깔끔해 흑의 유리한 진행입니다.

흑1로 입구자가 정수

수순도의 흑21로는 흑1로 입구자로 받는 것이 정수입니다. 백2의 단수에는 흑3으로 이어 이 진행이라면 우상귀 흑집은 단단한 모양입니다.

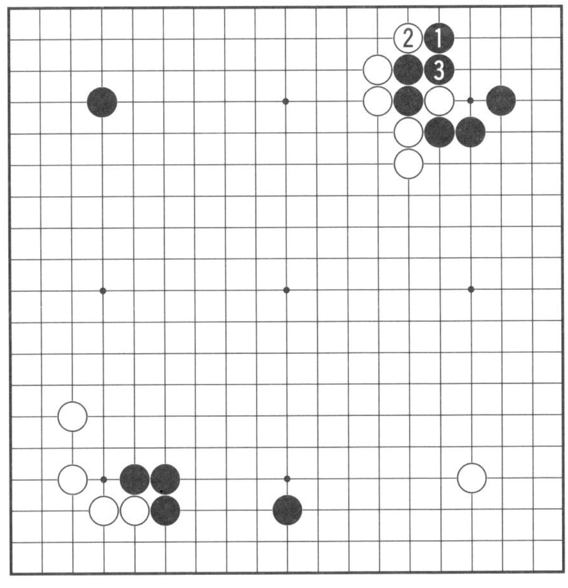

백1로 붙임

백1로 끼워 붙이는 수는 급소를 벗어난 수. 백3의 단수에는 흑4로 끊어가는 수가 성립해 흑6 이하 10까지 백의 무리한 진행입니다.

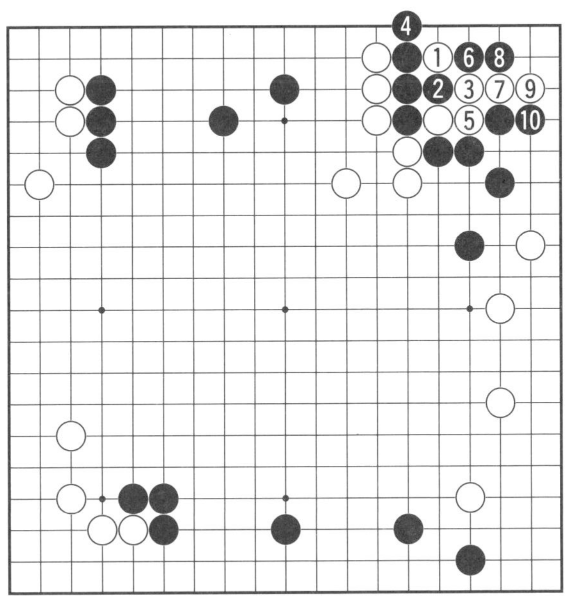

정해

백1로 입구자 가는 수가 좋은 맥점입니다. 이제 백은 사석 ◎의 돌을 이용해서 흑이 정성껏 지은 우상귀 집을 공배로 만드는 작전을 펼치게 됩니다.

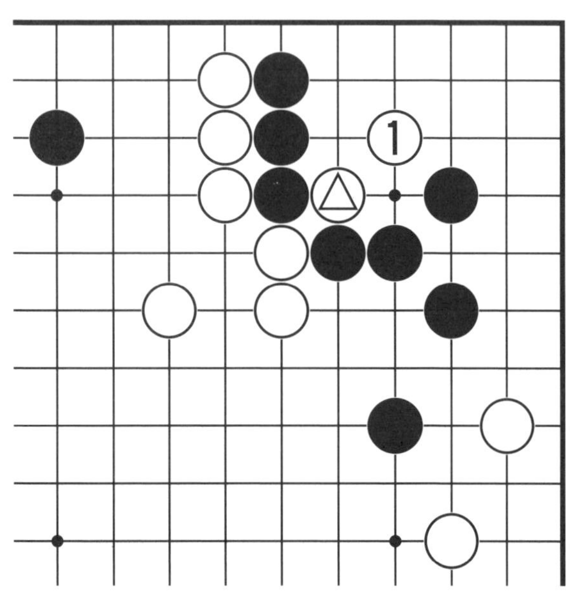

정해도

백3으로 끼우는 수가 성립

백1의 마늘모에 흑2로 붙여온다면 백3으로 끼워가는 수가 맥점. 흑4로 저항해 보아도 백5로 흑 석 점을 취해 백의 대성공입니다.

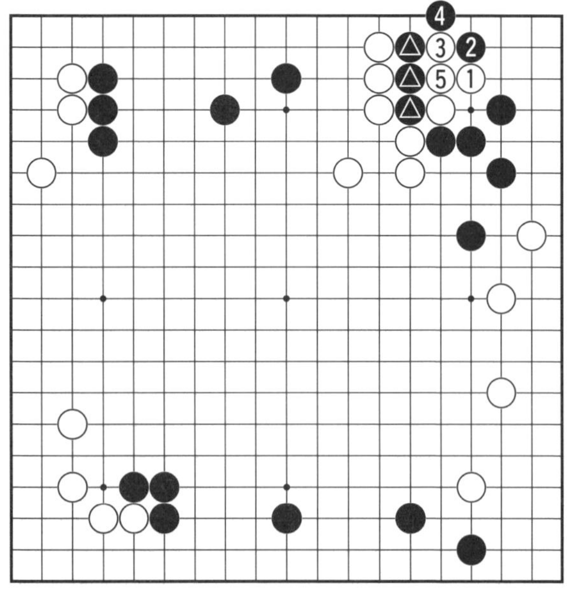

수상전은 백의 승리

백1에 흑2는 궁리 끝의 저항이지만 백3이 좋은 응수로 흑4에는 백5, 7로 침착한 대응. 이 수상전은 백의 승리입니다.

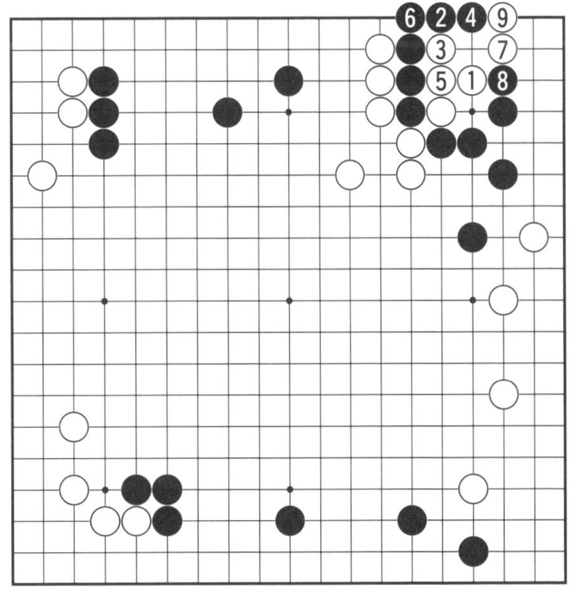

백3으로 돌려치는 수가 멋짐

백1의 마늘모에 흑2로 단수를 쳐온다면 백3으로 돌려서 치는 수가 멋진 일착. 흑4의 따냄을 기다려 5, 7로 흑의 귀 실리가 모두 부서진 모양으로 백의 만족스러운 진행입니다.

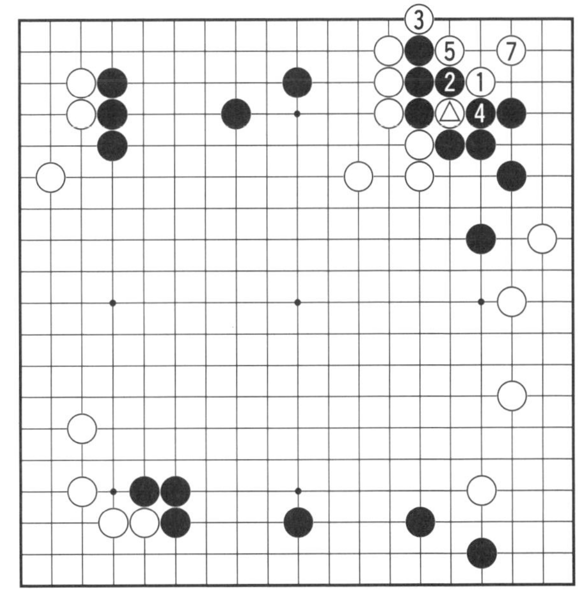

흑선

제10국
장면도

우변의 공방

△로 마늘모로 나온 장면입니다. 이에 맞서는 흑의 기가 막힌 맥점은 어디일까요?

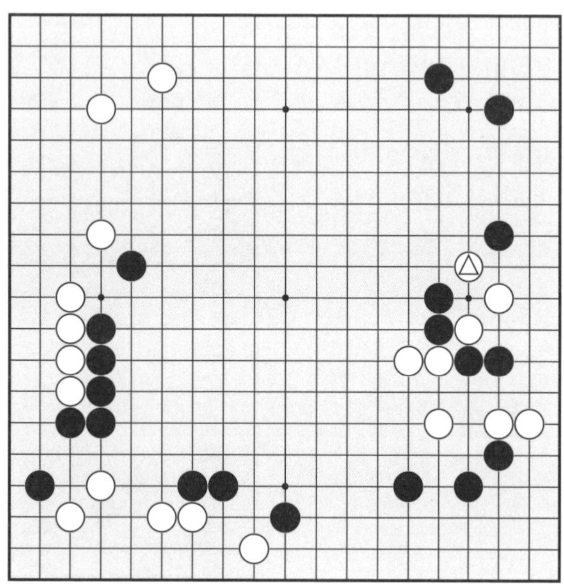

수순도

우변 백40은 무리

좌변 백10의 붙임은 적극적인 기풍입니다. 흑27 이하 30까지는 평범한 진행으로 흑35, 37의 나와서 끊는 수를 노린 수. 흑39의 뻗음에 백40으로 마늘모 행마는 과욕의 수였습니다.

1-40

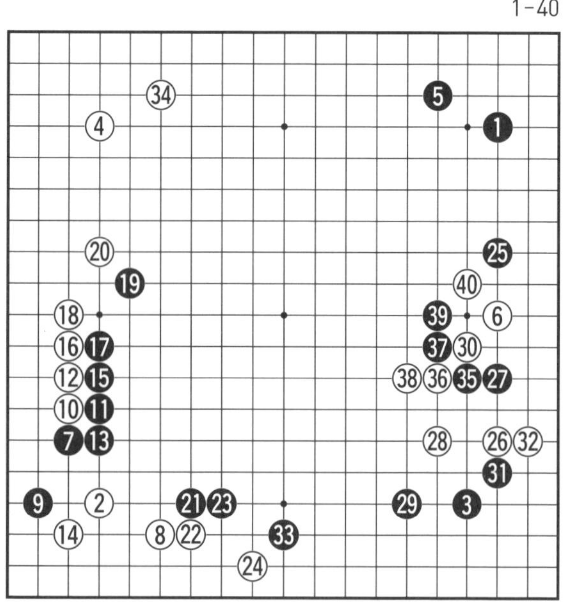

128

참고도

백40으로는 백1로 붙임

백40으로는 백1로 붙이는 수가 좋았습니다. 흑2, 4의 끊음은 당연한 수로 백5 이하 9까지 서로 불만이 없는 호각의 진행입니다.

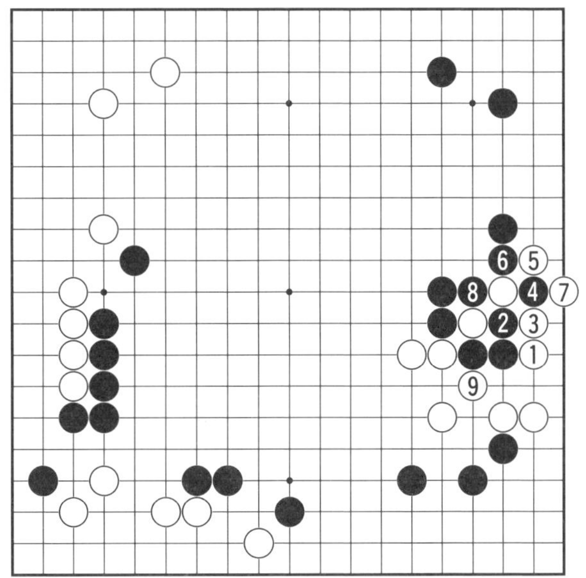

실패도

흑1로 단수

흑1로 단수치는 수는 의문의 수. 백2의 이음에 흑3으로 막는다고 해도 백4의 젖힘이 기다리고 있어 우변 ● 두 점을 그대로 내주어서는 흑의 실패인 진행입니다.

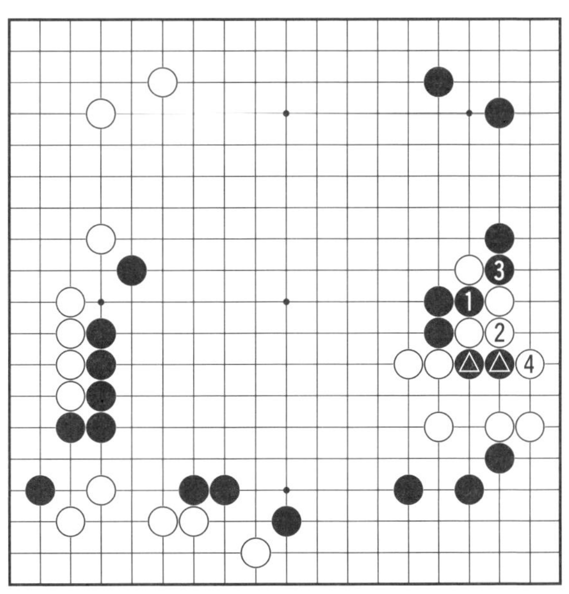

정해

흑1의 붙임이 백의 허를 찌르는 맥점입니다. ▲ 두 점을 구하면서 백 진영을 부수는 일석이조의 수라고 할 수 있습니다.

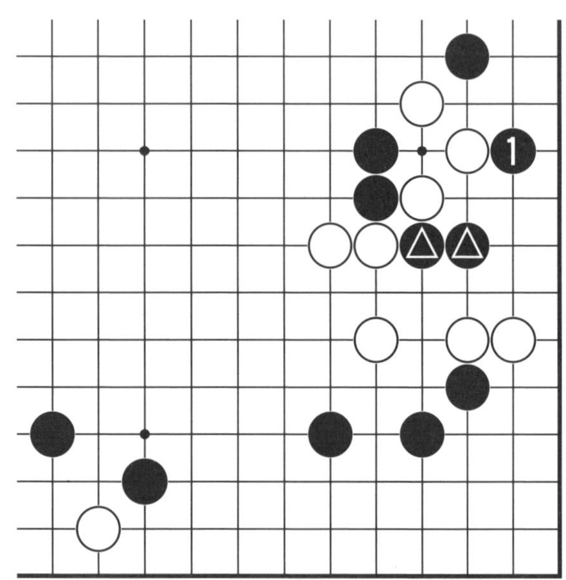

정해도

흑1의 붙임에 백2로 젖혀 온다면 흑3, 5로 단수치는 것이 수순. 백8로 따낸다면….

정해도 계속

이전 그림에 이어서 흑1 이하 7까지 선패가 되어서는 흑이 단연 유리한 진행입니다.

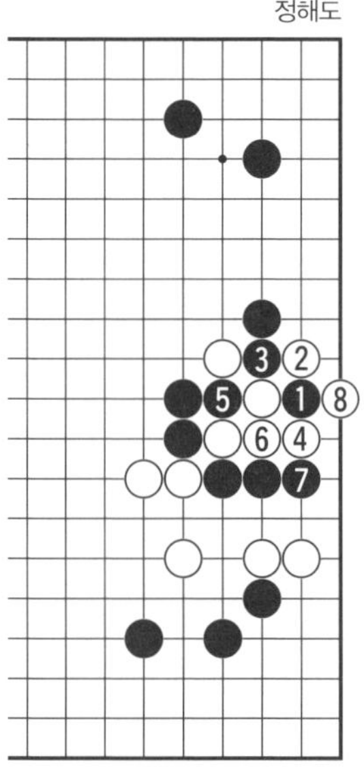
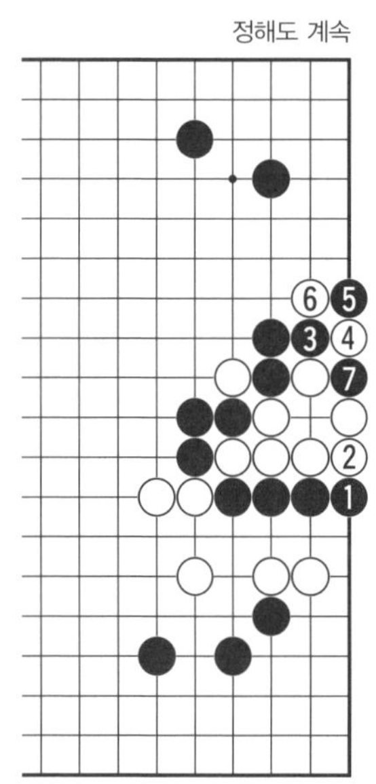

정해도

정해도 계속

흑1의 뻗음에 백2로 나가
는 수는 흑3, 5로 나가는
수가 모양. 백6 이하 10까
지의 저항에는….

이전 그림에 이어 흑1의
밑붙임이 급소. 이 수상
전은 백이 한 수 차이로
죽게 되어 흑의 대성공입
니다.

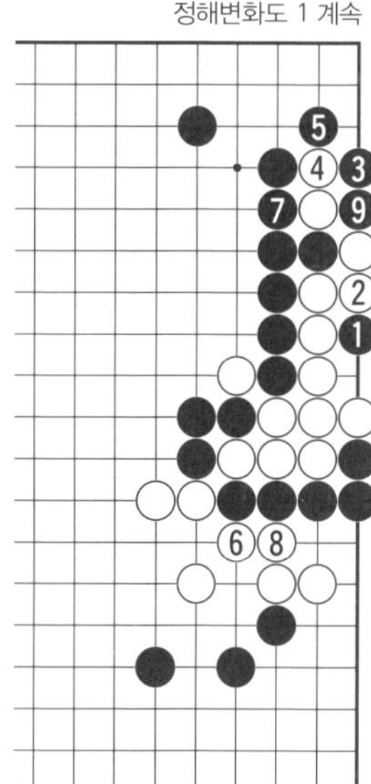

흑1의 붙임에 백2로 젖혀
온다면 흑30으로 가만히
막아두는 수가 호수입니
다. 백4 이하 10에는….

이전 그림에 이어 흑1로
늘어두면 백2의 장문에
흑3 이하 9까지 유리한
싸움을 하게 됩니다. 게
다가 실리를 먼저 취하고
시작한 싸움이라 흑의 부
담 없는 진행입니다.

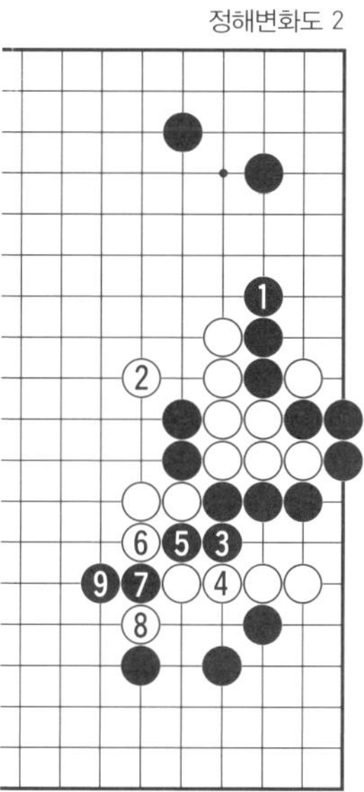

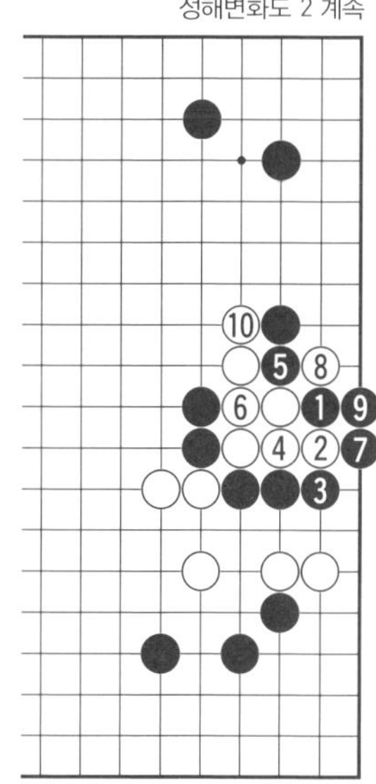

접바둑을 둘 때는 돌의 개수에 연연하지 말자

바둑은 매우 이성적이면서도 감성적인 부분에서 승패가 좌우되는 면도 적지 않다. 먼저 수읽기를 하는 습관을 기르기 위해서는 실전과 같은 대국을 많이 해보는 게 중요하다.

어떤 이들은 '저 사람은 나보다 바둑이 세서 싫어'라는 식으로 상대를 골라서 두는 경우가 있다. 하지만 이것은 정말 안타까운 경우이다. 나보다 강한 상대를 만났을 때에도 자신이 최선을 다해 둔다면 그 바둑은 공부가 되기 때문이다.

자신과 실력 차이가 나는 사람과 바둑을 두는 것을 '접바둑'이라고 한다. 흔히 접바둑을 두면 돌이 놓이는 개수에 따라 감정이 상하기도 한다. '내가 석 점을 두고 시작하다니, 자존심이 허락하지 않아'라며 미리 포기하는 사람이 있고, '이길 수 있을 만큼 놓아봐'라는 말로 상대의 기분을 상하게 만드는 사람도 있다.

일반적으로 접바둑은 자신의 실력을 키우기 위해서 두기도 하고, 상대를 이기는 것에 목적을 두기도 한다. 기력이 늘고 싶을 때에는 실력보다 돌을 적게 놓아 대국에서 어려워지더라도 후에 복기를 하면서 상수의 설명을 듣는다. 또한 이기고 싶을 때에는 돌을 넉넉하게 놓아 이기는 습관을 만들면서 자연스럽게 돌의 개수를 줄여간다.

이처럼 단순히 돌의 개수에 연연해하지 말고 자신에게 필요한 방법이 무엇인지 파악하여 연습하면 기력은 자연스럽게 향상될 것이다.

약점을 추궁해
이득을 얻는 수순

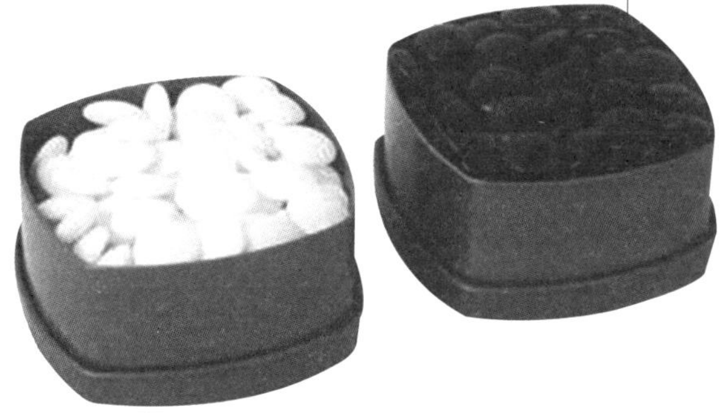

흑선

제1국
장면도

상변의 공방

△로 붙여온 장면입니다. 흑은 어디에서부터 공략해나가는 것이 좋을까요?

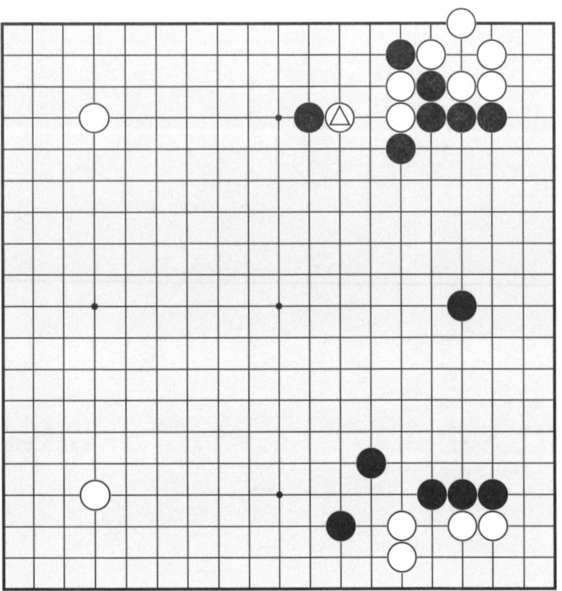

수순도

백28은 이상한 수

흑의 3연성 포석. 우하귀 흑9로 막는 것이 옳은 방향입니다. 우상귀 흑17 역시 일관된 작전으로 흑은 우변을 큰 모양으로 키울 생각입니다. 백26의 두 점 머리 두드림에 백28은 이상한 수로 흑은 여기에서 찬스를 잡은 장면입니다.

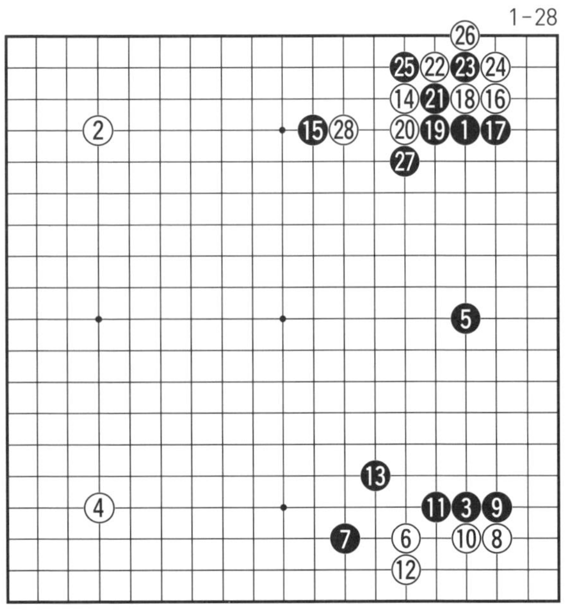

백28로는 백1로 젖힘

백28로는 백1로 젖혀가는 수가 좋았습니다. 흑2 이하 8까지 일단락되어 백9로 좌변의 큰 자리를 선점해 쌍방 불만 없는 호각의 진행입니다.

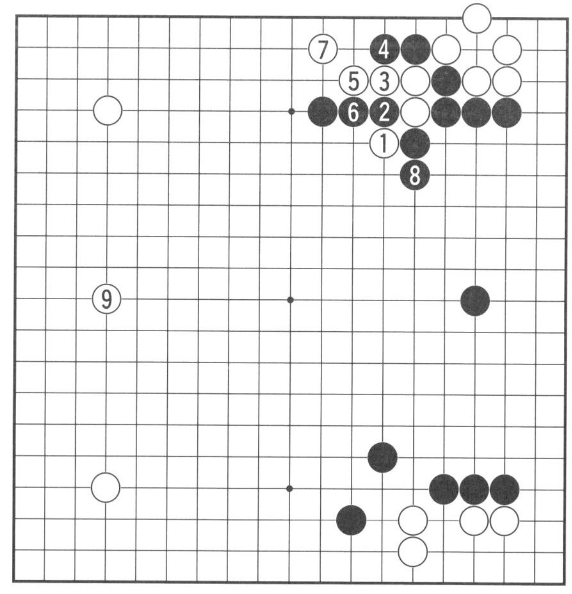

흑1의 젖힘

흑1로 젖히는 수는 좋지 않습니다. 백2로 가만히 늘어두면 흑의 약점 투성이 모양만 남아 흑의 엷은 모양입니다.

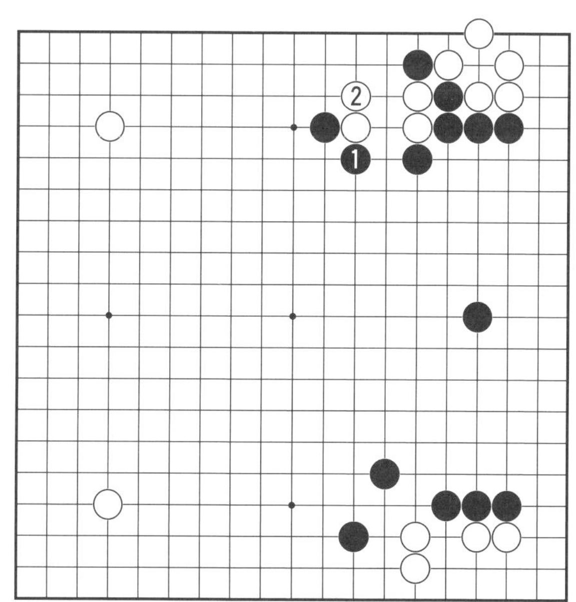

정해

흑1로 단수를 쳐가는 수가 호수입니다. 이 수로부터 흑은 백의 약점을 날카롭게 추궁해가게 됩니다.

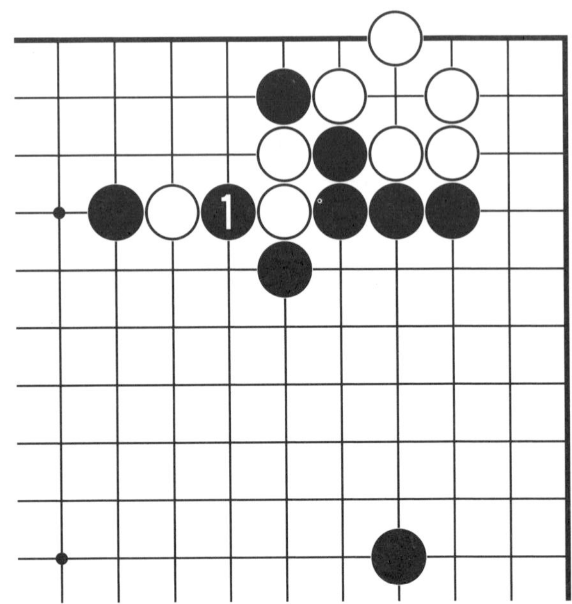

정해도

흑3의 연타가 좋은 수

흑1의 단수에 백2로 두어 온다면 흑3으로 끊는 수가 연이은 강타. 백4의 따냄에는 흑5로 돌려치는 수가 성립하여 백6으로 잇는다면…

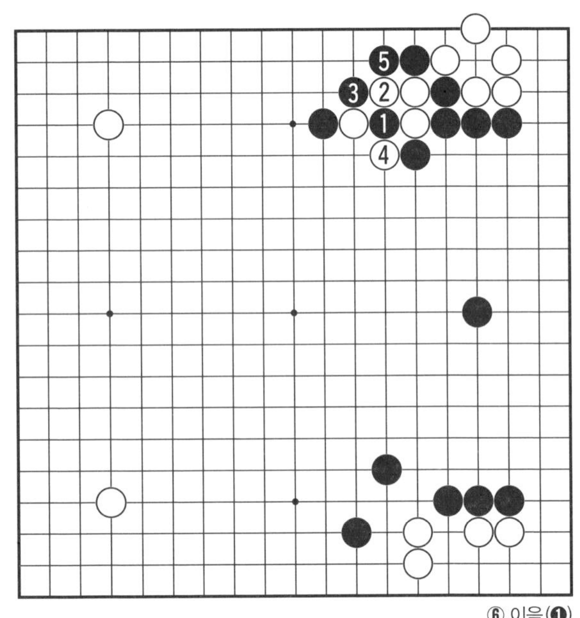

⑥ 이음(❶)

축으로 잡아 OK

이전 그림에 이어서 흑 1로 단수치는 것이 좋은 수입니다. 백2 이하 6으로 탈출을 시도해도 흑 7의 단수까지 축으로 백 전체를 잡아 흑의 대성공입니다.

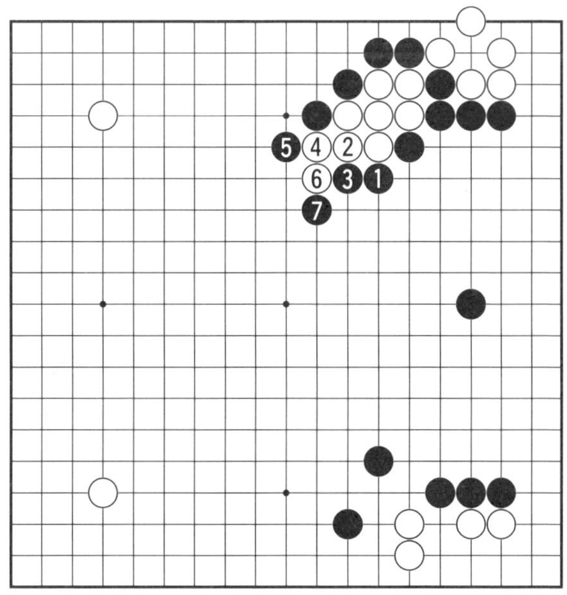

빵따냄을 허용해 흑 성공

흑1, 3에 백4로 참아둔다면 흑은 5로 백 한 점을 빵따내 흑의 기분 좋은 진행입니다.

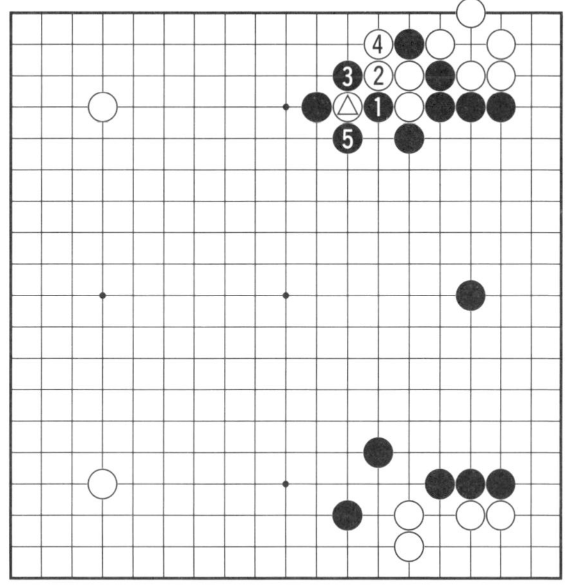

백선

제2국

장면도

우하귀 처리 수단

◬로 막아온 장면입니다. 백은 어느 쪽으로 눈을 돌리는 것이 좋을까요?

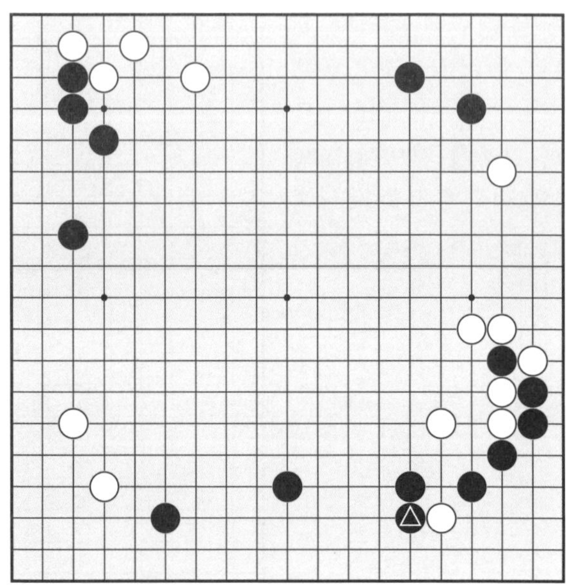

수순도

우하귀 흑29는 이상한 수

1-29

우변 흑9의 협공에 백10, 12는 실리를 중요시하는 기풍을 반영한 수. 좌상 흑19 이하 25까지 기본적인 정석의 진행으로 백28의 들여다본 수에 흑29로 받은 것은 이상한 수였습니다.

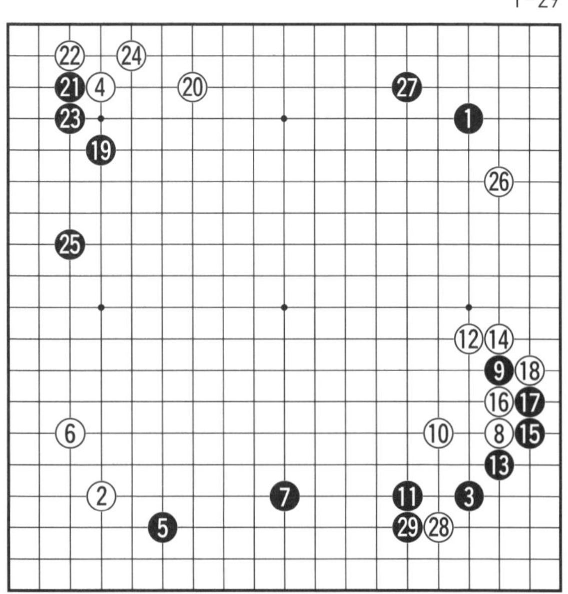

흑29로는 흑1로 연결

흑29로의 수로는 흑1로 가만히 이어두는 수가 좋았습니다. 백2 이하 8로 우하귀 흑 집을 빼앗은 모양이지만 흑 역시 9의 큰 자리를 차지해 흑이 충분히 둘 수 있는 진행입니다.

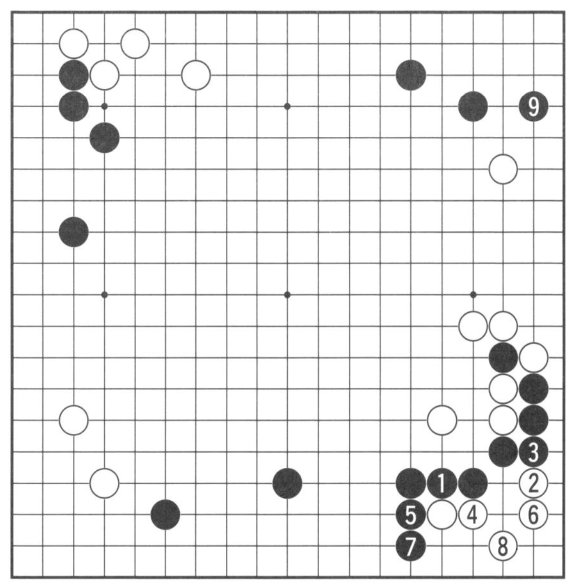

백1로 찝음

백1의 찝어서 가는 수는 의문의 수입니다. 흑2로 단수를 친 후 백3에 흑4로 두텁게 이어두는 것이 급소. 백5로 끊어도 마땅한 수가 보이지 않습니다.

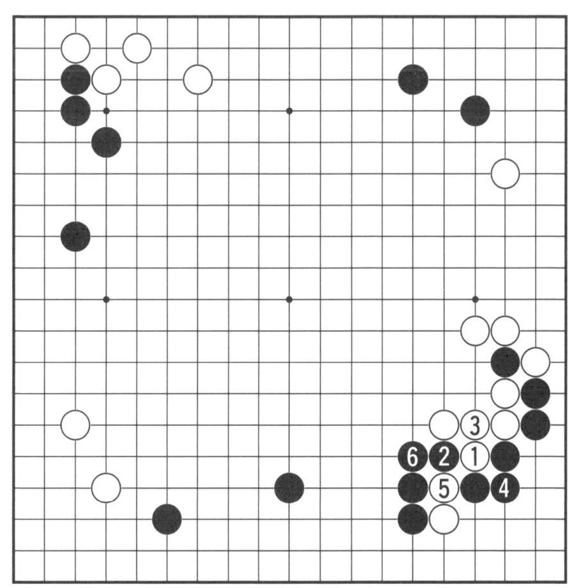

정해

백1의 끊음이 날카로운 맥점. 이 수로부터 상대의 약점을 추궁해 귀의 흑 집을 파괴하게 됩니다.

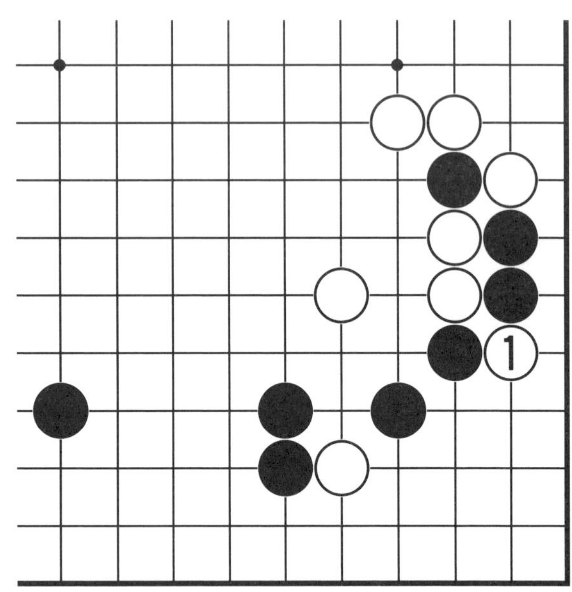

정해도

백3으로 단수치는 것이 좋은 맥점

백1의 끊음에 흑2로 순순히 잡아온다면 백3으로 단수치는 것이 좋은 수. 흑4로 연결할 수밖에 없을 때 백 역시 5로 연결해두는 수가 성립합니다. △의 돌을 구해내고 흑 진영을 관통한 모양이 되어 백의 대성공입니다.

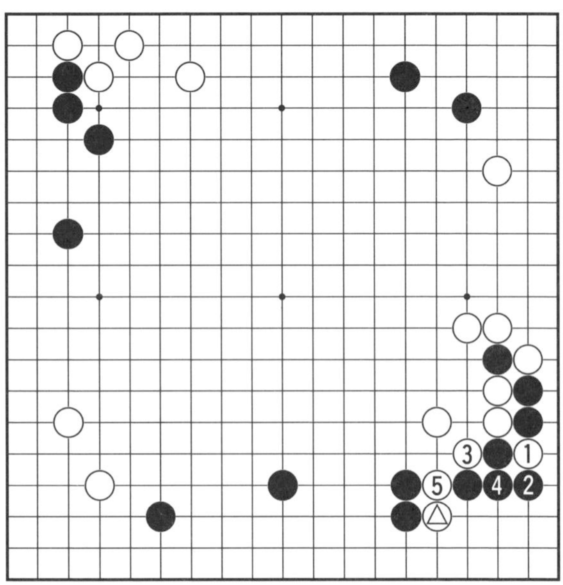

정해변화도

백3은 절대적인 수

백1의 날카로운 끊음에 흑2로 단수를 쳐 온다면 백3의 막음은 절대적인 수. 흑4로 이어오기를 기다려….

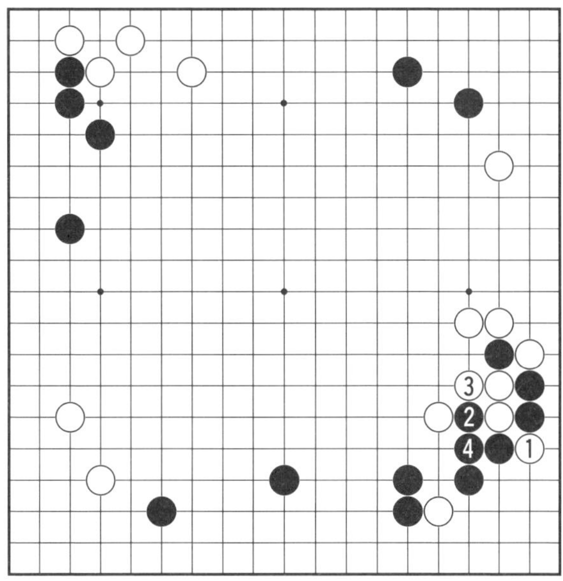

정해변화도 계속

ⓐ 두 점을 잡아 흑 만족

이전 그림에 이어 백1로 뻗어 ⓐ 두 점을 크게 잡는 것이 좋습니다. 흑2, 4로 ⓐ의 돌을 잡기는 하지만 우하귀 집의 주인이 바뀐 형태로 백의 충분한 진행입니다.

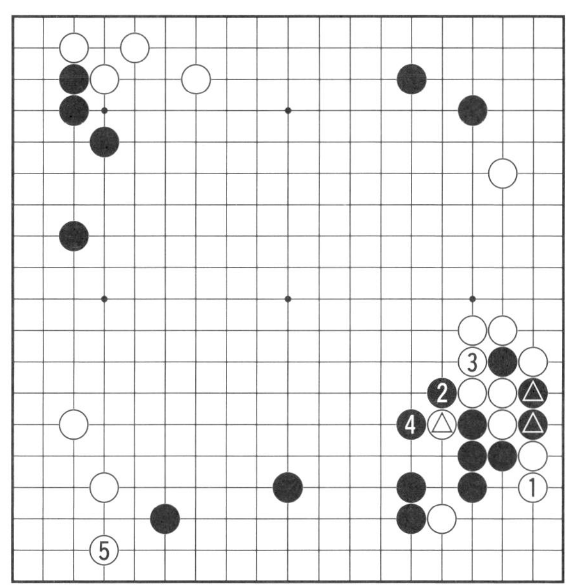

흑선

제3국
장면도

우하귀의 공방

△로 뻗은 장면입니다. 흑은 어디에서부터 두어가는 것이 좋을까요?

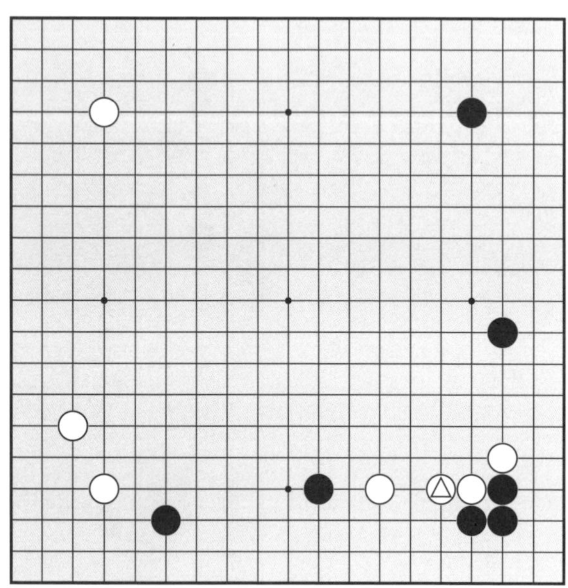

수순도

백14는 위험을 간과

좌하귀 흑5의 걸침에 우변 흑7의 중국식 포석은 발 빠른 기풍입니다. 우하귀 백10, 12에 흑13의 연결 수는 냉정한 대처. 백14의 뻗음은 일견 당연한 수로 보이지만, 실은 위험을 간과한 수입니다.

1-14

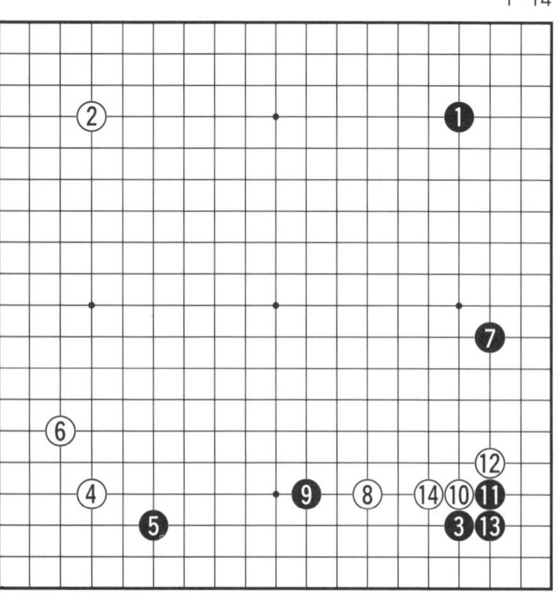

백14로는 백1로 연결

수순도의 백14로는 백1로 꽉 이어두는 수가 좋았습니다. 흑2 이하 6까지 착실히 실리를 벌어들인 모습이지만 백 또한 7로 다가서 흑 한 점을 선공하게 되므로 서로 불만 없는 진행입니다.

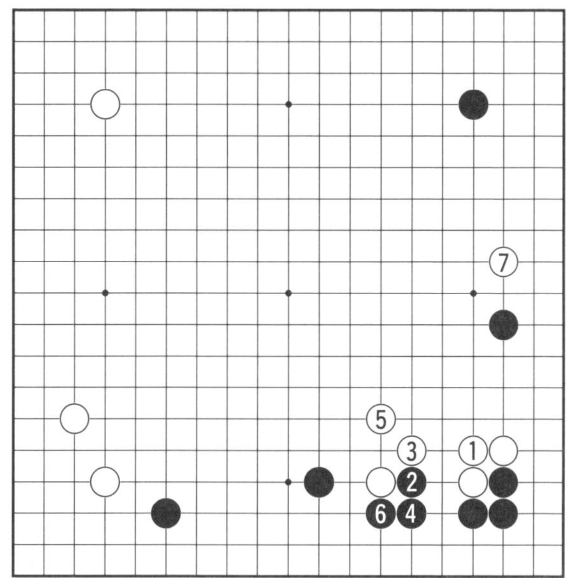

흑1의 들여다 봄

흑1로 들여다본 후 전체를 노리는 수는 이 장면에서는 바람직하지 않습니다. 백2의 이음에 3으로 급소를 두어야 하지만, 백4로 막혀 귀의 흑 석 점이 괴로운 모습입니다.

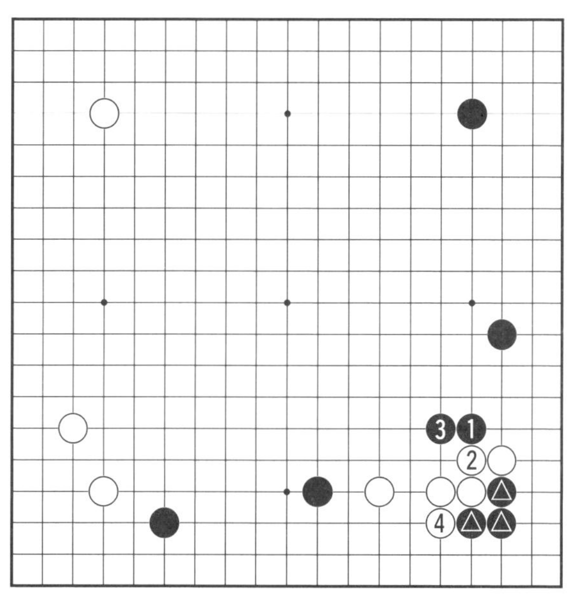

정해

흑1로 옆구리에 붙이
는 수가 통쾌한 급소
입니다. 이 수로 백의
모양을 무너뜨려 공격
의 주도권을 잡으려는
작전입니다.

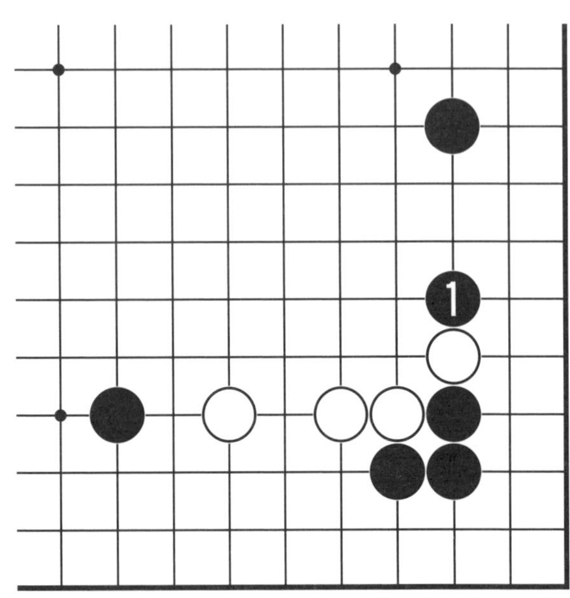

정해도

실리를 벌어들인 흑 만족

흑1의 붙임에 백2로 이어
온다면 흑3의 연결이 기
분 좋은 수. 백4, 6으로
단점을 보강해올 때 흑
은 7로 하변을 튼튼히 지
켜두는 수가 간명합니다.
모양 자체로 두터운데다
추후 백을 공격하는 즐거
움이 남아 흑의 만족스러
운 진행입니다.

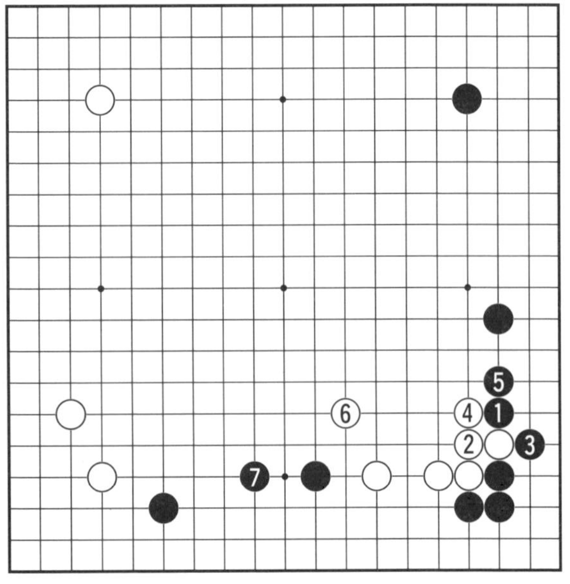

흑3으로 끊는 수가 강수

흑1의 옆구리 붙임에 백
2로 내려뻗어 저항한다면
흑3으로 끊어가는 수가
강수입니다. 백4, 6에는
흑7, 9로 △ 두 점을 잡아
흑의 충분한 진행입니다.

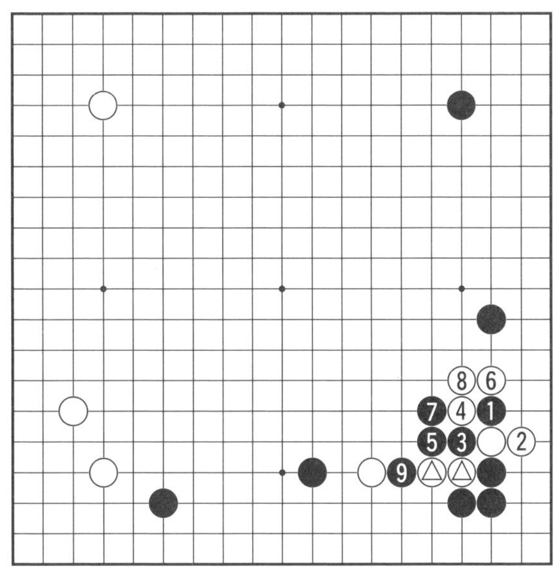

흑5에 백6으로 단수를 쳐
온다면 흑은 7, 9로 단수
를 활용한 후에….

이전 그림에 이어서 흑
1의 한 칸 뛰는 수가 호
수. 백2에 흑3 이하 7까
지 흑의 단연 유리한 진
행입니다.

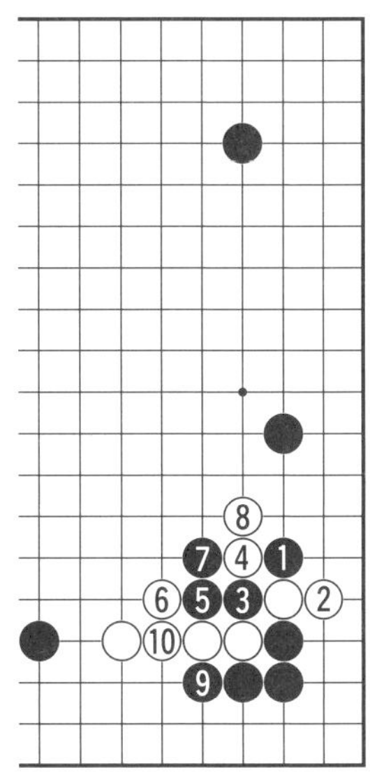

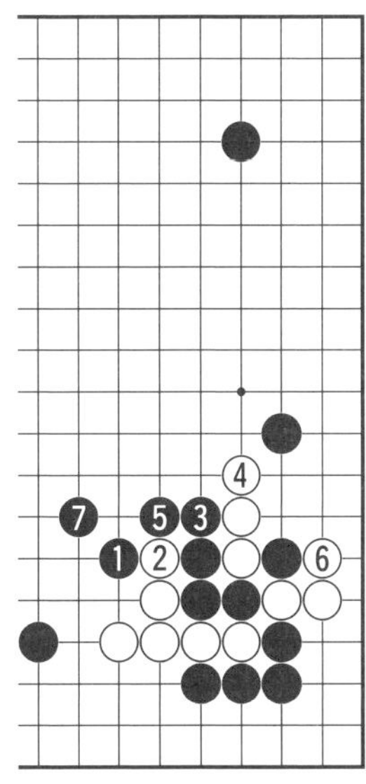

흑선	제4국
	장면도

우상귀의 공방

◎로 끊어온 장면입니다. 흑은 어떻게 대응하는 것이 좋을까요?

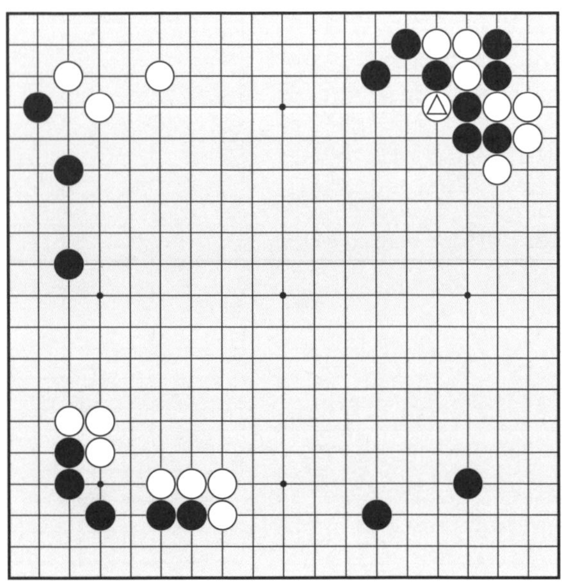

수순도

백34는 의문의 수

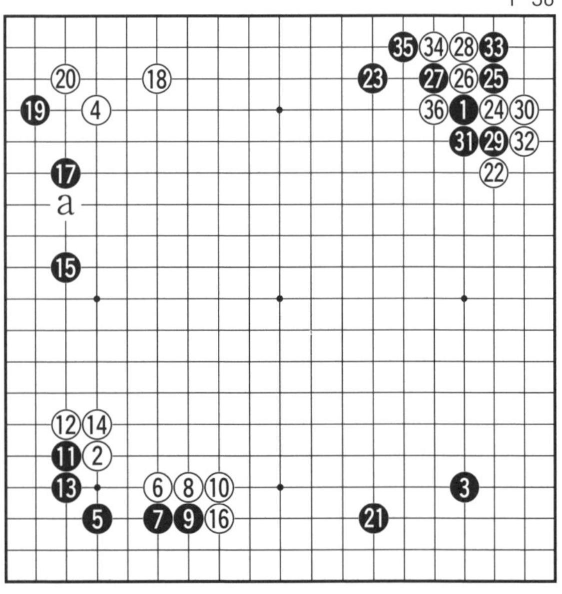

1-36

하변 백16으로는 좌변 백a에 두는 것이 좋았습니다. 우하귀 흑21의 굳힘으로 흑이 선착의 효과를 살린 포석. 우상귀 백24, 26에 흑27 이하 33까지 유연한 대응입니다. 백34는 이상한 수로 흑35로 막는 수가 돋보입니다.

백34로는 백1로 밀어올림

백34로는 백1로 밀어올리는 수가 좋았습니다. 흑2로 백 두 점을 잡을 때 우변으로 세 칸 벌려 이제부터 시작인 한 판의 바둑입니다.

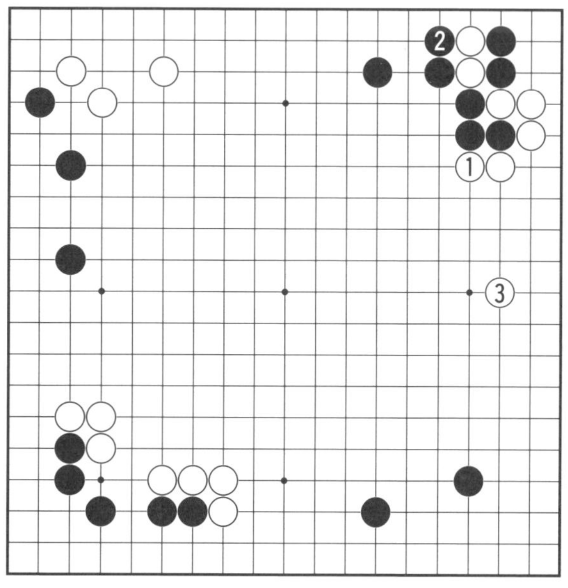

흑1로 돌려치기

흑1로 돌려치는 수는 잘 되지 않습니다. 백2에 흑 3 이하 백8로 탈출하는 수가 성립해 축이 되지 않는 현재의 모양으로는 흑의 불만인 진행입니다.

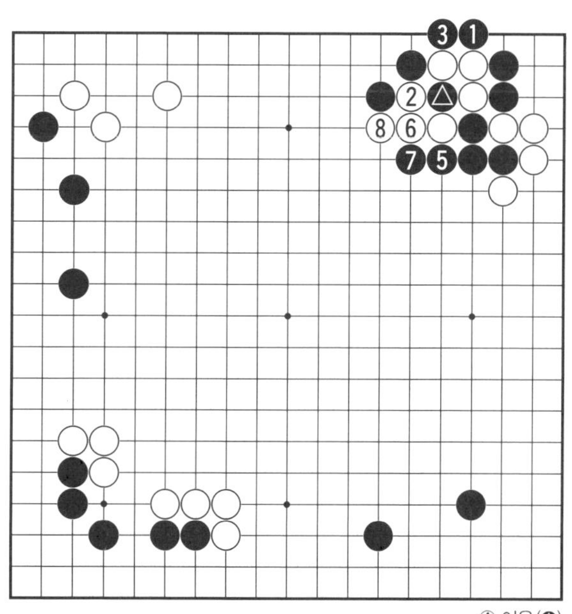

④ 이음(△)

정해

흑1로 단수치는 수가 좋은 맥점입니다. 이 수로부터 흑은 귀의 ▲ 두 점을 사석으로 활용하여 세력을 만드는 작전을 펼치게 됩니다.

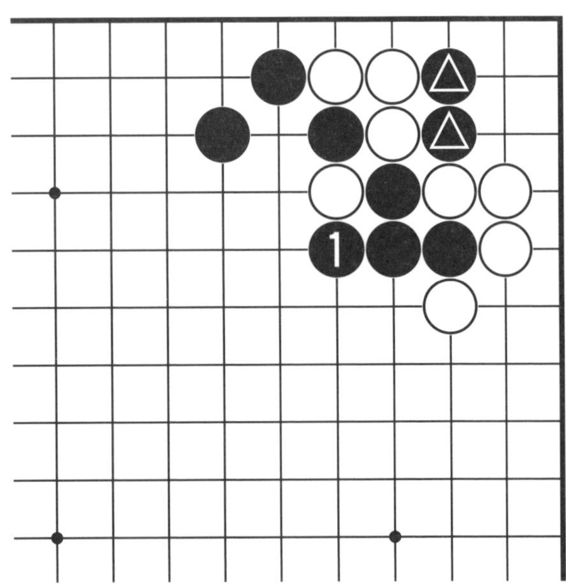

흑의 빛나는 세력

흑1의 단수에 단순히 백2로 따낸다면 흑3으로 단수치는 형태가 됩니다. 백4에는 ▲로 백 두 점을 잡고 흑7로 큰 자리까지 선점해 흑의 즐거운 바둑입니다.

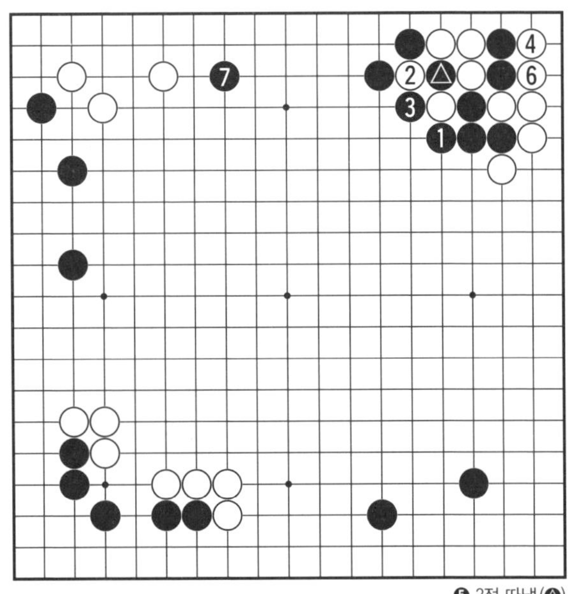

❺ 2점 따냄(▲)

흑3, 5로 돌려치는 수가 성립

흑1의 단수에 백2로 귀의 흑 두 점에 붙여온다면 흑3, 5로 돌려치는 수가 성립, △ 두 점을 잡아서는 흑의 성공적인 진행입니다.

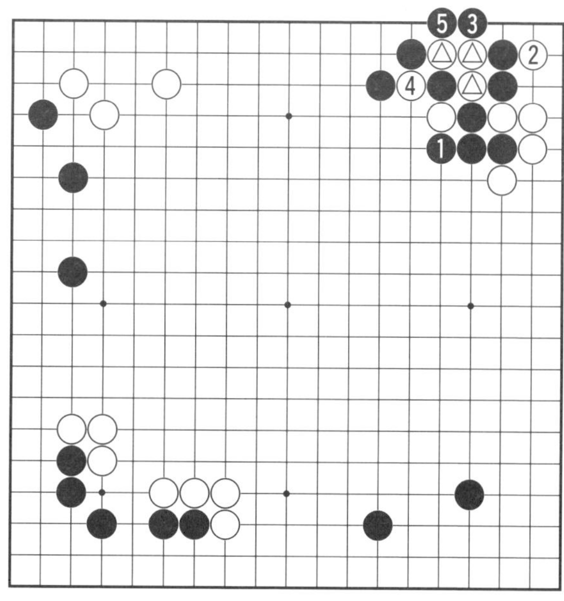

흑5로 꼬부리는 수가 성립

흑1에 백2로 늘어둔다면 흑3으로 연결해 이상무. 백4에는 흑5로 꼬부리는 수가 호수로 흑의 불만 없는 진행입니다.

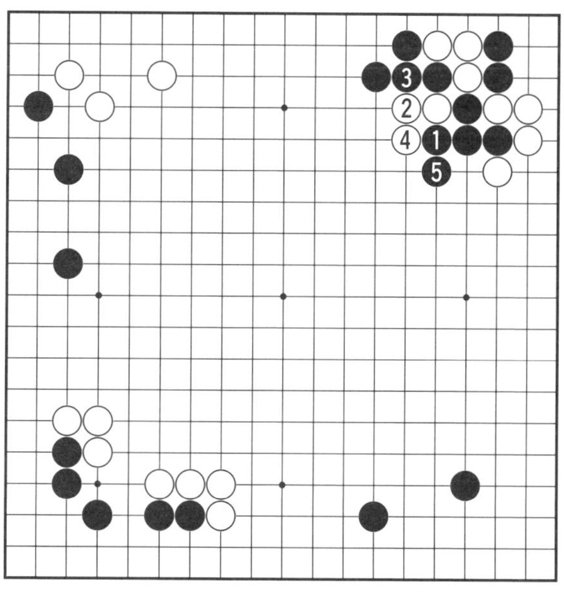

흑선 | 제5국 / 장면도

좌하귀의 수단

△로 우하귀를 지켜온 장면입니다. 이제 흑은 바둑판 전체로 눈을 돌려 좌하귀에 손을 대고 싶은 국면. 어디에서부터 시작하면 좋을까요?

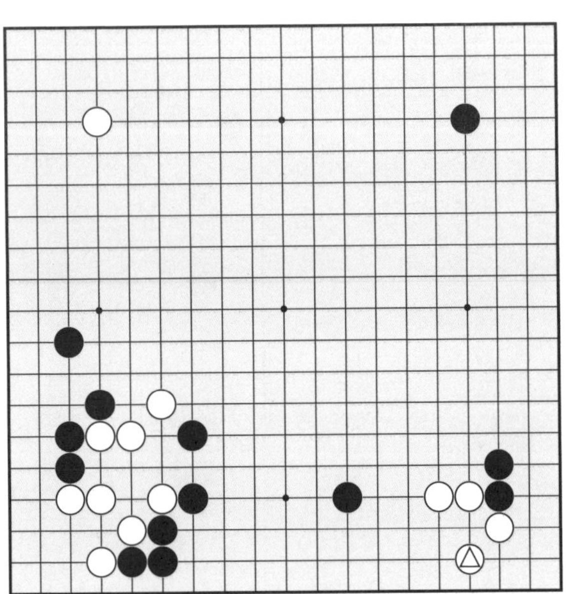

수순도

백22는 요소를 놓친 수

1-26

좌하귀 흑7의 양걸침에서 전투가 시작됩니다. 좌변 흑21로 지켜왔을 때 우상귀 백22의 붙임은 요소를 잘못 짚은 실수입니다. 흑23은 하변을 강화시키기 위한 벌림입니다.

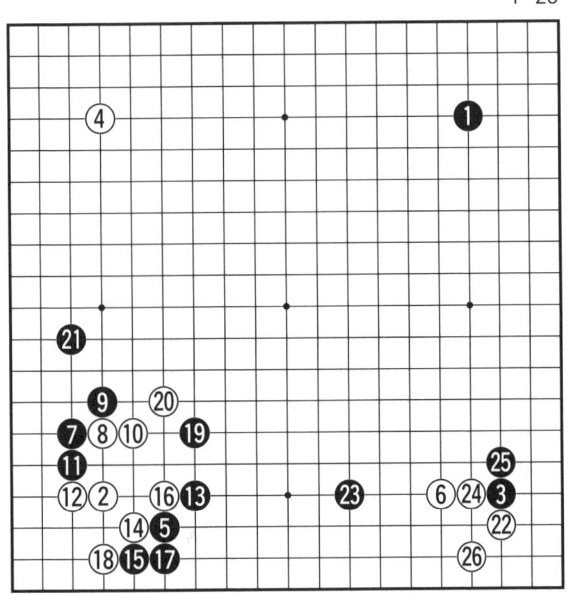

참고도

백22로는 백1로 젖힘

백22로는 좌하귀를 백
1로 젖혀 지켜두어야 할
곳이었습니다. 하변 백a
에 두게 되지만 백은 b로
다가서는 호점도 기다리
고 있으므로 호각의 진행
입니다.

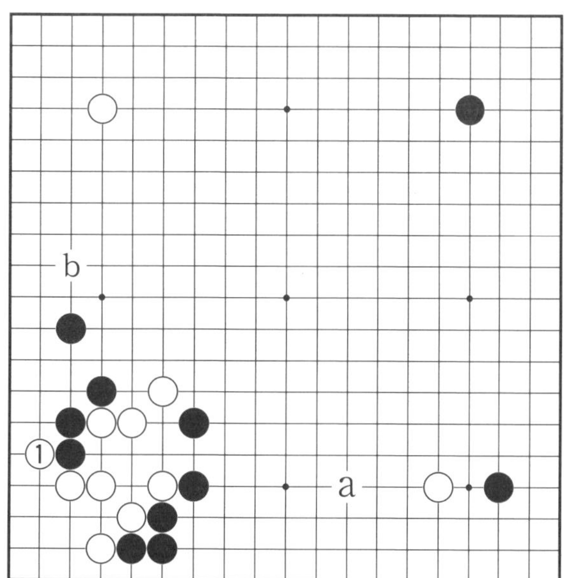

실패도

흑1의 치중

흑1로 바로 치중 가는 수
는 잘 되지 않습니다. 백
2로 뻗어 차단하는 수가
성립해 흑1로 치중간 수
가 그대로 잡히게 되어
흑의 실패입니다.

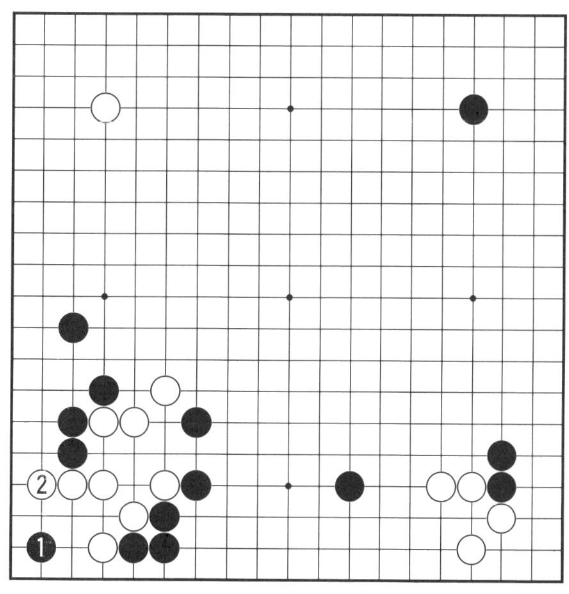

정해

흑1로 끼워 붙이는 수가 좋은 맥점입니다. 이 수로부터 흑은 백의 근거를 빼앗아 치밀하게 공격하는 작전이 시작됩니다.

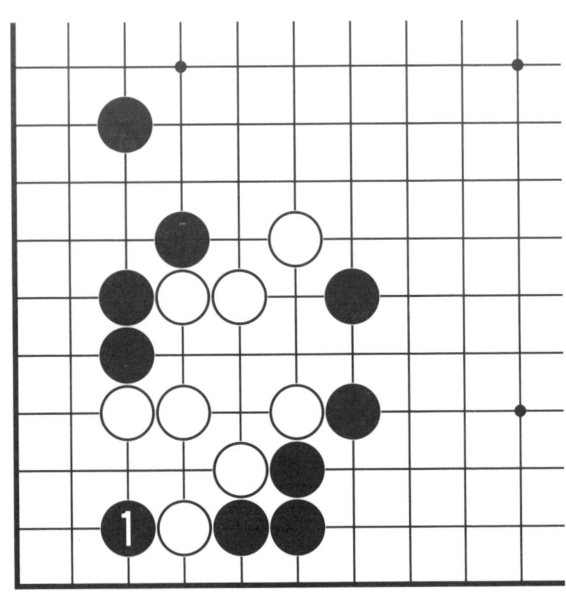

흑3으로 치받는 수가 급소

흑1의 붙임에 백2로 차단해온다면 흑3으로 치받아가는 수가 놓치면 안 되는 급소. 백4의 이음에 흑5로 기분 좋게 끊어 백의 근거를 빼앗고 공격하는 즐거움까지 얻어 흑의 호조입니다.

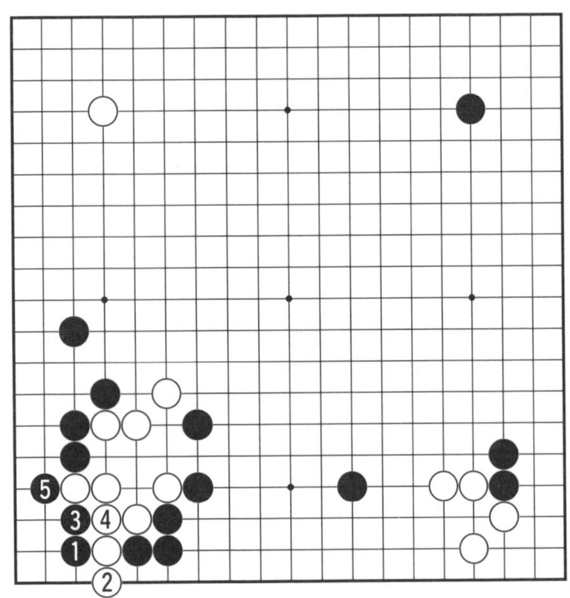

흑3, 5로 넘음

흑1에 백2로 젖혀온다면 이전 그림과 마찬가지로 흑3을 활용하고 5로 넘는 수가 멋진 수순. 백6으로 끊어오기를 기다려….

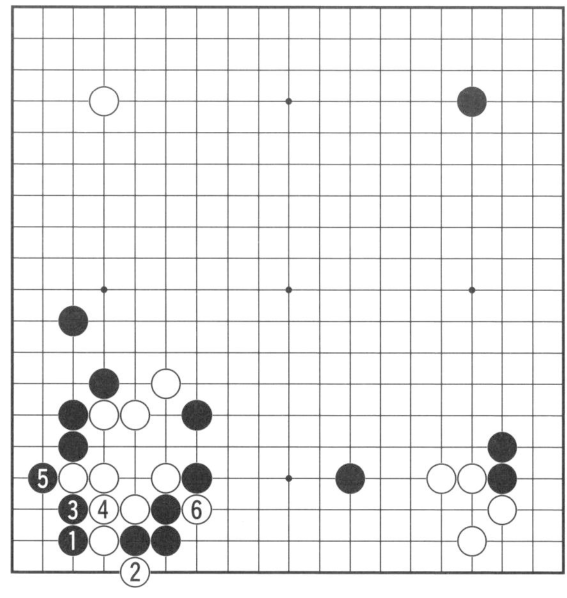

사석 작전으로 흑 유리

이전 그림에 이어서 흑1 이하 5를 선수로 처리한 후 백6에 흑7로 두텁게 이어두는 수가 좋습니다. 아직 미생인 백은 흑에게 기다리게 되어 사석 작전 의 성공입니다.

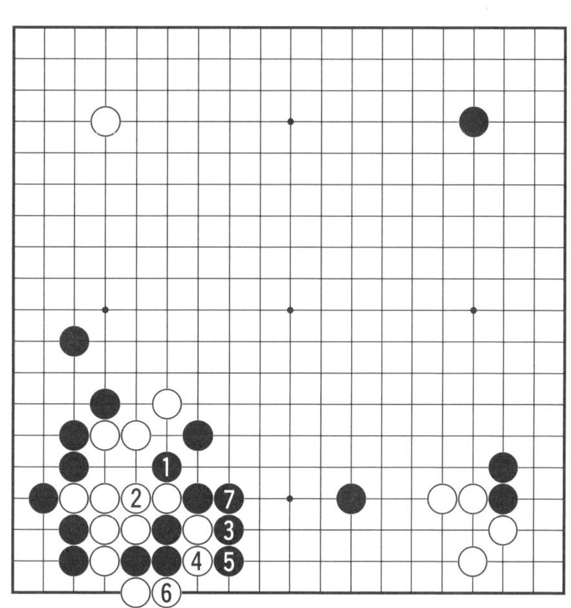

흑선

| 제6국 |
| 장면도 |

좌상귀의 공방

△로 막아온 장면입니다. 흑은 어느 쪽을 끊는 것이 정수일까요?

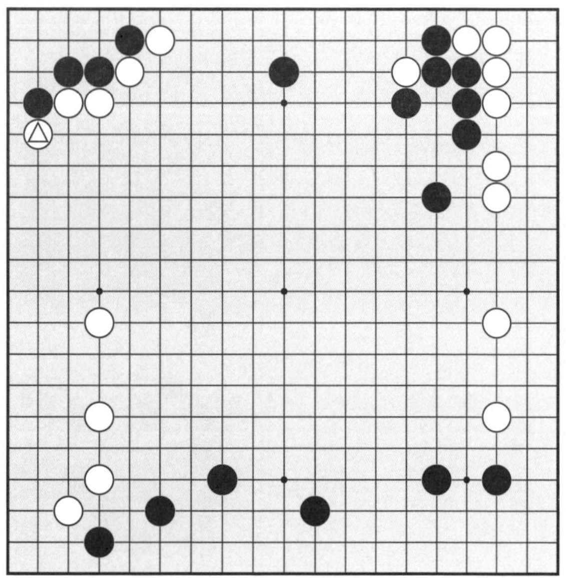

수순도

백34는 의문의 수

1-36

우상귀 백18까지 기본정석의 진행입니다. 좌하귀 흑19 이하 우상귀 백28까지 쌍방 호각인 평범한 포석입니다. 좌상귀 흑29는 실리를 의식한 수. 상변 백34로 이단을 젖히는 수는 현 장면에서는 의문의 수였습니다. 흑35로 반대쪽을 젖혀가는 수가 통렬해 백이 곤란에 빠진 모습입니다.

154

백34로는 백1로 늘음

백34로는 백1로 늘어두
는 것이 정수였습니다. 흑
2 이하 백7의 호구이음
으로 좌변이 근사한 세력
으로 돌변해 백이 충분히
둘 수 있는 진행입니다.

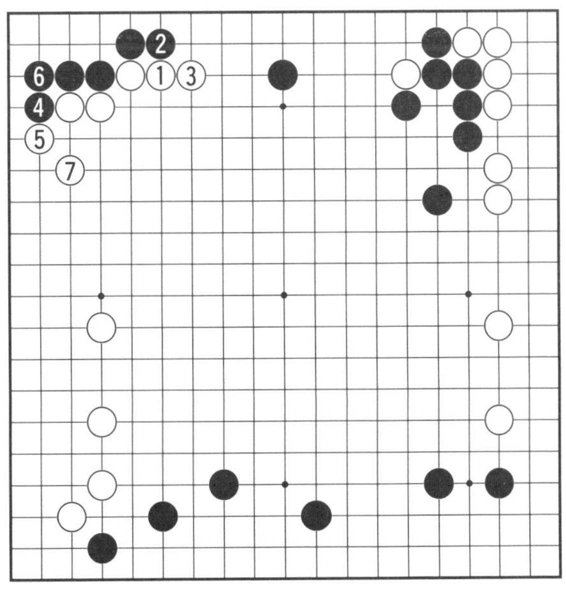

흑1로 끊음

흑1로 끊어가는 수는 백
의 주문에 그대로 걸리는
셈입니다. 백2에 흑3 이
하 백6까지, 이렇게 되면
백의 좌변 세력은 물론 귀
의 실리도 크게 들어가 흑
이 불충분한 진행입니다.

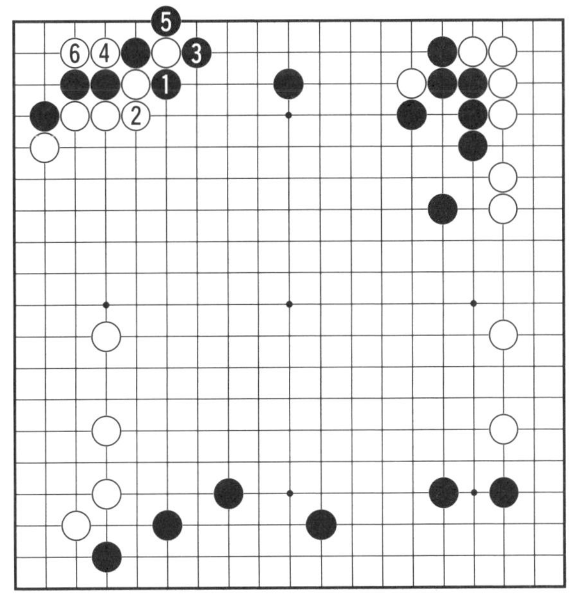

정해

흑1로 반대쪽을 끊어 가는 것이 정수입니다. 이 수로 흑은 백의 의문의 수를 날카롭게 응징해가게 됩니다.

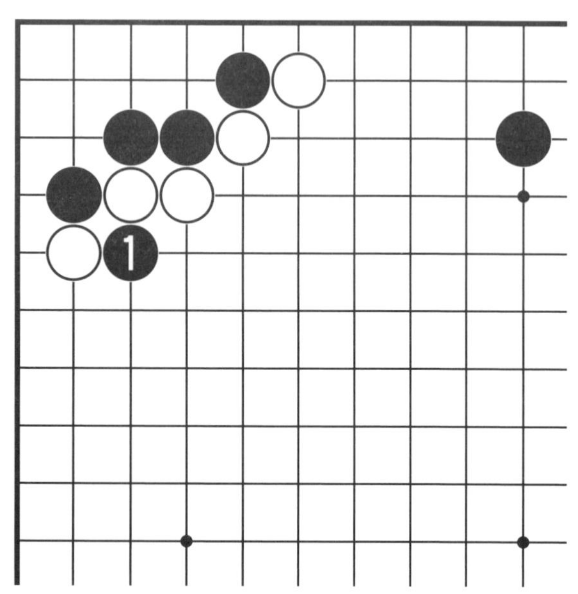

정해도   **빵따냄을 허용해서는 흑의 대성공**

흑1의 끊음에 단순히 백2로 끊어 한 점을 잡는다면 흑3으로 양단수를 치는 수가 통렬해 결국 △의 돌을 빵따냄으로 잡게 됩니다. 이렇게 되면 흑은 백의 세력을 지우는 한편 상변 흑의 모양을 키우는 진행으로 백의 대실패인 모습입니다.

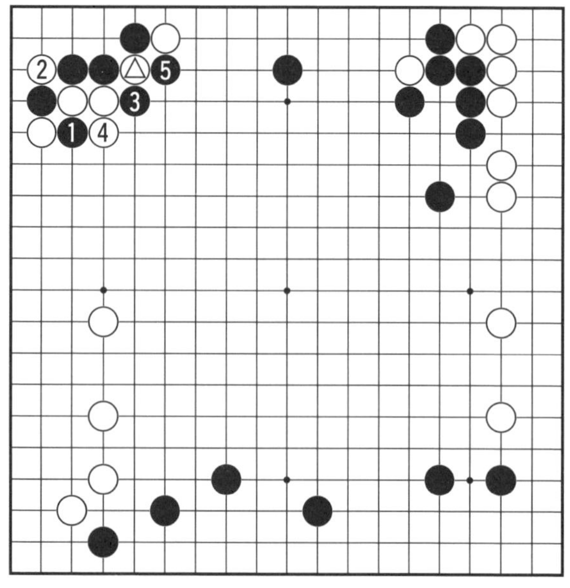

흑7의 벌림

흑1의 끊음에는 2로 양단수가 되는 곳을 이어가는 것이 그나마 둘 수 있는 수. 흑은 변 쪽 백 한 점을 잡은 뒤 흑7의 벌림이 기분 좋아 넓은 쪽 변을 선점한, 흑의 나쁠 것 없는 진행입니다.

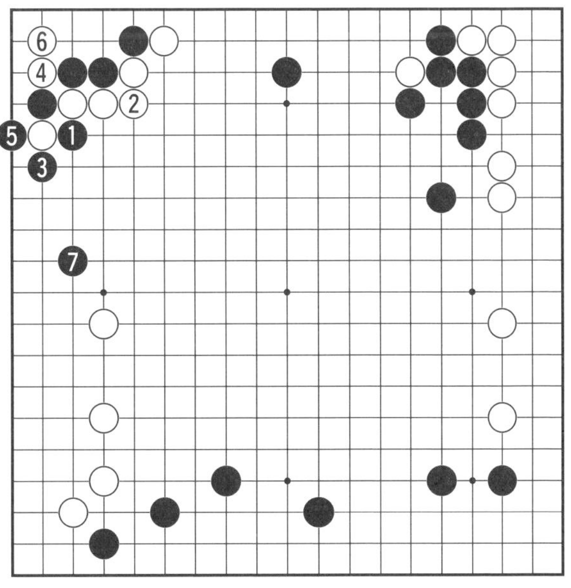

실리가 커서 흑 만족

흑1에 백2로 버텨온다면 흑3으로 가만히 이어두는 수가 좋습니다. 백4로 한 점을 따낼 때에 흑은 5, 7로 끊어 상변을 취하게 되는데 이 모양은 백의 세력보다 상변 흑 실리 쪽이 더욱 빛나는 진행입니다.

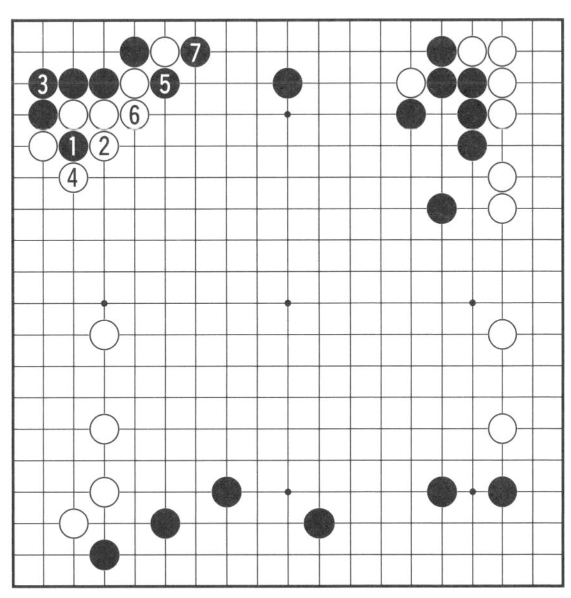

흑선

| 제7국 |
| 장면도 |

좌상귀의 수단

△로 벌려온 장면입니다. 흑의 쟁점은 좌하 백을 어떻게 처리하는가에 있습니다. 어디에서부터 시작하는 것이 좋을까요?

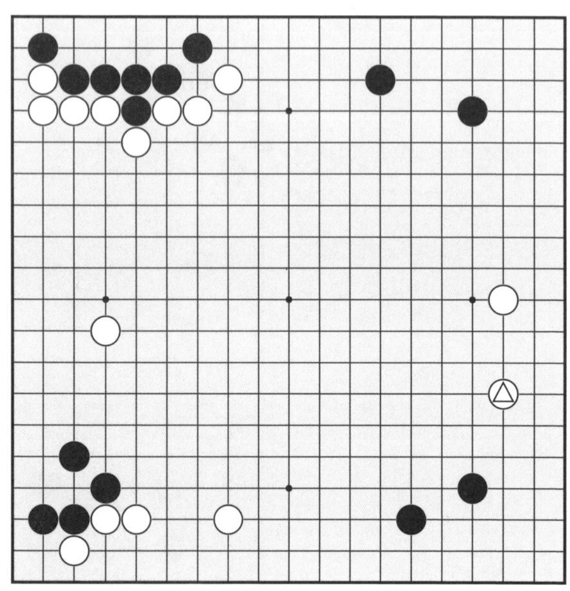

수순도

백30의 벌림은 이상한 수

1-30

하변 백14까지는 평범한 진행입니다. 좌상귀 흑 19는 양쪽 축이 모두 유리한 상황에서 유력한 수로 흑29까지 흑은 실리 중심의 바둑입니다. 우변 백30의 벌림은 상당히 큰 곳이지만 현 장면에서는 급한 곳을 간과한 과욕의 수입니다.

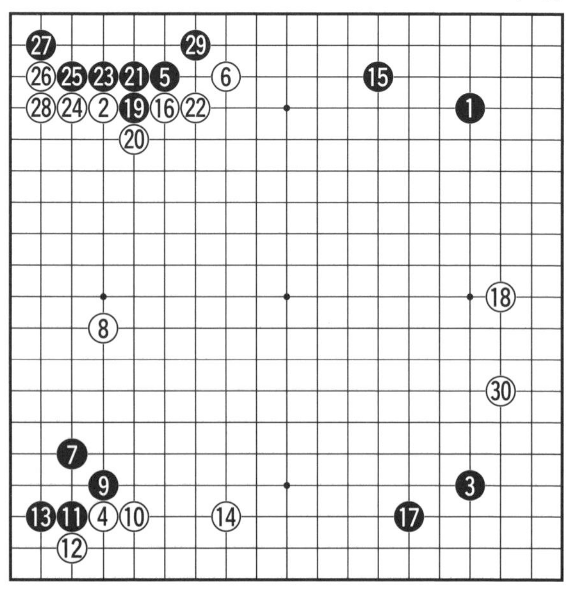

백30으로는 백1로 지킴

백30으로는 백1로 호구로 이어두는 수가 좋았습니다. 좌상귀를 지켜 놓음으로써 흑2로 다가서는 수를 허용해도 백3으로 걸쳐가 호각의 진행입니다.

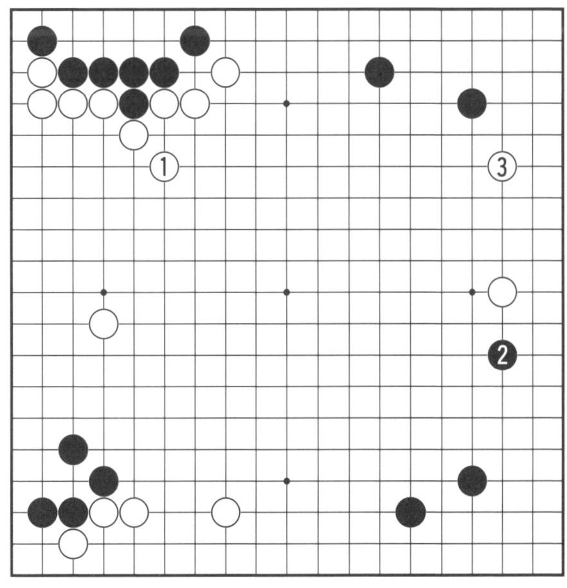

흑1로 들여다보기

흑1로 들여다보는 수는 완착입니다. 백2로 지키는 좋은 수를 불러 흑3 이하 8까지 봉쇄를 당해서는 좌변 백의 실리를 파괴한 정도로는 성이 차지 않는 모양입니다. 흑의 불만인 진행입니다.

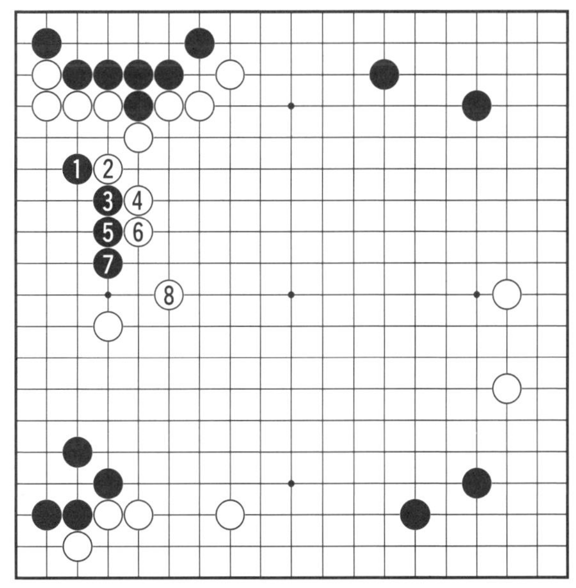

끼워 붙임으로 백의 모양을 무너뜨리기

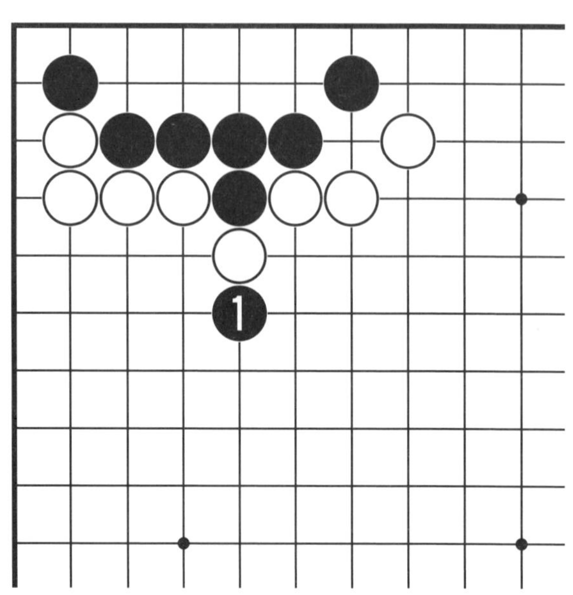

정해

흑1의 옆구리 붙이는 수가 좋은 맥점입니다. 이 수로부터 흑은 백돌들의 모양을 무너뜨려 반상의 주도권을 잡으려는 작전입니다.

흑3으로 들여다보는 수가 통렬한 활용

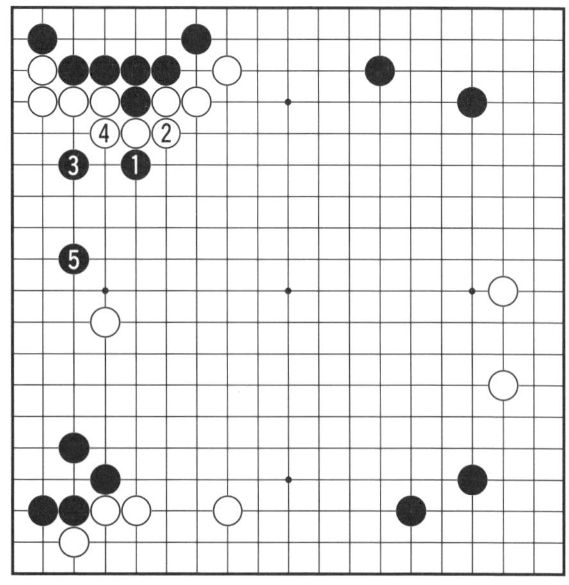

흑1의 끼워 붙임에 백2로 위쪽을 꽉 이어온다면 흑3으로 한 칸 뛰어 들여다보는 수가 통렬합니다. 백4로 이음을 기다려 흑5로 벌리면 백 전체를 분단시킴과 동시에 좌변 백 진영을 무너뜨린 흑의 대성공인 진행입니다.

흑3으로 끊는 수가 강수

흑1의 붙임에 백2로 아래쪽을 이어온다면 망설임 없이 흑3으로 끊어가는 수가 강력합니다. 백4, 6에는 흑7, 9로 단수를 쳐 상변 백 석 점을 제압함으로써 단연 흑이 유리한 진행입니다.

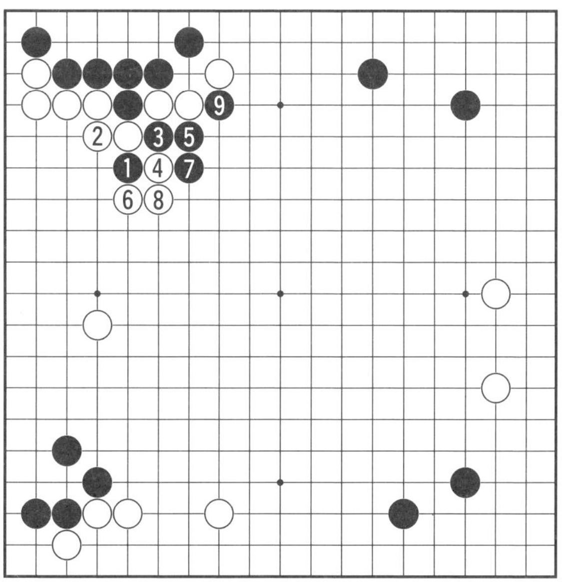

주도권을 잡은 흑의 유리한 전투

흑1, 3에 백4로 뛰는 정도이지만 흑5로 꽉 잇는 수가 두터운 수입니다. 백6에는 흑7로 뛰고 9로 모자를 씌워 주도권을 잡고 전투를 하게 되는 흑이 유리한 진행입니다.

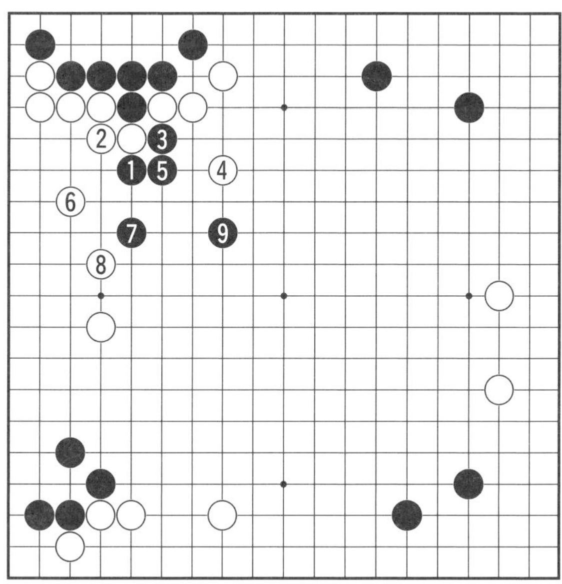

흑선

제8국

장면도

우하귀의 수단

△로 뛴 장면입니다. 이 수는 흔히 보기 힘든 이상감각의 수. 흑은 어떻게 응징하는 것이 좋을까요?

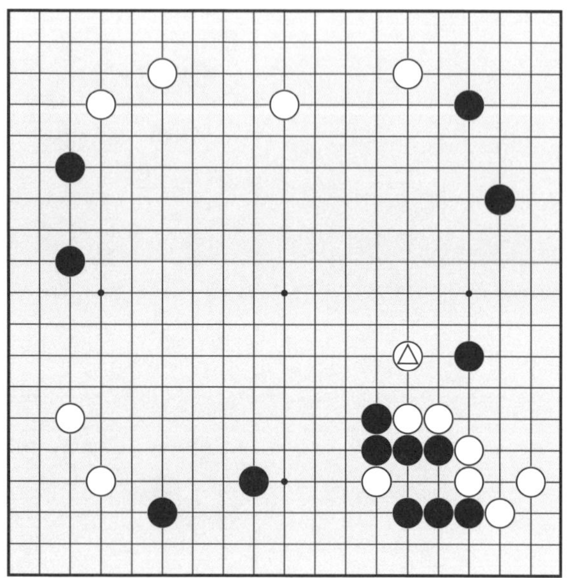

수순도

백28은 치명타가 있음

1-28

우변 흑7의 협공에서부터 백18까지 두 칸 높은 협공 정석의 진행입니다. 하변 흑19는 밸런스를 중시한 수로 흑27의 꼬부림에 백28로 뛴 수는 치명타를 가진 수였습니다.

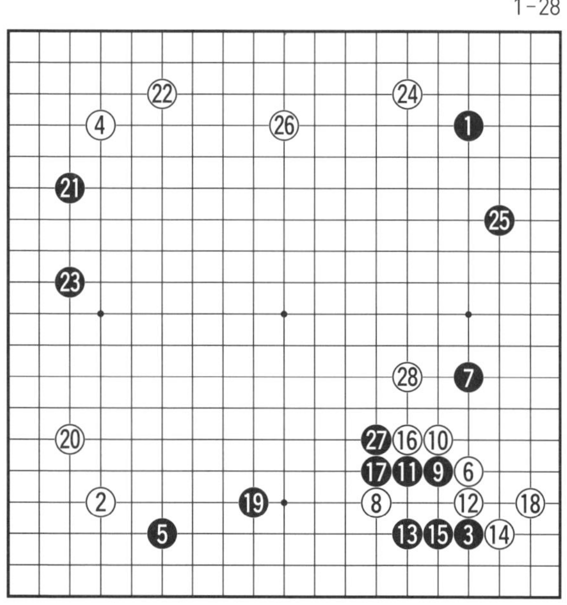

백28로는 백1이 올바른 진출

백28로는 백1로 붙여나
가는 수가 좋았습니다.
흑2의 젖힘에는 3으로 뻗
어 끊어지지 않으면서도
힘차게 머리를 내밀고 있
는 형태입니다.

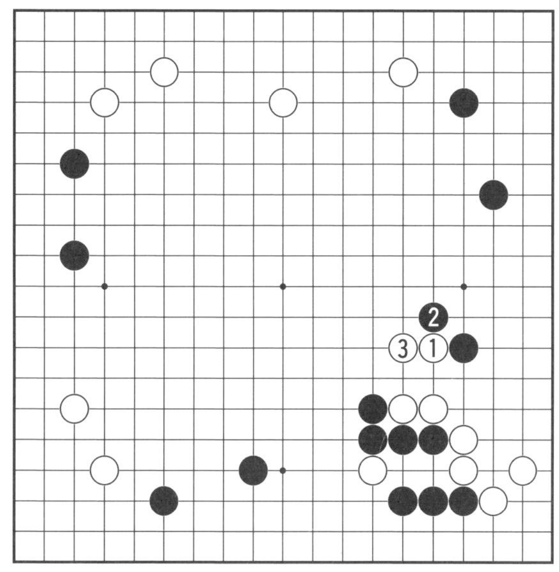

흑1의 끊음

흑1로 절단을 시도하는
수는 속수로 백2에 흑3으
로 끊어온다면 백6까지
석 점 머리를 두드리는
수가 통쾌합니다.

이전 그림에 이어서 흑
1로 젖히면 백2 이하 8까
지 요석 ▲ 두 점이 잡혀
흑의 대실패입니다.

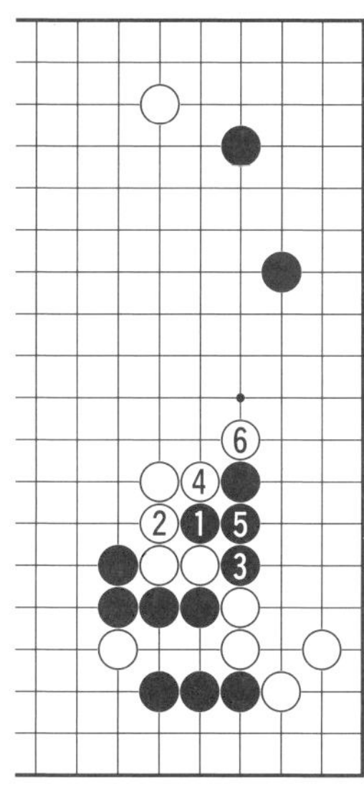
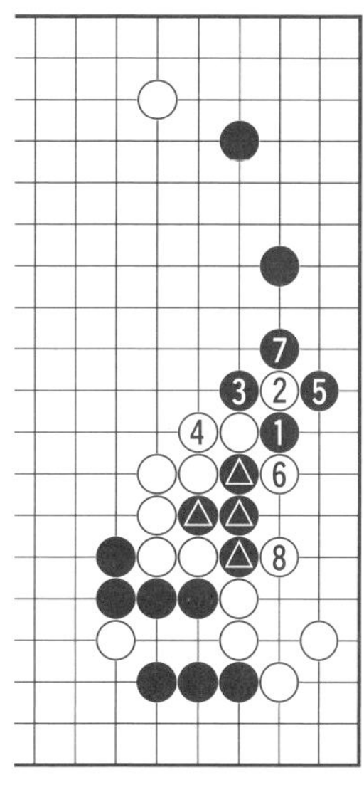

정해

흑1로 끊는 수가 날카
로운 일착입니다. 흑
은 이 수를 시작으로
백의 이상감각의 수를
제대로 응징해가게 됩
니다.

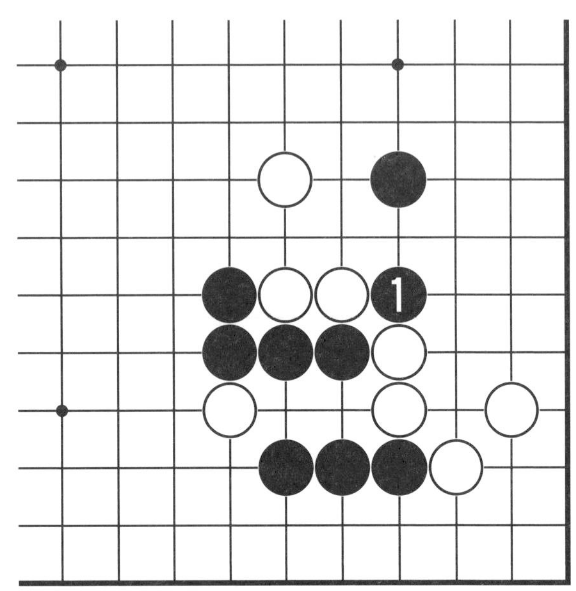

정해도　　**흑3의 연타가 맥점**

흑1로 끊은 장면에서 백
2로 단수쳐 온다면 흑3으
로 맞끊는 수가 연이은
강타. 백4로 따내는 수를
기다려 흑5로 절단해 △
의 돌이 폐석이 되어 흑의
기분 좋은 진행입니다.

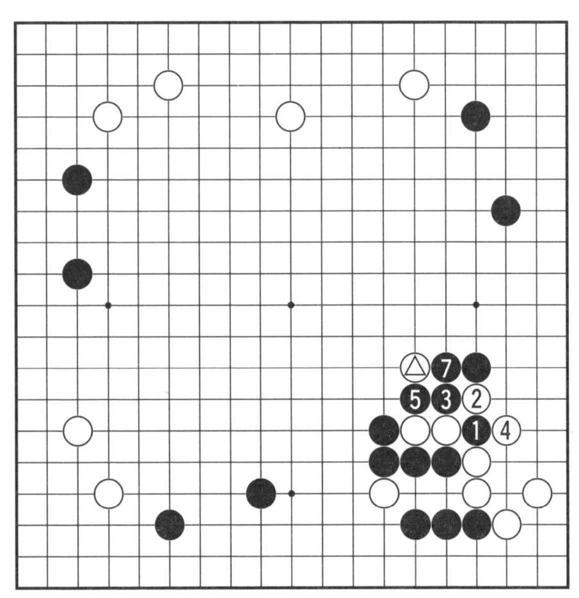

분단을 허용해서는 흑의 성공

흑1에서 5로 단수친 장면에서 백이 6으로 끊어온다면 흑7로 일단 두 점을 선수로 따내고 흑9로 뻗어 싸우게 됩니다. 이 모양은 폐석에 가까운 백돌이 두 점으로 늘어 흑의 즐거운 진행입니다.

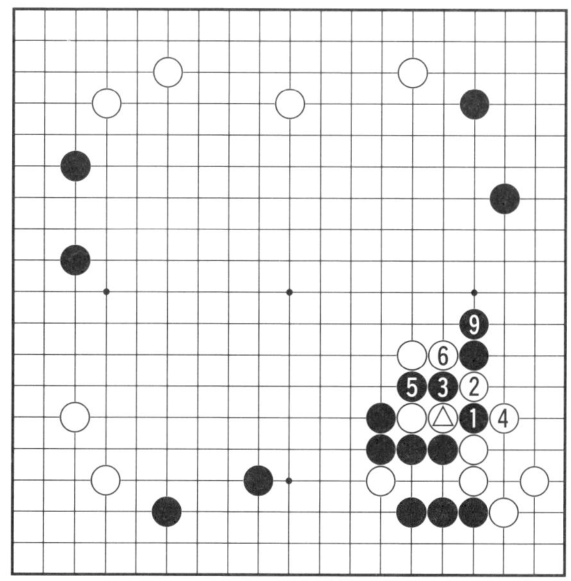

❼-❶의 자리에 따냄 / ⑧-(△) 되따냄

흑3의 호구가 간명

흑1의 끊음에 백2로 쌍립해 온다면 3으로 양호구 치는 수가 간명한 선택. 백4, 6에는 흑7, 9의 연결로 백돌을 공격하는 즐거움이 남아 흑 호조의 진행입니다.

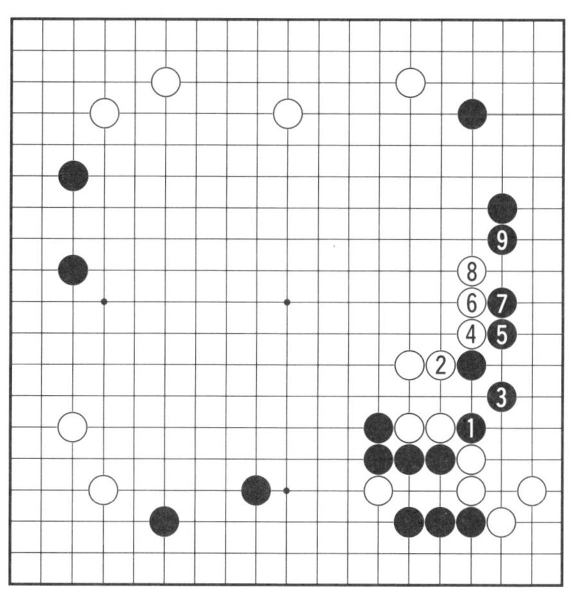

제9국

흑선

장면도

상변을 처리하는 방법

△로 좌변을 벌려온 모양입니다. ▣의 돌들을 이용해 상변 백 모양을 지우는 수는 어디일까요?

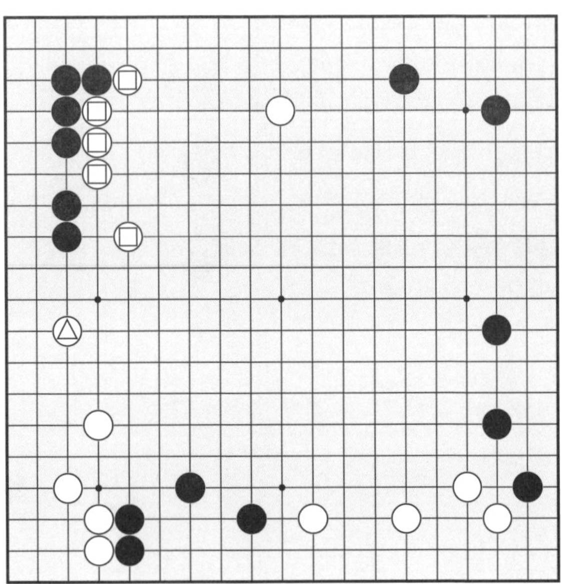

수순도

좌변 백30은 의문

1-30

좌상귀 흑9의 붙임에 10, 12로 상변을 중시하는 정석을 택해왔습니다. 백18은 발 빠른 행마. 백28의 막는 수는 시기상조의 끝내기로 좌변 a로 다 가서는 수가 좋았습니다. 흑29로 두텁게 지켜둔 장면에서 백30의 벌림은 의문의 수입니다.

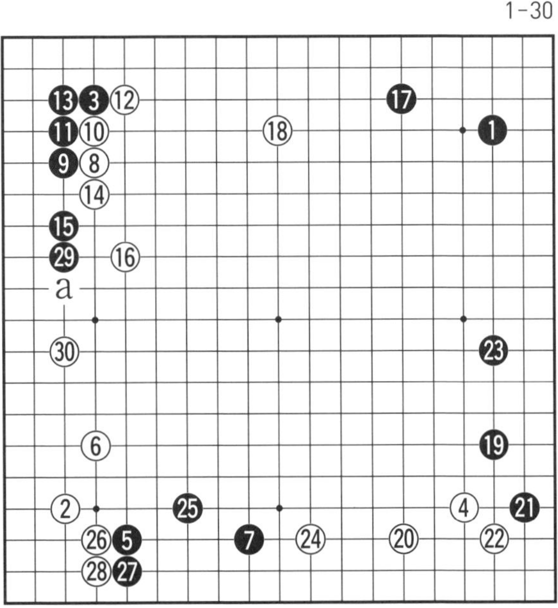

백30은 백1로 지킴

수순도의 백30은 ⓐ를 두 텁게 정비한 이상 백1로 지켜둘 자리였습니다. 좌변 흑2로 벌려온다면 백 역시 상변에 3으로 다가가 호각의 형태입니다.

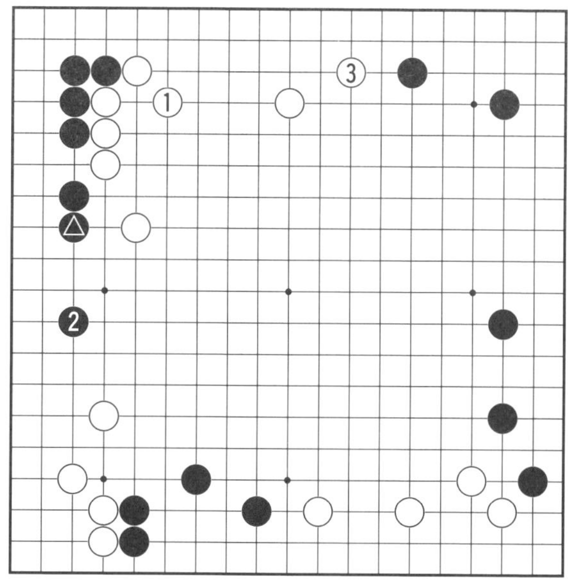

흑1의 젖힘

흑1로 젖혀가는 수는 백에게는 대환영입니다. 백 2, 4로 늘어 백을 두텁게 만들어 준 셈이 되어 흑이 기회를 놓친 형태입니다.

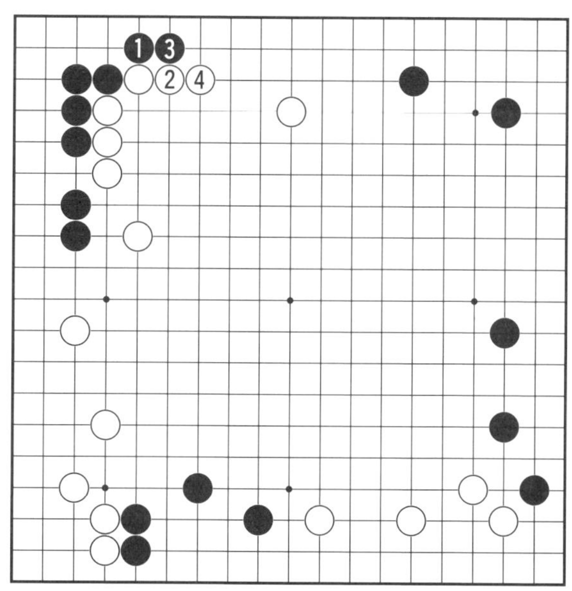

정해

흑1의 옆구리붙이는 수가 날카로운 일착. 백의 약점을 노림과 동시에 △ 전체를 공격하고자 하는 작전이라고 할 수 있습니다.

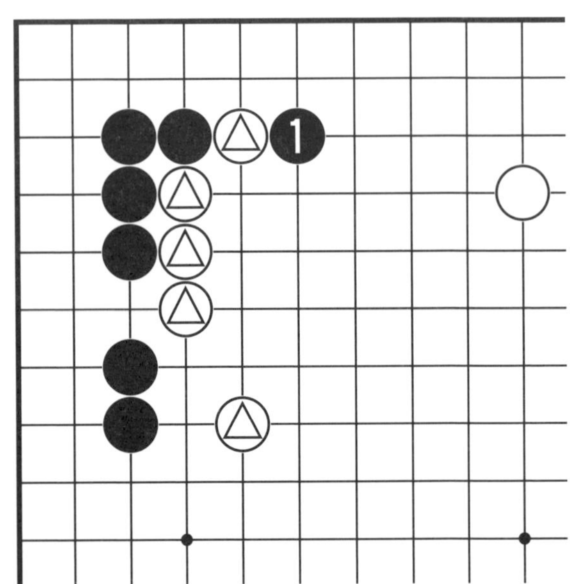

정해도

흑3, 5는 절대 급소

흑1의 붙임에 2로 차단해 온다면 흑3으로 들여다보고 한 칸 뛰는 수가 급소. 백6의 연결에 흑7 이하 11까지 백돌 전체를 몰아가면서 상변 △의 돌까지 부담스럽게 만들어 흑의 만족스러운 진행입니다.

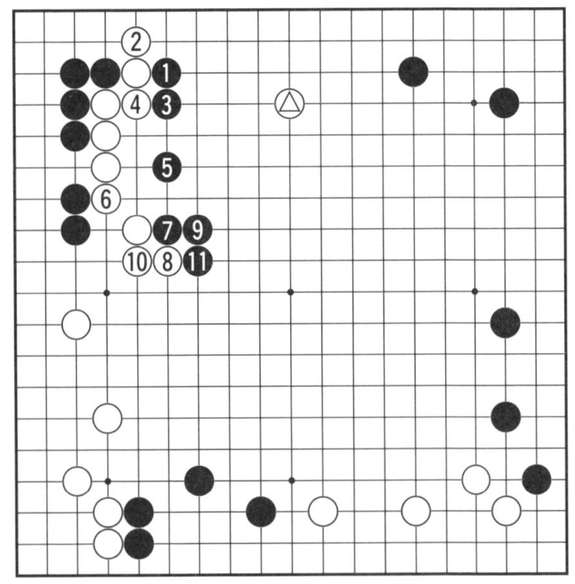

흑7로 한 칸 뜀

흑5의 한 칸 뜀에 백이 6으로 연결해온다면 흑 7로 한 칸 뛰어 다가서 는 수가 간명합니다. 백 8로 한 칸 뛰어오면 흑 역 시 자연스럽게 9로 진출, 양곤마를 몰게 되는 흑이 즐거운 진행입니다.

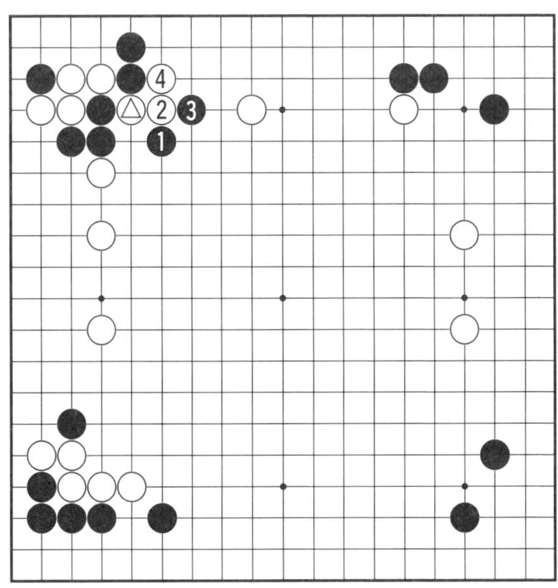

실리를 벌어 흑 우세

흑1의 붙임에 백2로 잇 는다면 흑3으로 연결하 는 수가 통렬합니다. 백4, 6의 진행이 예상되지만 흑 역시 7로 큰 자리를 선 점해 실리에서 흑이 크게 앞서는 모양입니다.

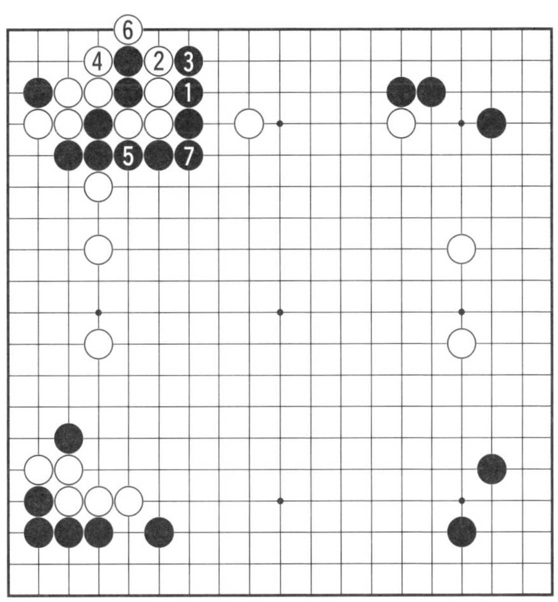

제10국
장면도

백선

우상귀를 공략하는 수단

△로 한 칸 뛴 장면입니다. 쟁점은 우상귀로 백은 어디서부터 두어가는 것이 좋을까요?

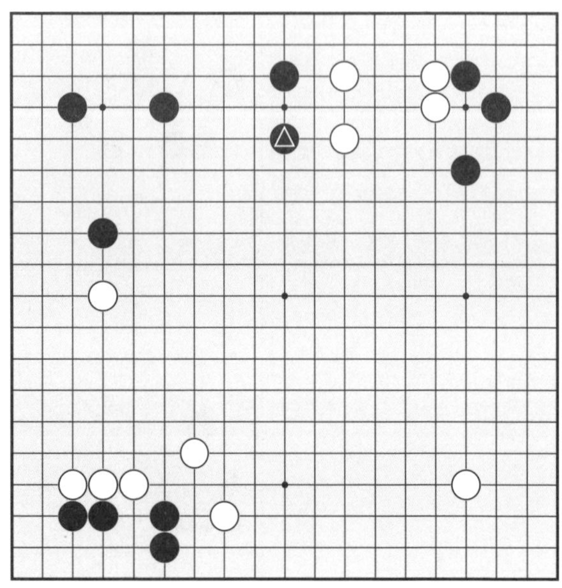

수순도

상변 흑23은 유유자적

1-23

흑1, 3, 5로 상변을 중시한 포석입니다. 좌변 흑15의 다가섬은 좋은 자리. 우상귀 백16의 걸침에 흑17, 19는 이상적인 정석 선택입니다. 흑19 역시 공격을 노린 적극적 행마로 흑21은 취향. 백22의 보강에 흑23은 느슨한 완착수입니다.

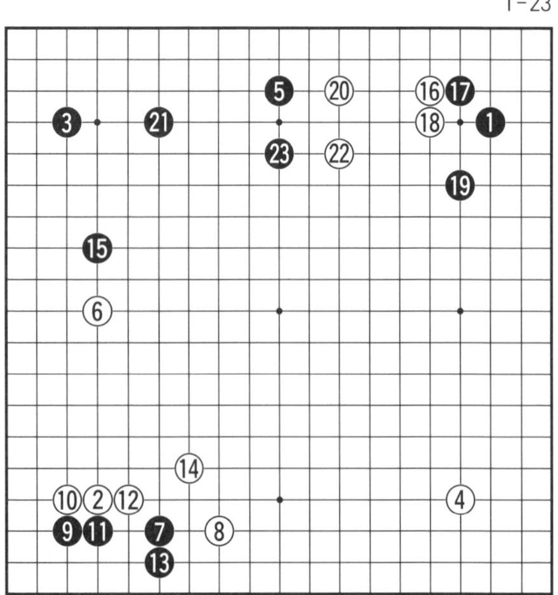

흑23으로는 흑1로 보강

흑23으로는 우변 흑1로 한 칸 뛰어 보강하는 수 가 좋았습니다. 상변 백 2에는 흑3으로 좌상귀 집 을 지켜두는 것이 좋은 수. 이 진행은 흑이 만족 스럽습니다.

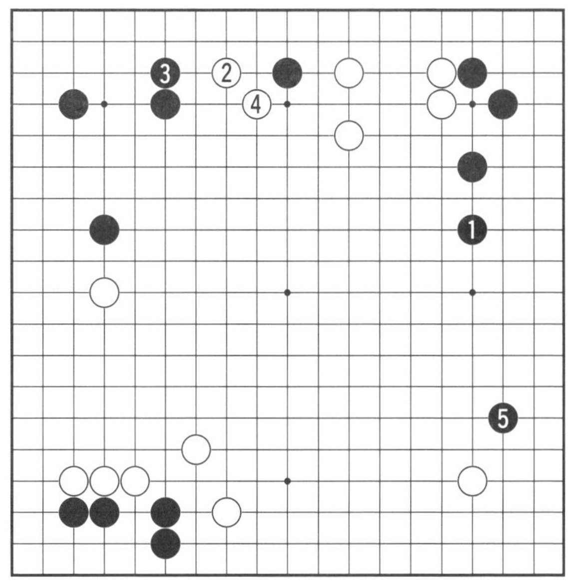

백1로 찝기

백1로 찝어가는 수는 이 상합니다. 흑2로 잇고 3으로 젖혀보아도 흑4로 막는 수가 좋아 흑10까지 백이 잘 되지 않는 모습 입니다.

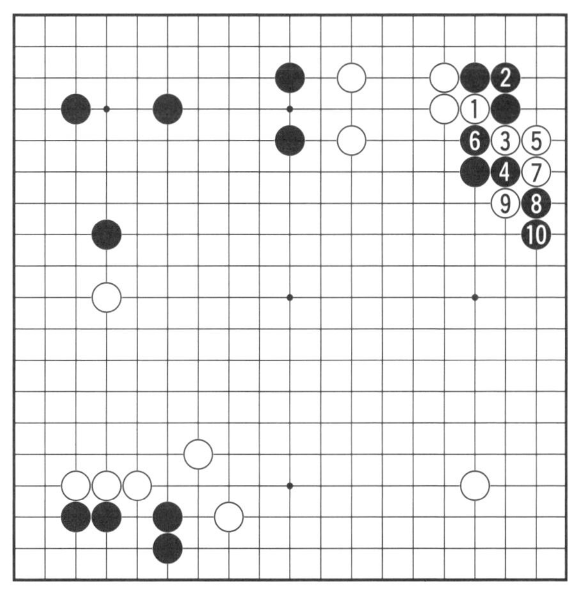

정해

백1로 건너붙이는 수가 날카로운 급소입니다. 날일자의 약점을 이용하여 공략하는 작전이라고 할 수 있습니다.

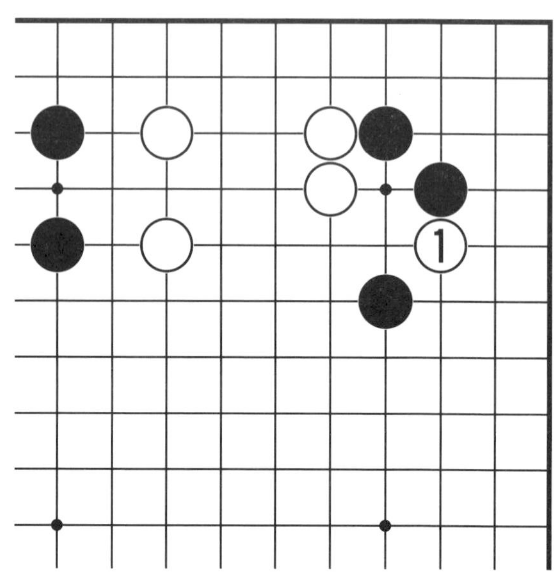

정해도

백1의 붙임에 흑2로 맞끊어 온다면 백3으로 뚫고 흑4에 백5 이하 9로 대응합니다. 흑10으로 꼬부렸을 때에는….

정해도 계속

이전 그림에 이어서 백1 이하 7까지 귀의 흑이 살아 있는 모양이 아니어서 백의 대성공입니다.

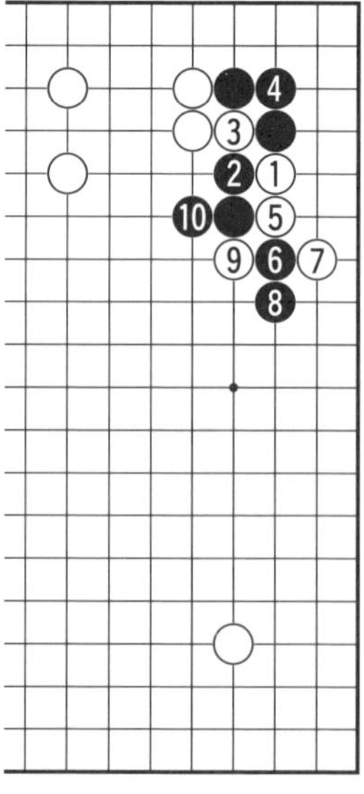

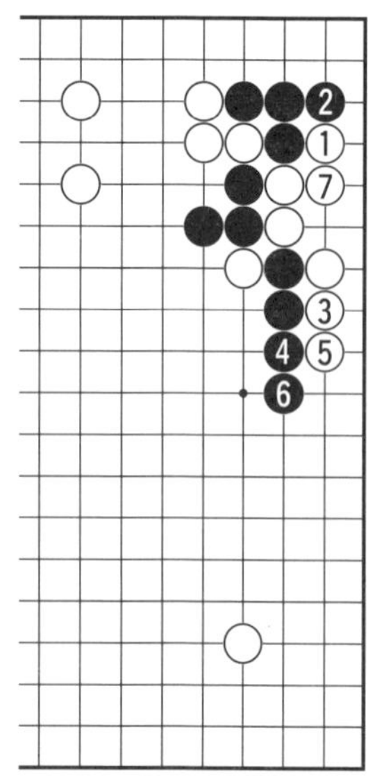

백1에 흑2로 단수를 쳐
온다면 백3으로 잇고 흑4
이하 10의 막음에는….

이전 그림에 이어 백1이
빛나는 급소. 이 수상전
은 백이 수가 빨라 흑을
잡은 모양입니다.

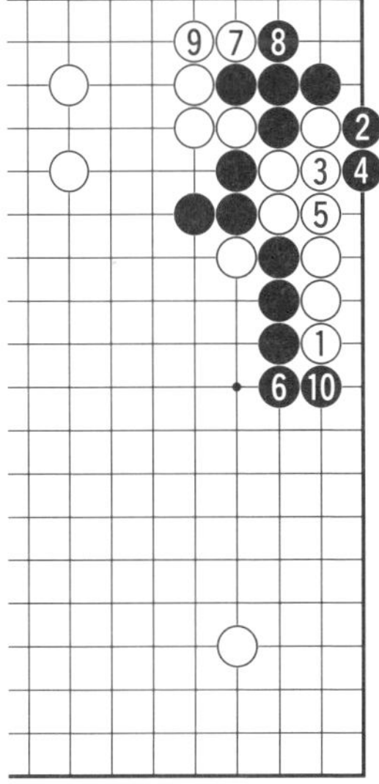
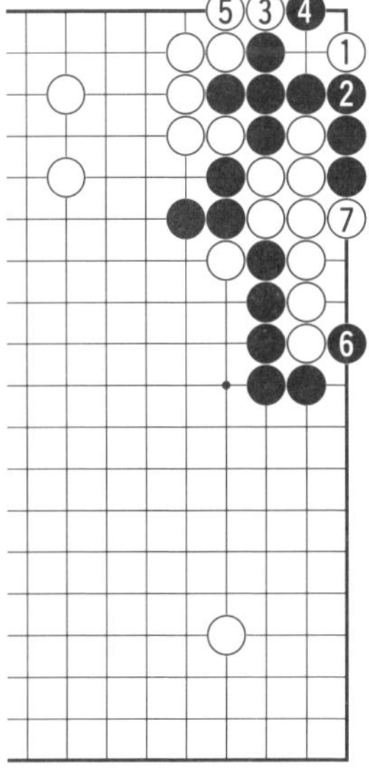

백3의 치중이 맥점

백1의 건너붙임에 흑2로
받아온다면 백3으로 치중
가는 수가 날카롭습니다.
흑4의 막음에는 백5로 젖
혀가는 수가 좋아 선수로
귀의 집을 차지한 백의
만족스러운 진행입니다.

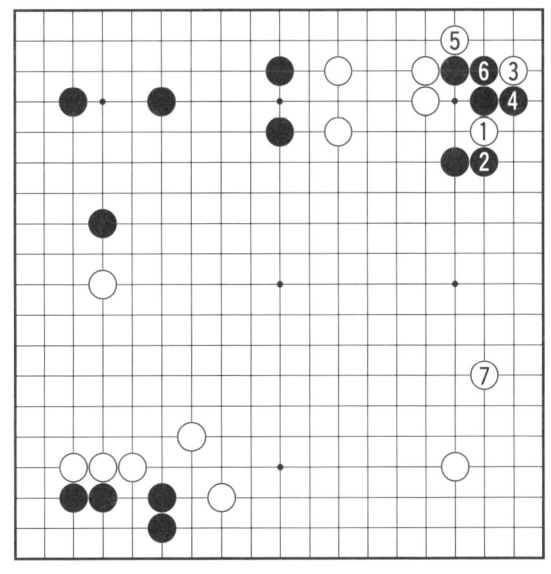

대국은 이길 자신이 생겼을 때 해야 할까?

'바둑을 좋아하지만 요즘은 매번 지기만 하니 누구와도 두고 싶지 않아요. 바둑이 늘기 전에는 아무하고도 두지 않을 거예요'라고 말하는 사람이 있다. 말도 안 되는 이야기 같지만 한편으로는 그 사람의 기분이 이해되기도 한다. 바둑에서 지는 것은 지는 것 자체로 분할 뿐만 아니라 '이렇게 두면 상대방이 나를 얕보지 않을까'라는 생각이 머릿속에 떠오르기 때문이다.

져서 억울하지도 않고 상대에게 무시당하지도 않으면서 바둑이 강해질 수만 있다면 얼마나 좋을까. 하지만 이런 모든 과정을 겪으면서 비로소 강해지는 것이 바둑의 진정한 매력일 것이다. 이상한 수를 두면서 부끄러워하는 것은 반드시 정수만 두어야 한다는 강박관념에서 비롯된 것은 아닌지 생각해 보자.

바둑은 수험 공부도, 어려운 문제풀이도 아니다. 꼭 정답을 두어야만 하는 것이 아니라 '잘 모르겠지만 여기에 둔다면 어떻게 될까?' 정도의 가벼운 마음으로 두어도 괜찮다. 바둑뿐만 아니라 무엇인가를 배우고 실력을 쌓을 때에도 부끄러워하거나 미리 겁을 먹는 것은 백해무익한 일이다. 바둑을 둘 때에는 맞수와의 대국을 즐기며 도전하는 것이 자신의 실력 향상에 큰 도움이 될 것이다.

선수 활용을 이용해 모양을 정비하기

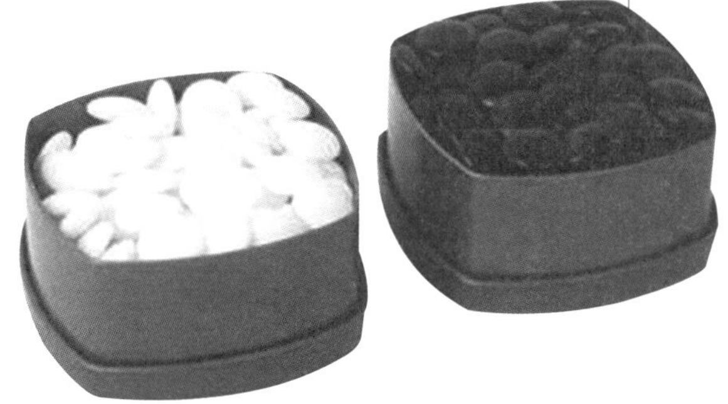

좌하귀의 공방

흑선 / 제1국 / 장면도

△로 내려선 모양입니다. 이후 흑은 어떻게 대응하는 것이 좋을까요?

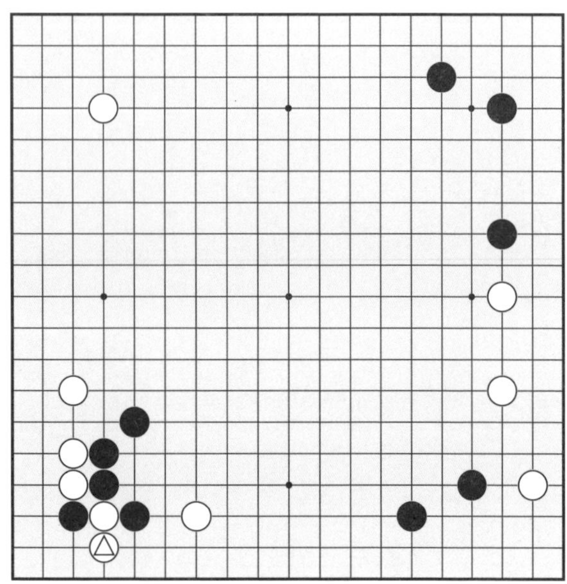

수순도

좌하귀와 정석 진행

우변 백6 이하 10까지 실전에 자주 등장하는 형태입니다. 좌하귀 흑15의 붙임은 급소로 16으로 끊는 수 역시 정석의 하나이지만, 현재 배석에서는 흑에게 유력한 작전이 있어 신통치 않습니다.

1-20

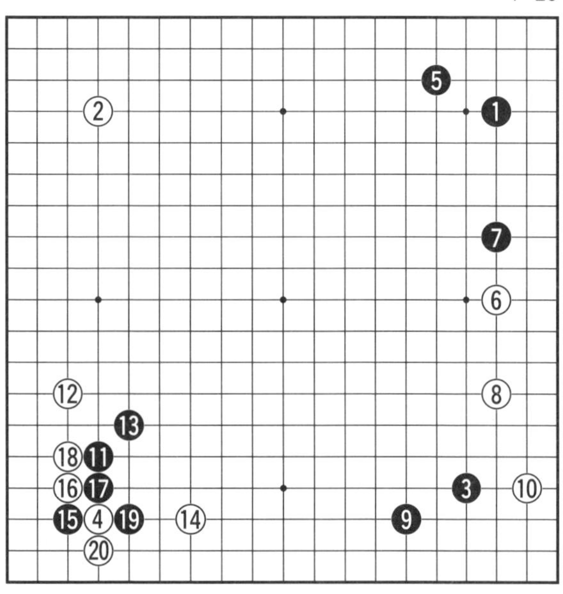

참고도

백16으로는 백1로 젖힘

수순도의 백16으로는 백
1로 젖히는 수가 좋았습
니다. 흑2의 뻗음에는 백
3 이하 7까지 백은 좌변
과 하변 양쪽을 모두 처
리해 만족입니다.

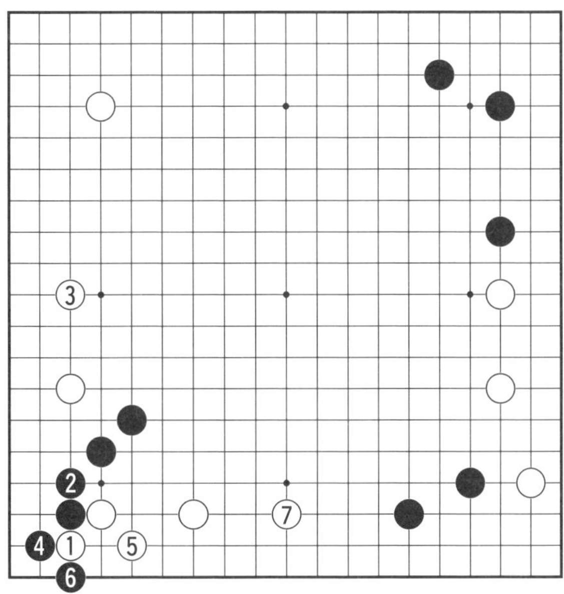

실패도

흑1로 막음

흑1로 단순히 막는 수는
이상한 수입니다. △의
돌에 미치는 영향이 적어
흑3의 다가섬에 백4 이하
8로 가볍게 처리하고 진
출해서는 흑의 불만인 진
행입니다.

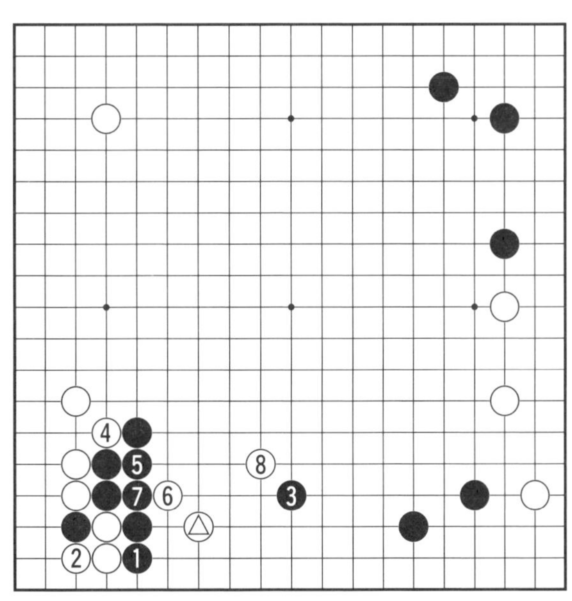

정해

흑1로 치받는 수가 좋은 맥점입니다. △의 돌에 영향을 주면서 귀에서의 수단도 노리고 있는 급소입니다.

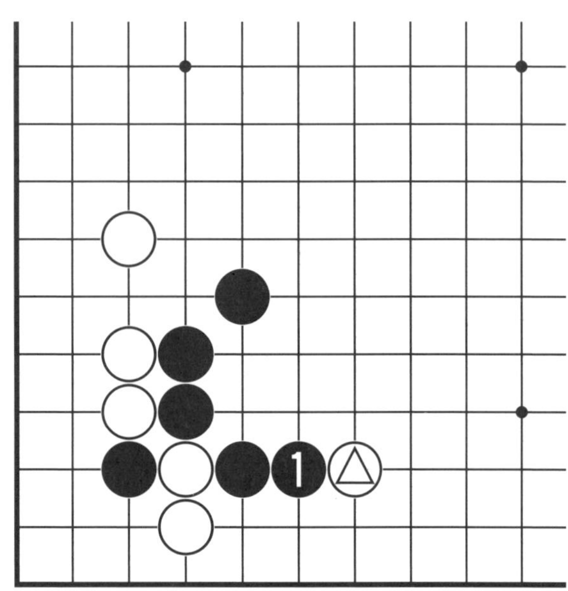

정해도

흑3으로 막는 수가 성립

흑1에 백2로 올라서는 수는 무리수입니다. 흑3으로 막는 수가 성립해 백4에는 흑5로 가로막아 백돌을 잡게 되므로 단연 흑이 유리한 진행입니다.

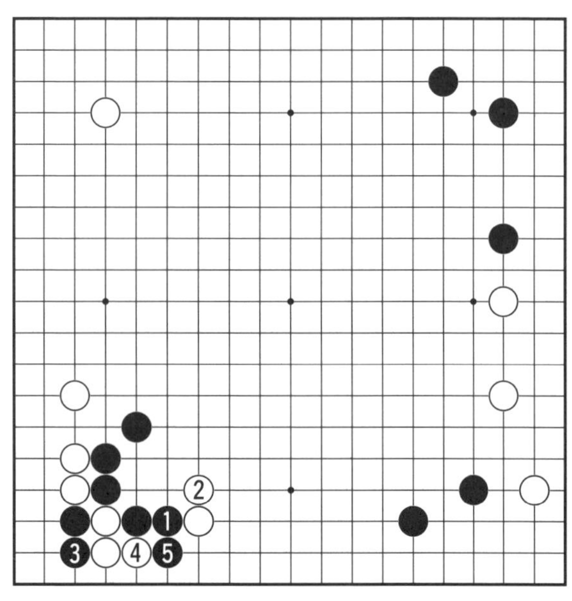

흑3으로 젖혀 막는 수가 통쾌

흑1의 치받음에는 백2로 잡는 정도입니다. 여기에서 흑은 3으로 젖혀 백 한 점을 제압하는 형태가 통쾌해 이 모양은 부분적으로는 호각으로 정석이지만 현재 배석에서는 하변의 주도권을 흑이 쥐고 있어 흑의 만족스러운 진행입니다.

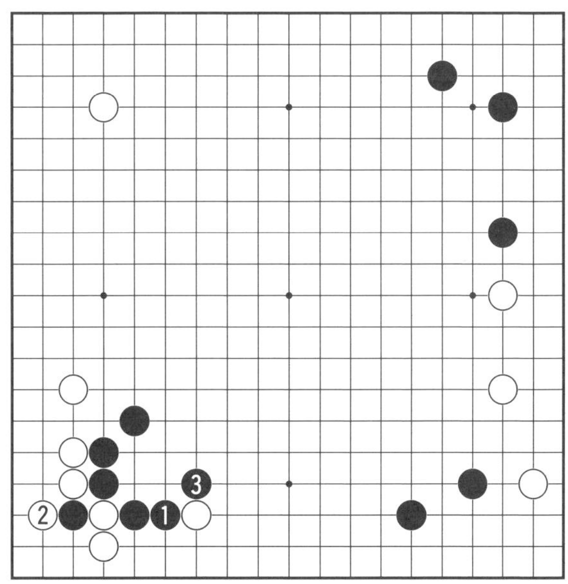

정해변화도 계속

흑5, 7이 두터운 대응

흑3의 젖힘에 백4로 바로 움직이는 수는 흑으로서는 대환영입니다. 흑5, 7이 두터운 대응수로 백8에는 흑9의 급소 자리가 빛나 흑이 주도권을 쥔 상태에서의 전투입니다.

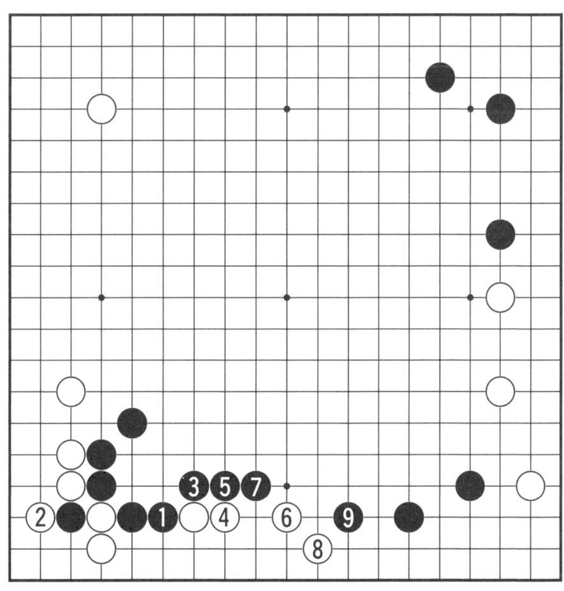

백선

제2국
장면도

좌하귀의 공방

⬆로 뛰어든 장면입니다. 백은 어떻게 대응하는 것이 좋을까요?

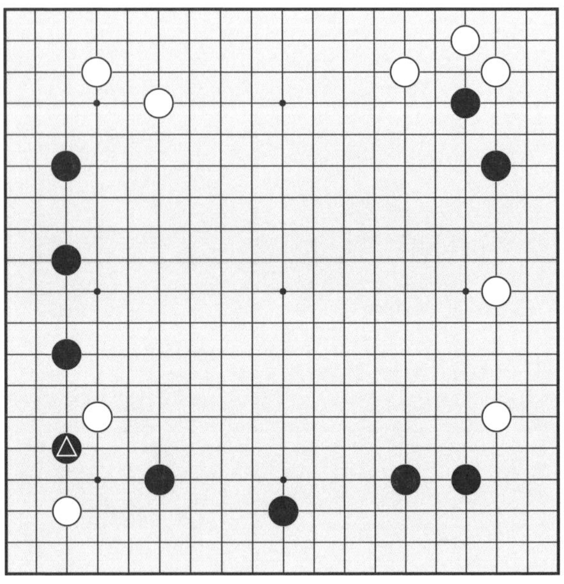

수순도

좌변 흑17은 시기상조

1-19

백2, 4로 고풍스러운 진행. 좌상귀 흑11에 백12는 온건한 대응입니다. 좌변 흑17은 너무 서두른 수로 우상귀 백18이 절대적인 호점을 맞아 흑돌의 근거를 빼앗깁니다. 흑19는 노림의 수이지만 흑a로 다가서는 정도가 좋았습니다.

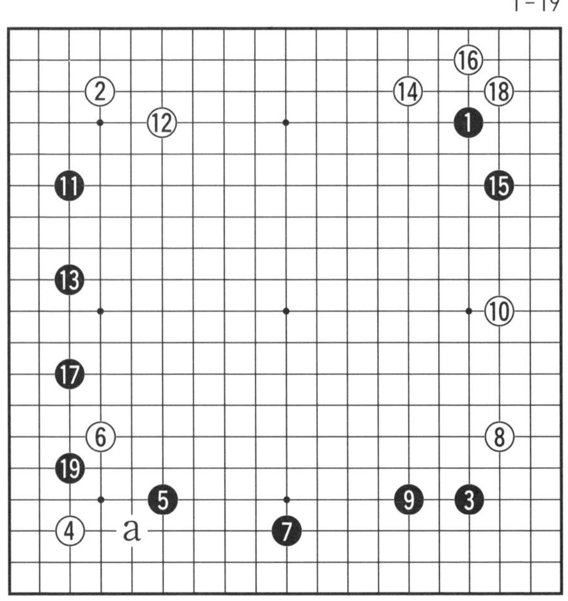

흑17로는 흑1로 근거를 확보

흑17로는 우상귀 흑1로 받아두는 수가 근거를 확보해 좋습니다. 백2로 벌려가는 수를 기다려 좌변 흑3의 급소 자리로 돌아와 이런 진행이라면 흑의 충분한 모습입니다.

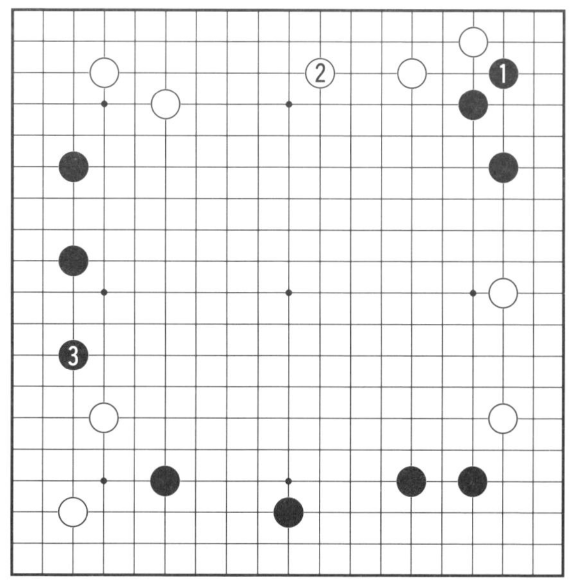

백1로 막음

백1로 막는 수는 흑의 주문에 걸려든 수입니다. 흑2부터 4의 마늘모까지 집요하게 추궁하는 수가 좋아 백이 곤마로 몰려 불만인 진행입니다.

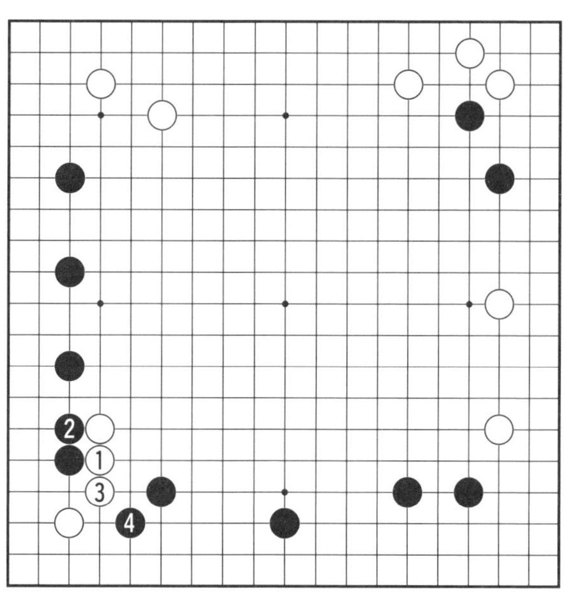

정해

백1의 붙임이 바꿔치기의 맥점입니다. 이 수로부터 백의 화려한 타개가 시작됩니다.

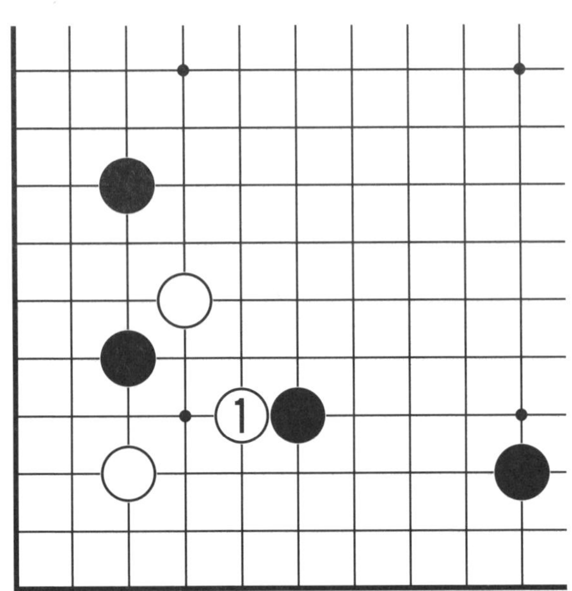

정해도

⬤를 잡아 백은 불만 없음

백1의 붙임에 흑2로 젖혀 온다면 백3으로 느는 형태. 흑4의 연결에는 백5로 막는 수가 성립하여 이 진행은 백이 ⬤의 돌을 잡아 만족스런 모습입니다.

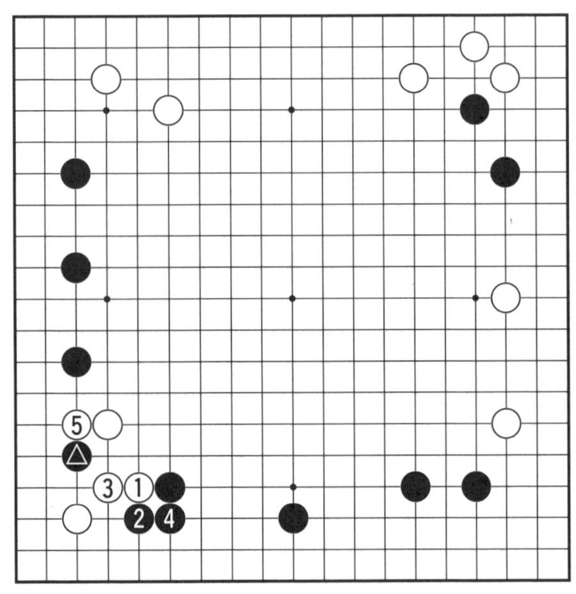

백5의 끊음이 성립

백1의 붙임에 흑2, 4로 ▲의 돌을 살리려고 한다면 백5로 끊는 수가 통렬합니다. 흑6에 백7 이하 11까지 확실히 살아두어 백의 기분 좋은 진행입니다.

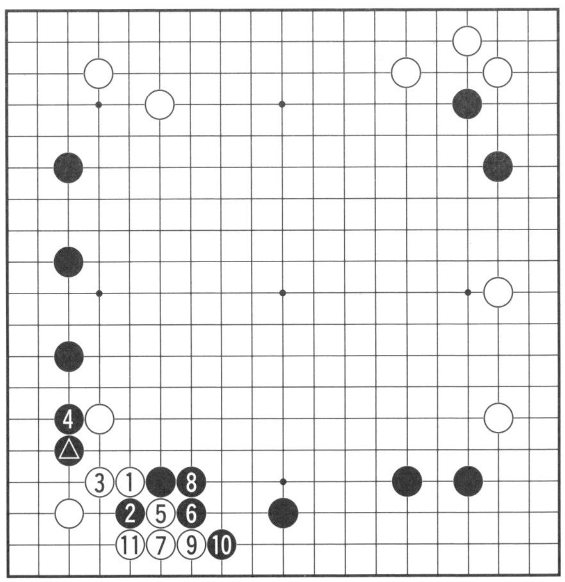

실리를 벌어들인 백 충분

백1의 붙임에 흑2로 끼워 붙이는 수는 백3으로 가만히 받아두는 수가 좋습니다. 흑4, 6에는 백7로 한 칸 뛰어 ▲의 돌을 끊는 것에는 성공했지만, 백의 실리가 커서 백의 만족스러운 진행입니다.

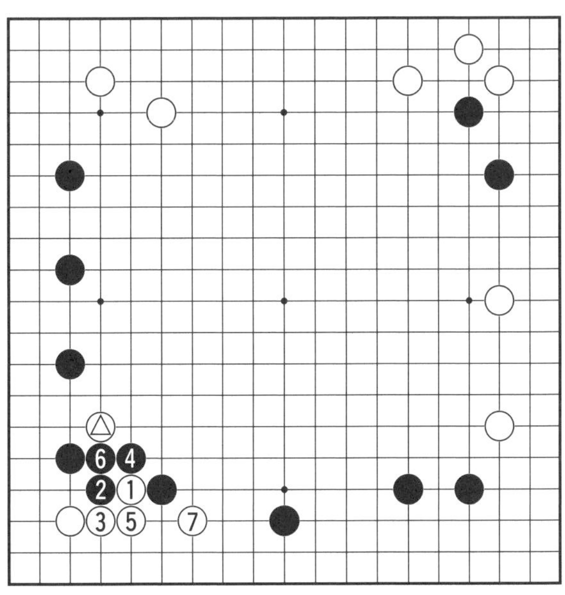

흑선

제3국

장면도

우변의 공방

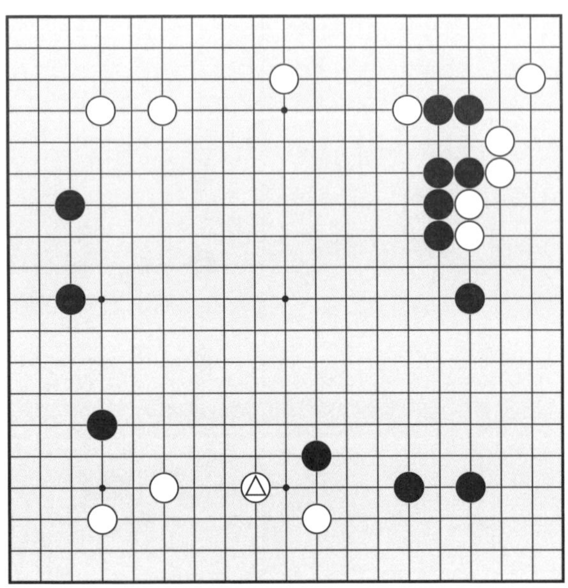

⚫로 하변을 받은 장면입니다. 이제 흑은 우변으로 눈을 돌려야 할 때입니다. 어디에서부터 시작하면 좋을까요?

수순도

흑17, 19는 당연한 봉쇄

1-26

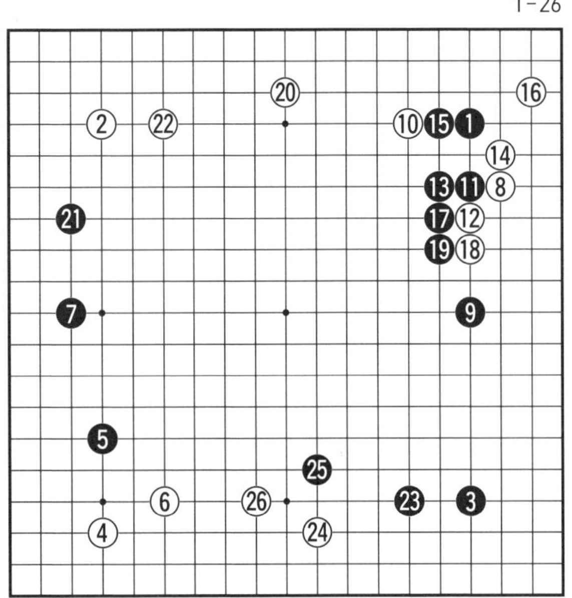

좌변 흑7의 벌림은 좋은 밸런스. 우상귀 백16으로 두어왔을 때 흑17, 19는 절대적인 수로 우하귀 흑23, 25는 세력을 의식한 멋진 감각입니다.

184

흑17로 두어오면 백2로 밀어가는 것이 요령

흑17을 두지 않고 흑1로 상변을 차지한다면 백은 2로 밀어가는 수가 급소입니다. 흑3의 두 점 머리 두드림에는 백4로 한 칸 뛰어 이 진행은 흑의 불만입니다.

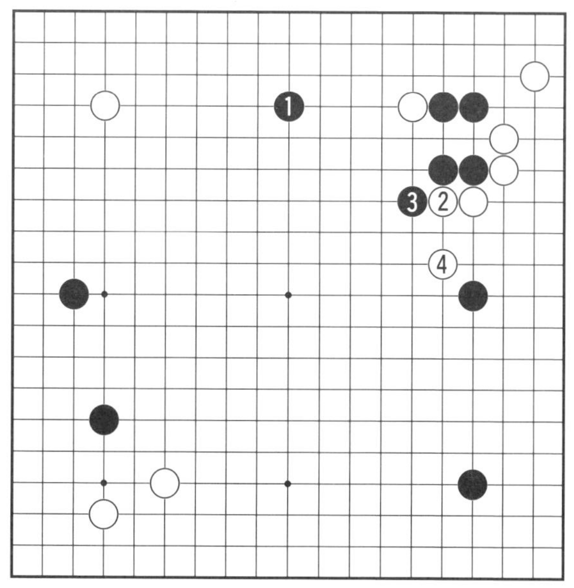

흑1로 뛰기

흑1로 밑으로 한 칸 뛰는 수는 의문의 착점. 백2로 같이 한 칸 뛰는 수가 좋은데다 a로 젖히는 노림까지 남아 흑의 만족스러운 진행입니다.

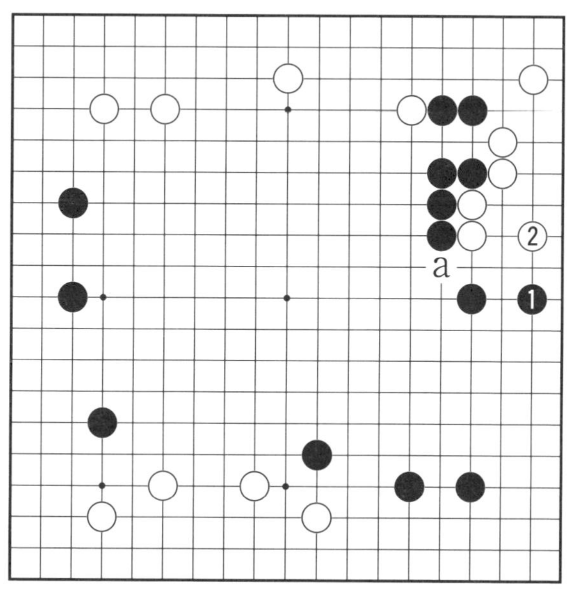

정해

흑1로 치중 가는 수가 급소입니다. 흑은 이 돌을 이용하여 세력을 쌓으려는 작전을 펼치게 됩니다.

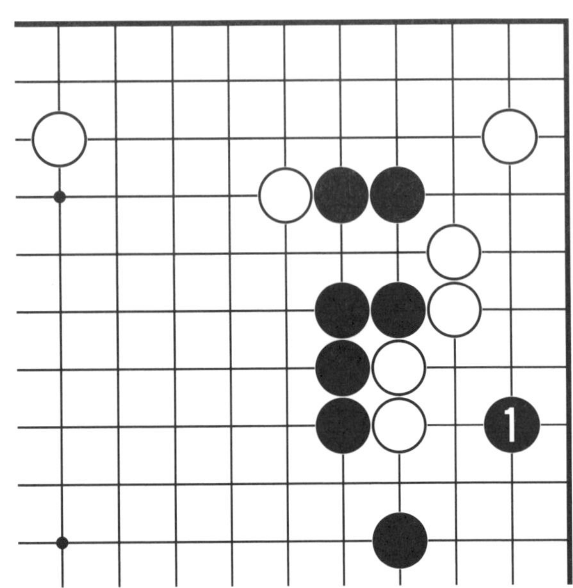

정해도 **강력한 세력을 쌓아 흑 만족**

흑1에 백2의 마늘모로 나온다면 흑3으로 막는 수가 호수. 백4에 흑5 이하 9로 받는 형태로 사석을 이용하여 강력한 세력을 쌓은 흑의 성공입니다.

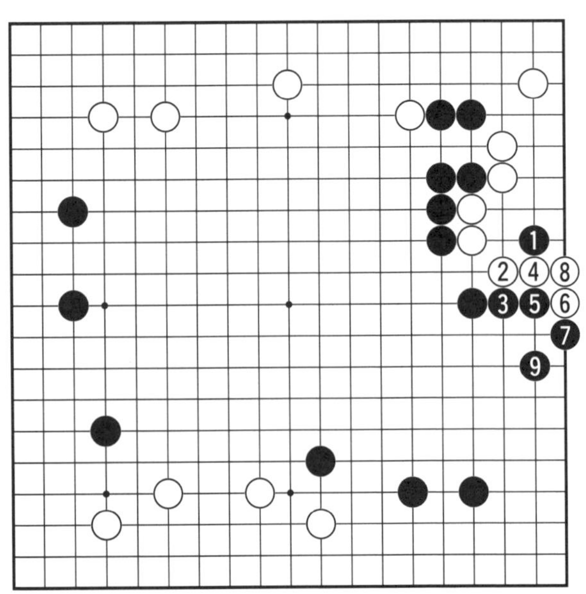

흑1의 치중에 백2, 4로 저항해온다면 흑5로 끊는 수가 급소. 백6으로 잇기를 기다려….

이전 그림에 이어서 흑1 이하 9까지 멋진 철벽을 쌓아 흑의 만족스러운 진행입니다.

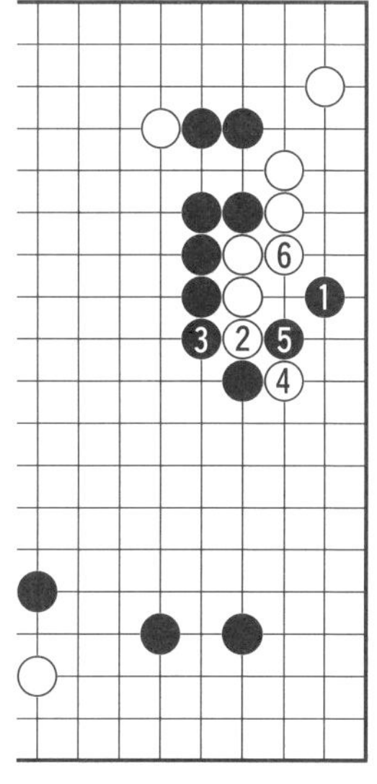
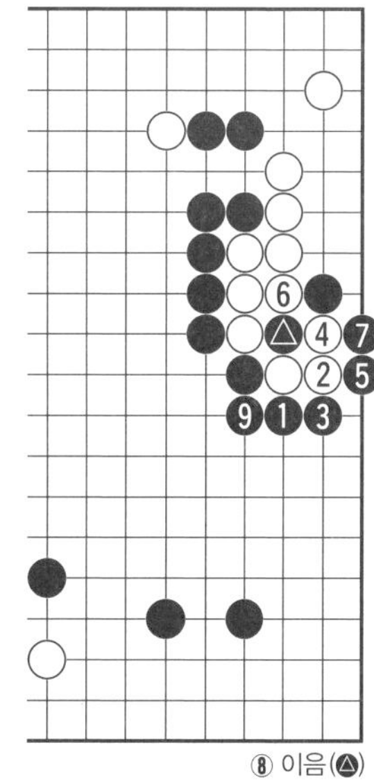

⑧ 이음(△)

흑3으로 돌아가는 수가 호수

흑1의 치중에 백2로 얌전히 받아두는 수가 일반적이나 흑3으로 돌아가 막는 수가 호수입니다. 이 수로 우상귀 a, b 등의 수가 활용 가능하여 세력과 실리를 겸한 흑의 유리한 진행입니다.

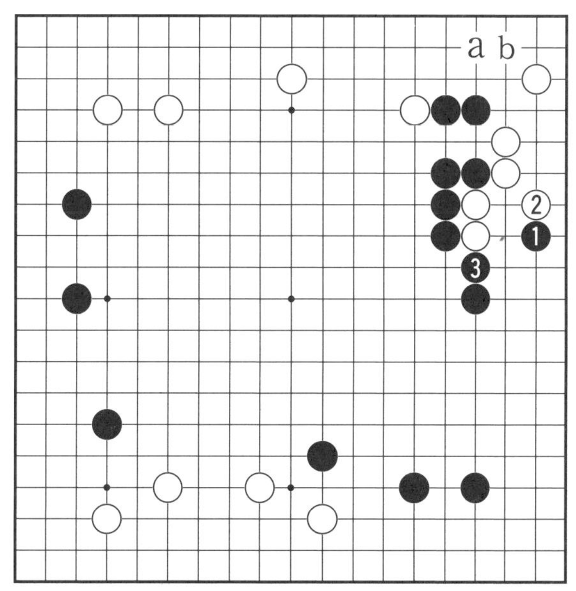

흑선

제4국

장면도

좌하귀의 수단

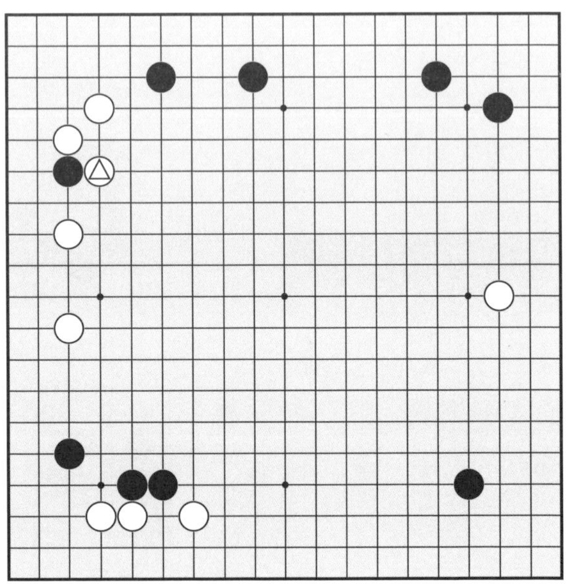

△로 젖혀 좌상귀를 일단락시킨 장면입니다. 이제 쟁점은 좌하귀, 어디에서부터 시작하는 것이 좋을까요?

수순도

강력한 별도의 방법

1-18

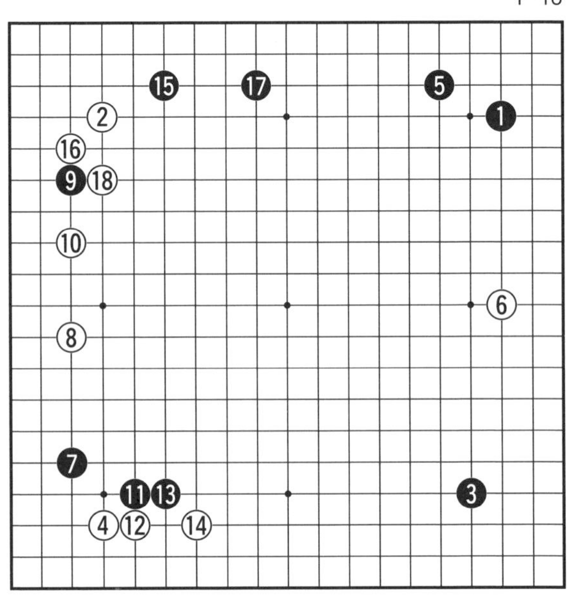

흑9의 걸침에 백10의 협공은 당연한 수. 좌하귀 흑11의 씌움은 보통 세력을 쌓기 위한 작전으로 현 배석 상태에서는 어울리지 않았습니다. 백14로는 더욱 강력한 별도의 수가 있었습니다.

백14로는 백1로 한 번 더 밀기

백14로는 백1로 한 번 더 밀고 3으로 뛰는 수가 유력했습니다. 이 모양은 좌하귀 흑이 안정하고 싶은 곳에 ⊚의 돌이 먼저 가 있는 모양이라 백의 만족스런 진행입니다.

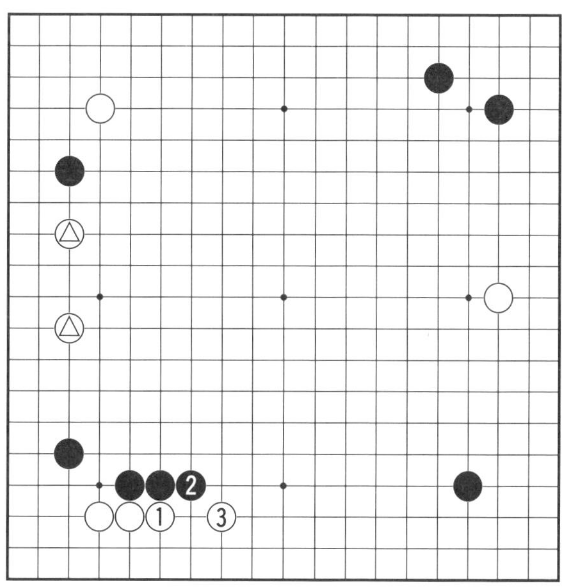

흑1의 벌림

흑1로 좁게나마 벌리는 수는 좋지 않습니다. 백2의 마늘모 붙임이 날카로운 수로 백은 실리를 벌어들이면서 흑을 공격해 충분한 모양입니다.

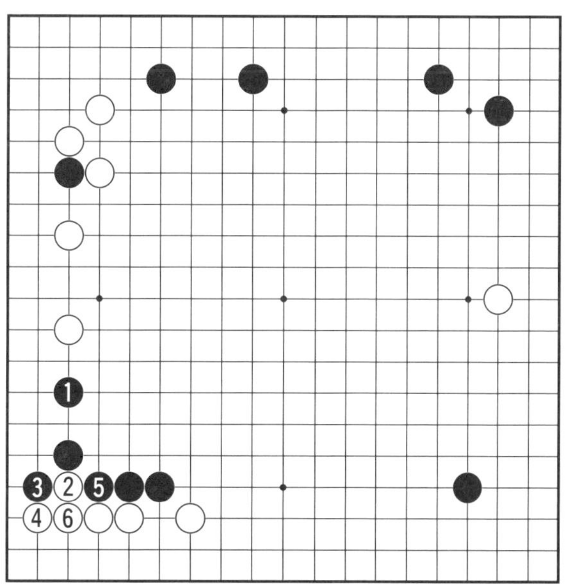

정해

흑1의 붙임이 좋은 맥점입니다. 주위의 백돌이 강하므로 흑은 이 붙임수로 자연스럽게 타개하는 것을 목표로 하는 작전입니다.

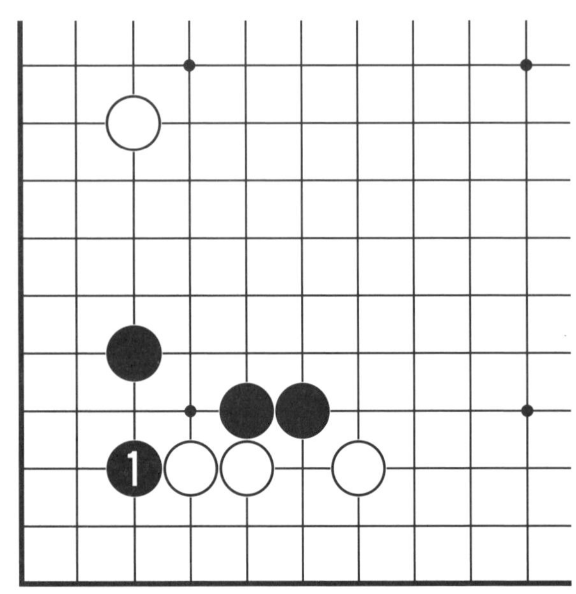

정해도

흑3으로 이어 완전히 삶

흑1의 붙임에 2로 꽉 이어온다면 흑 역시 3으로 두텁게 연결해 완전한 삶의 형태입니다. 백4의 벌림에는 흑도 우변 5로 다가서서 불만 없는 진행입니다.

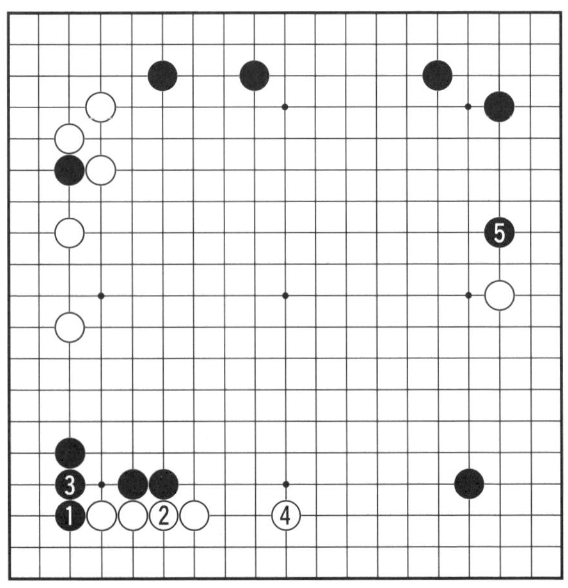

흑3의 리턴이 급소

흑1의 붙임에 백2로 밀어
온다면 흑3으로 돌아오는
수가 급소. 백4의 뜀에는
흑5, 7로 끊어 백a의 수
를 방지한 뒤 발 빠르게
우변으로 진출해 흑의 호
조입니다.

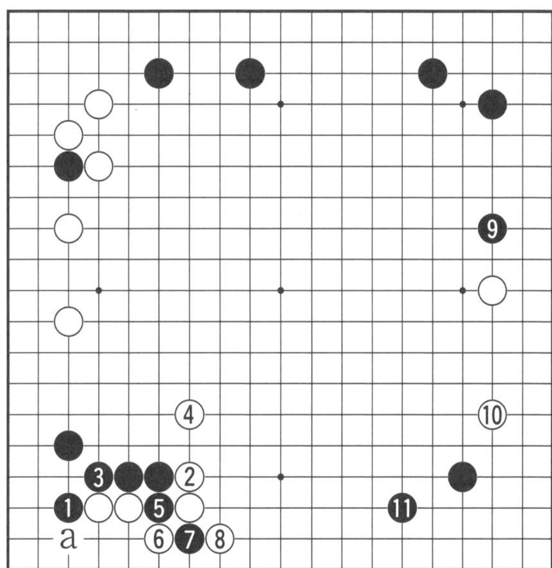

흑1의 붙임에 백2로 머리
를 내민다면 흑5, 7로 두
어 백8로 받기를 기다린
후에는….

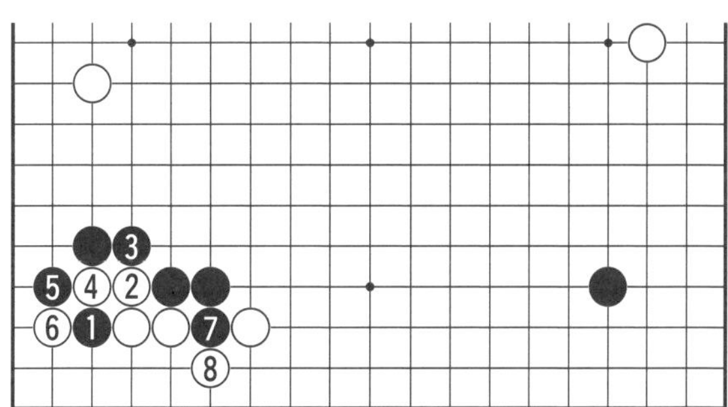

이전 그림에 이어서 흑1,
3으로 축이 되는 모양. 백
4, 6에는 흑7, 9의 장문
으로 백의 불만인 진행
입니다.

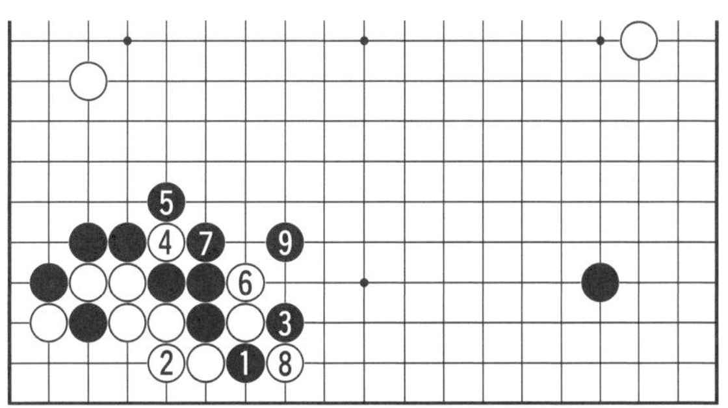

흑선	제5국
	장면도

좌상귀의 공방

△로 끊어온 장면입니다. 흑은 어떻게 대응하는 것이 좋을까요?

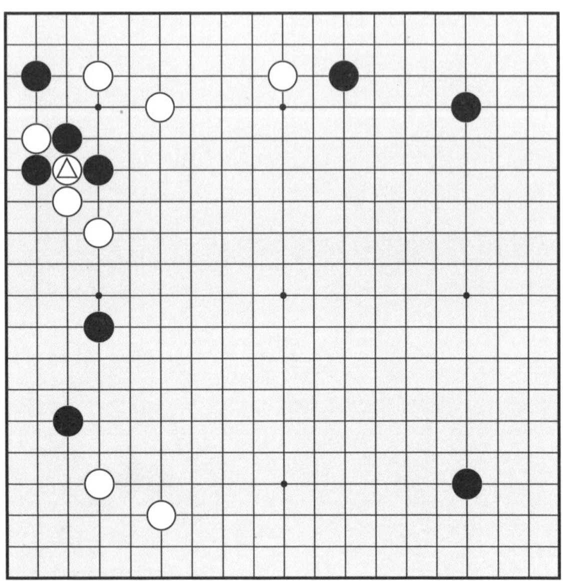

수순도

백16은 의문

1-18

좌상귀 흑5 이하 9까지 간명한 정석의 선택입니다. 좌하 백14로 받는 수는 좌변 백a의 협공 쪽이 더 좋았습니다. 흑13의 벌림 수가 절대적인 호점으로 흑15로는 b로 한 칸 뛰는 수가 좋습니다. 백16으로 붙인 수는 백의 착각입니다.

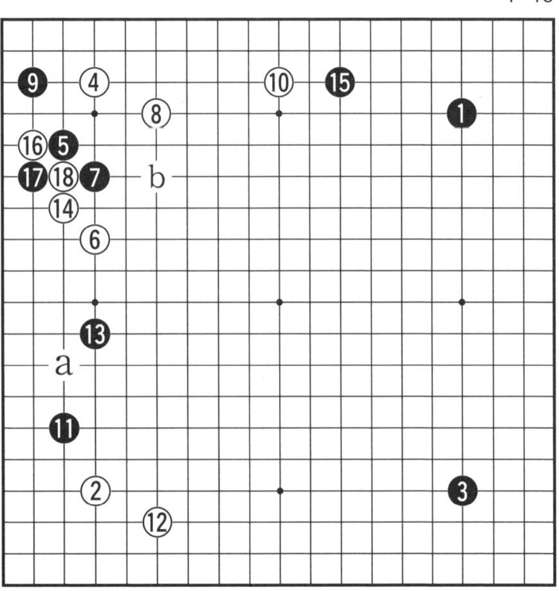

백16으로는 백13으로 뜀

백16으로는 13으로 뛰는 수가 좋았습니다. 흑2의 진출을 기다려 백도 3으로 따라 나가서 싸우는 것이 이제부터 시작인 한 판의 바둑입니다.

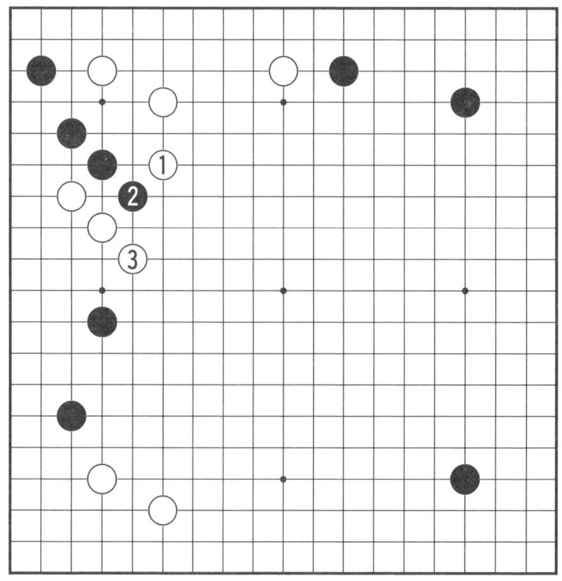

흑1로 단수

흑1로 단순히 잡는 수는 백의 주문에 걸려든 수입니다. 백2로 끊는 수가 통렬해 흑3에는 백4로 연결하여 ◈의 돌이 분단되어서는 백의 만족스러운 진행입니다.

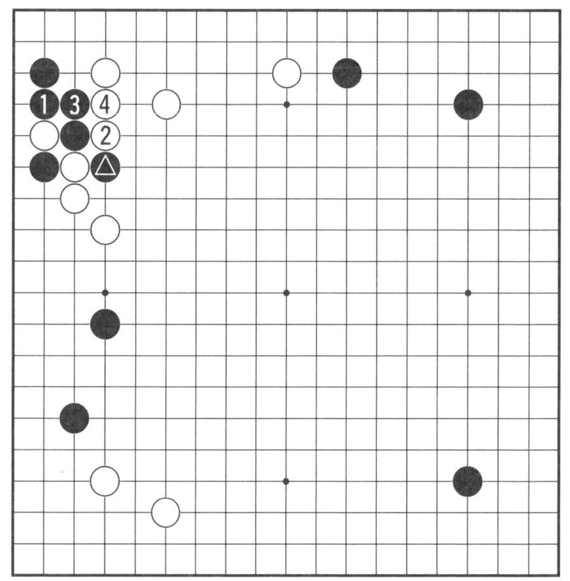

정해

흑1의 호구이음이 좋은 수입니다. 백에게 기대는 전법으로 실전에서 자주 등장하는 형태입니다.

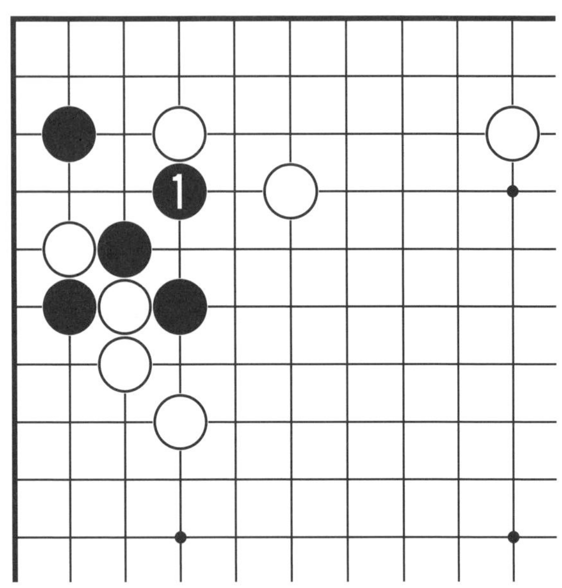

⚠의 돌을 잡아 흑의 성공

흑1의 호구이음에 백2로 단수를 쳐 온다면 흑3으로 연결, 백4의 수는 성립이 되지 않습니다. 흑5, 7로 ⚠의 돌을 취해서는 단연 흑이 유리합니다.

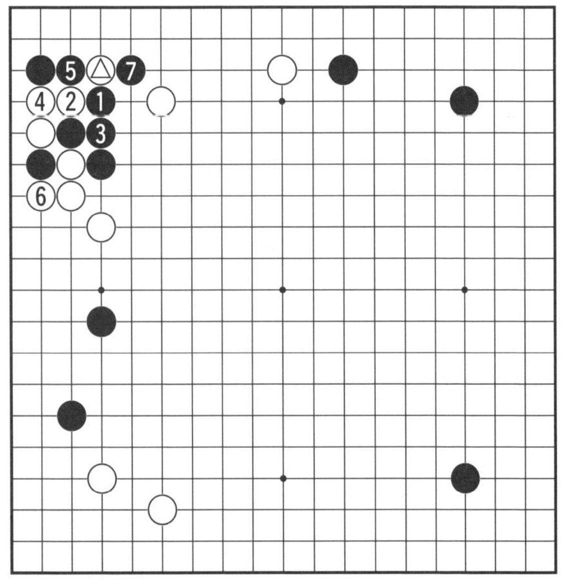

흑3으로 막는 수가 호수

흑1의 호구이음에 백2로 치받아 저항하는 수는 흑3으로 막아두는 수가 호수. 백4로 잡기를 기다려 흑5, 7로 △의 돌을 잡아 흑의 충분한 진행입니다.

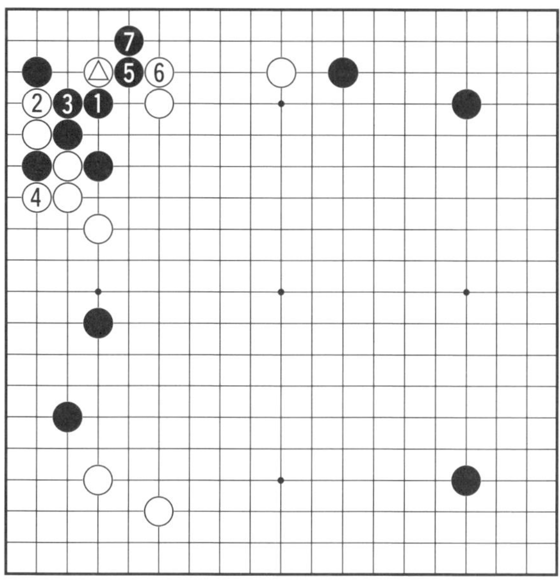

완생인 흑의 호조

흑1의 붙임에 백2로 받는다면 흑3으로 △의 돌을 잡아 흑이 완생한 형태입니다. 백4로 막는 정도이지만 흑5로 우변에 선점해 흑의 만족스러운 진행입니다.

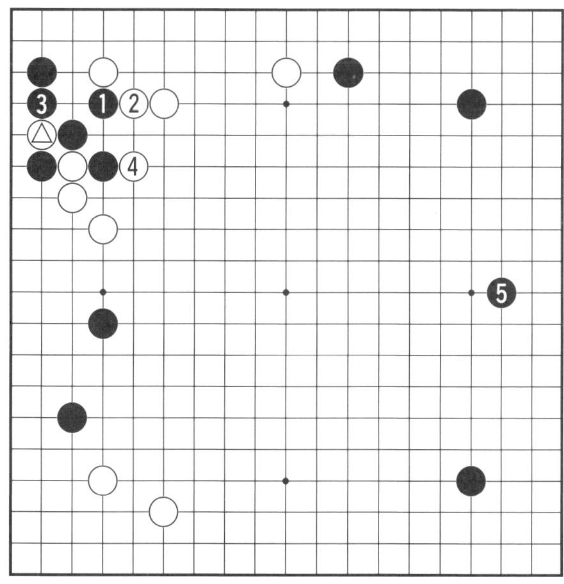

흑선

제6국
장면도

우하귀의 공방

△로 공격해 온 장면입니다. 흑은 어떻게 대응하는 것이 좋을까요?

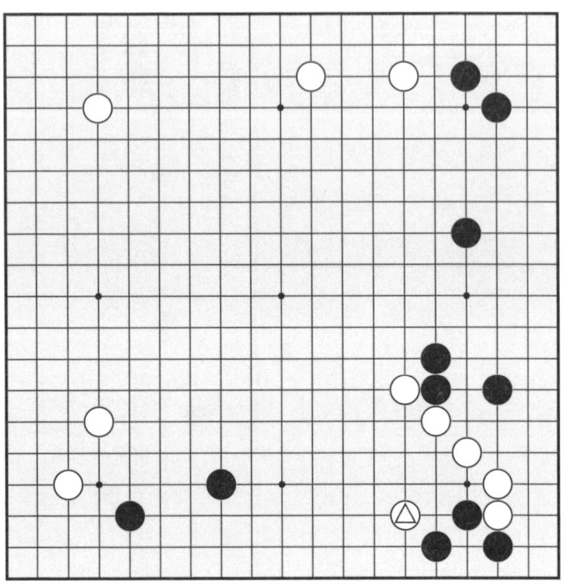

수순도

흑19는 70점짜리 수

우변 흑11의 벌림은 개인의 취향으로 보통은 우하귀를 굳히는 정도입니다. 백18의 마늘모에는 흑19, 21로 붙여 뻗는 수도 있지만 현재 배석 상태에서는 백22의 강력한 수를 불러 그다지 유쾌하지 않은 진행입니다.

1-22

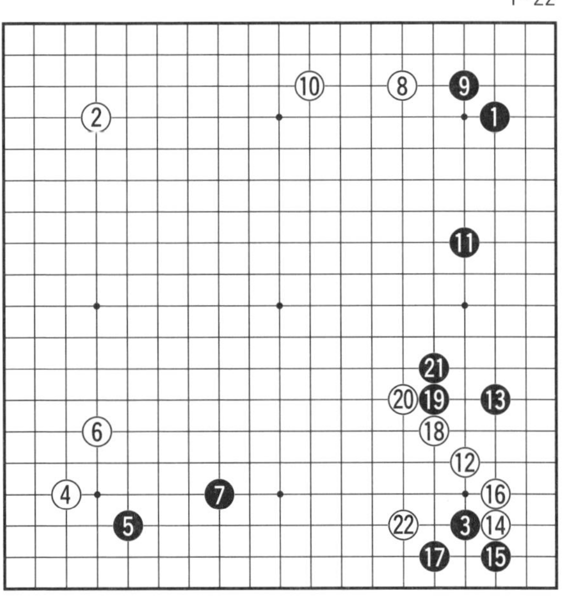

흑19로는 흑1로 하변을 지킴

흑19로는 흑1로 하변을 지켜두는 수가 좋았습니다. 우변 백2의 씌움에는 흑3으로 가볍게 뛰어 처리해 이제부터 시작이라고 할 수 있는 한 판의 바둑입니다.

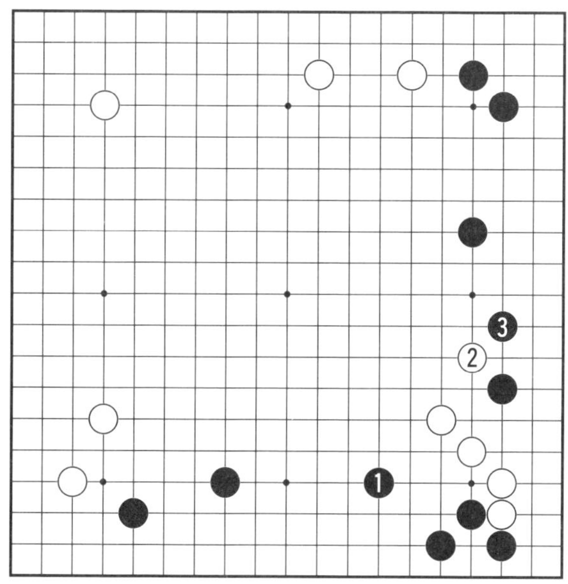

흑1의 마늘모는 완착

흑1로 마늘모로 두는 수는 이상합니다. 백2로 흑3, 5로 두기를 기다려 백6으로 찝는 수가 통렬한 반격의 수. 백8까지 흑이 완전히 걸려든 모양입니다.

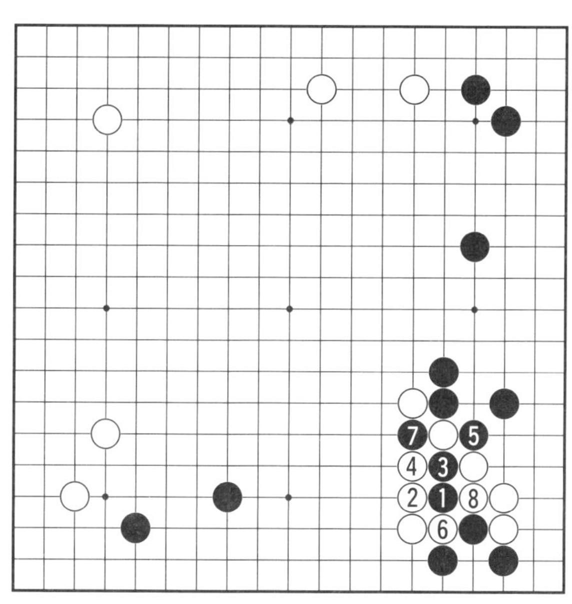

정해

흑1의 붙임이 100점짜리 수입니다. 이 수로 흑의 모양을 정비해나가게 됩니다.

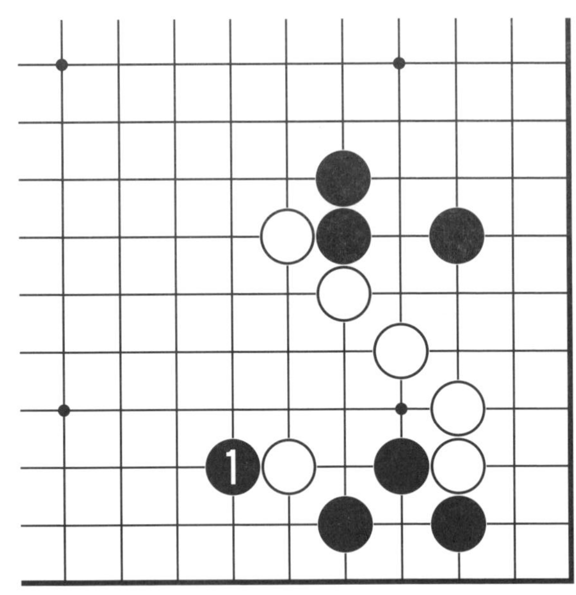

정해도

흑과 백 쌍방 안정된 모습

흑1의 붙임에 백2로 젖혀 온다면 흑3으로 내려뻗는 수가 냉정한 수. 백4에는 5로 한 칸 뛰어 흑과 백 모두 불만 없는 진행입니다.

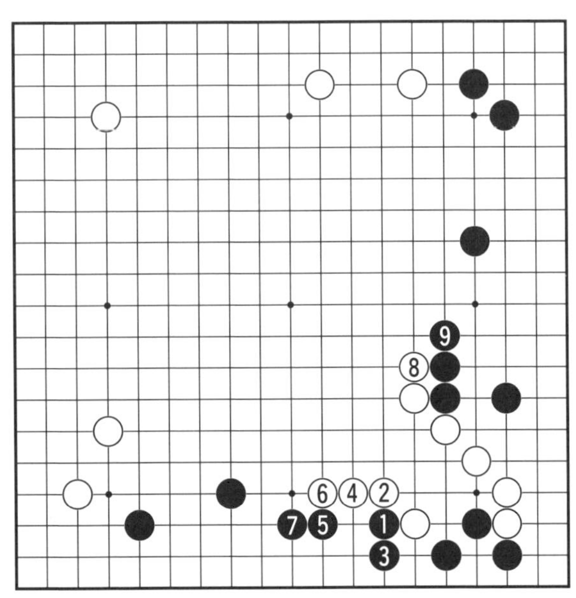

정해변화도

흑3으로 막는 수가 호수

흑1의 붙임에 백2로 끊으려 한다면 흑3으로 막는 수가 통렬합니다. 백4로 젖혀 6으로 이어올 때에는….

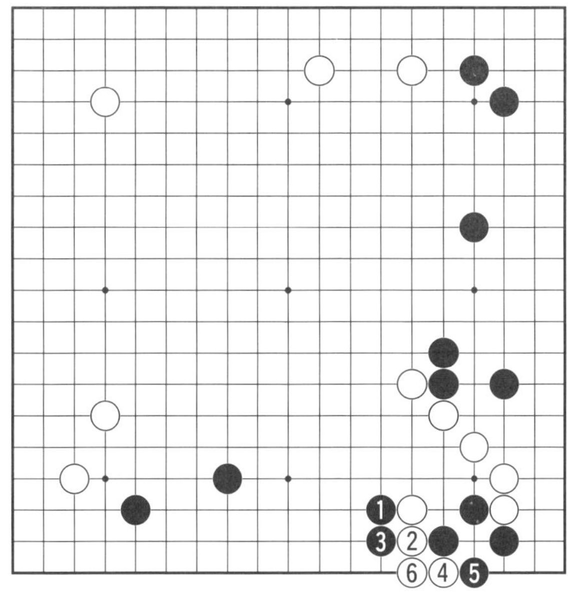

정해변화도 계속

두텁게 세력을 쌓아 흑 충분

이전 그림에 이어서 흑 1, 3으로 패가 되는 형태입니다. 백4의 때려냄에는 흑5로 끊어가는 팻감을 쓰는 것이 요령. 백6으로 비록 패는 지게 되지만 흑7로 뻗어 두터운 세력을 그 대가로 얻어 흑의 충분한 모양입니다.

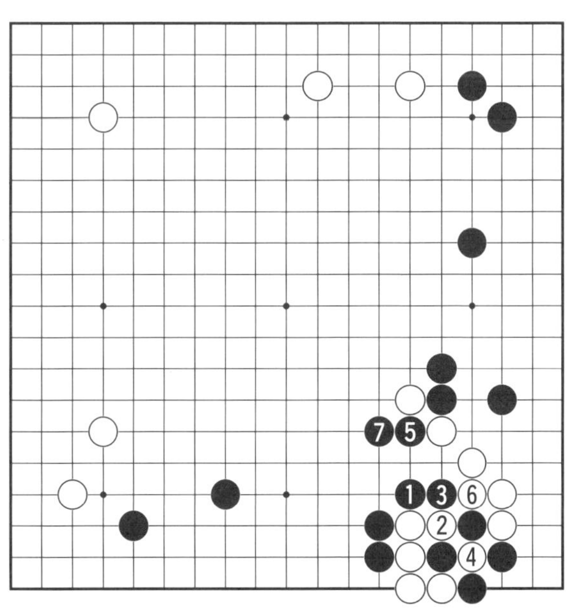

흑선

제7국
장면도

우하귀의 공방

△로 끊어온 장면입니다. 백의 간명한 다음 수는 어디일까요?

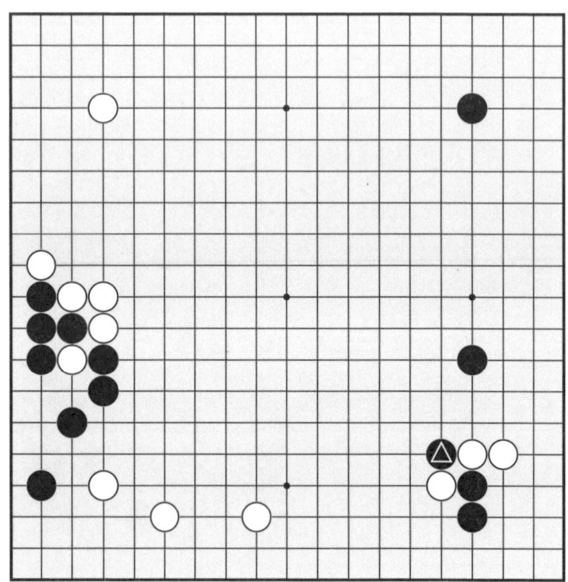

수순도

흑23, 25는 힘자랑

좌변 백8에 흑9, 11은 간명한 선택, 흑13의 끊는 수는 조금 의아한 수로 우하귀를 굳혀두는 수가 좋았습니다. 백22의 씌움에 흑23, 25는 과도한 힘자랑으로 하변 백12가 먼저 와 있어 흑이 불리한 싸움이 전개됩니다.

1-25

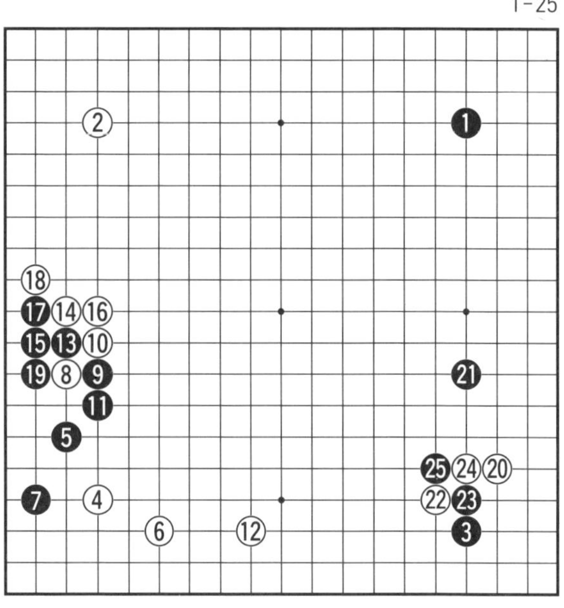

흑23으로는 흑1이 무난한 수

수순도의 흑23으로는 백
1로 밀어가는 수가 무난
했습니다. 백2, 4에는 흑
5로 변을 지켜둔 후 백
6으로 막아왔을 때 7로
한 칸 뛰어서 지켜 호각
의 진행입니다.

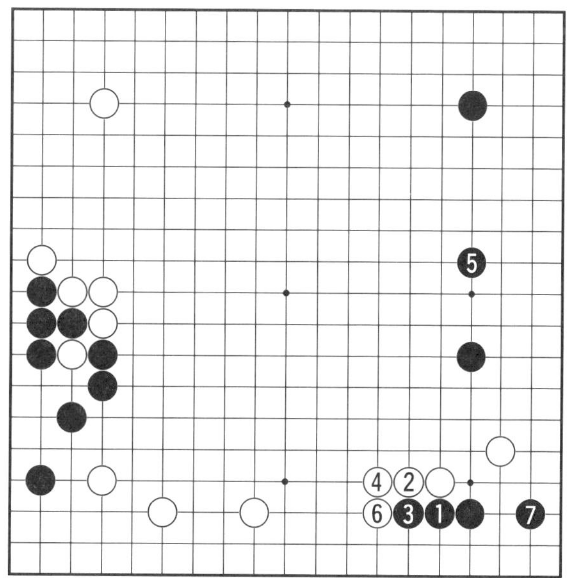

백1로 단수

백1로 단수치는 수는 욕
심이 과한 수. 백3으로 호
구로 잇기를 기다려 4로
뻗는 급소를 허용해 백의
부담스러운 진행입니다.

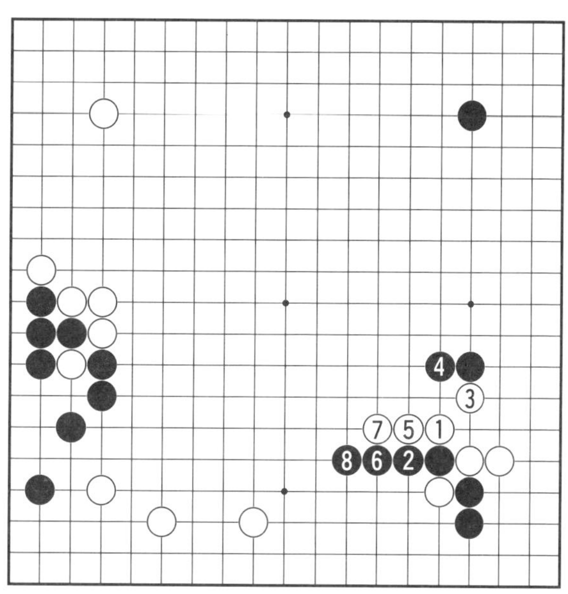

정해

백1로 붙여가는 수가 멋진 맥점입니다. 백은 ▲에게 기대어 보기 좋게 타개해나가게 됩니다.

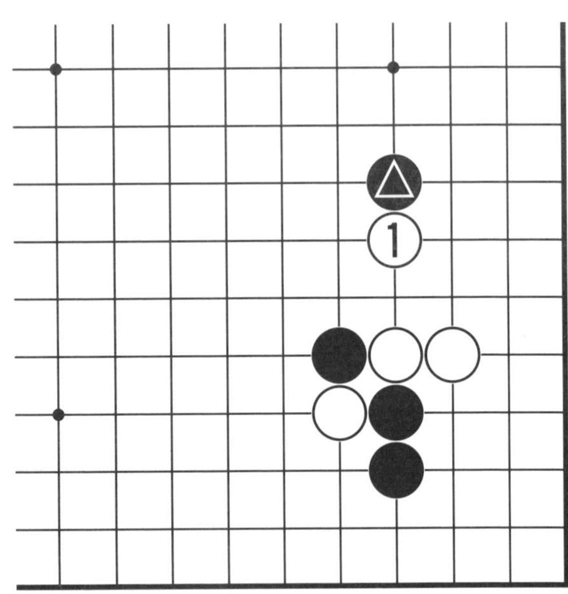

정해도

백3으로 느는 수가 간명

백1의 기대기 전법에 흑2로 뻗는 것은 일반적인 수. 이때 백3으로 늘어두는 수가 간명하여 흑4의 장문에는 백5로 젖혀두어 부분적으로는 호각이지만 전체적인 배석 상황으로 보아 백의 불만 없는 진행입니다.

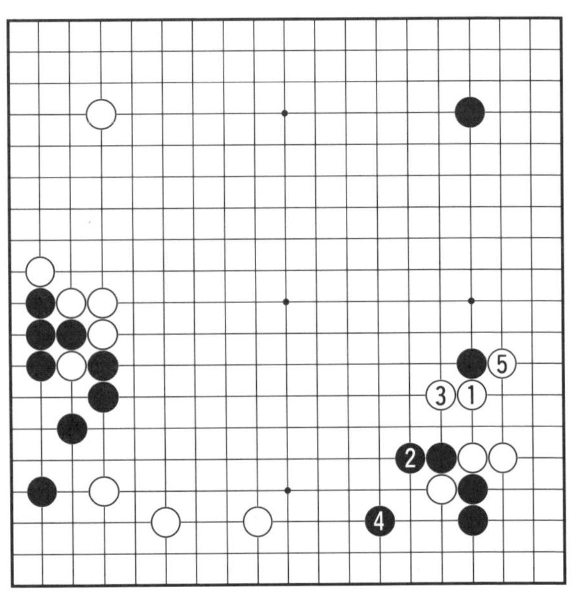

백3, 5가 통렬한 맥점

백1의 붙임에 흑2로 뻗는 수는 대환영입니다. 흑 6에 백7 이하 11까지 하변 ⚠의 착점이 빛나 백의 충분한 진행입니다.

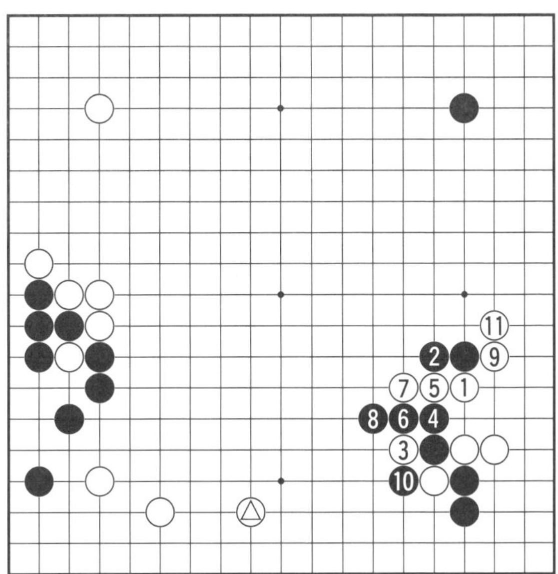

백1의 붙임에 흑2로 막아 선다면 백3, 5로 뚫고 백7로 끊어 흑8로 늘어오기를 기다리는 수가 좋은 수순입니다.

이전 그림에 이어서 백1 이하 7까지 간명히 ⚠ 두 점을 취해 백의 대성공입니다.

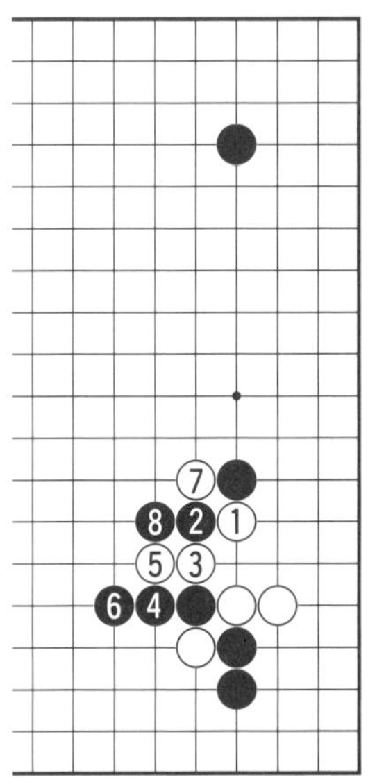

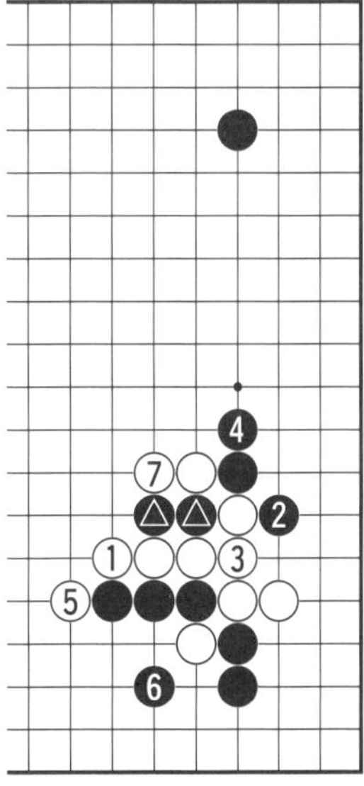

흑선

제8국
장면도

좌상귀의 공방

◎로 단수를 쳐 온 장면입니다. 흑은 어떻게 대응하는 것이 좋을까요?

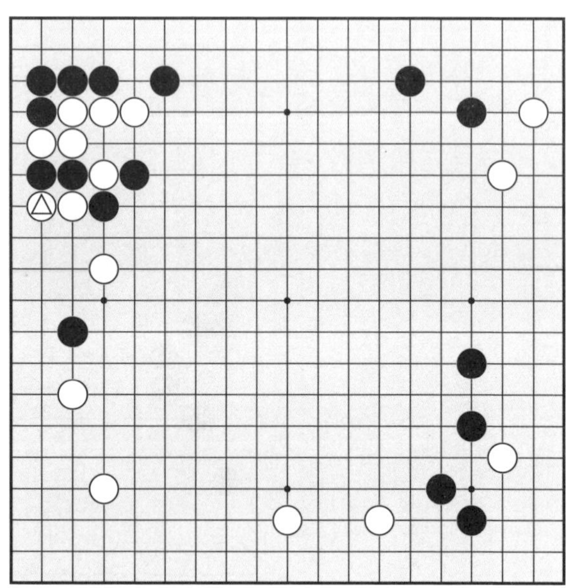

수순도

좌상귀 흑27은 날카로운 노림수

1-32

좌상귀 흑5 이하 15까지 기본 정석의 진행. 백18, 20은 하변의 실리를 중시한 취향. 좌변 흑25의 침입은 좋은 수로 백26은 이렇게 다가서고 싶은 장면이지만 보다 무난한 작전이 있었습니다. 좌상귀 흑27은 날카로운 노림을 지닌 강수입니다.

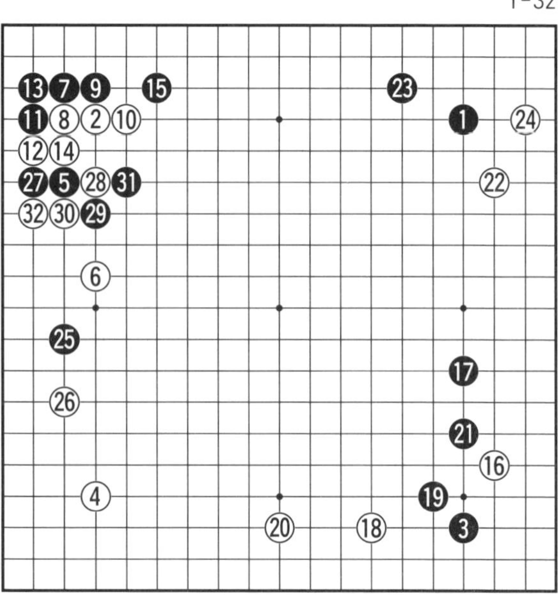

백26으로는 백1의 차렷이 무난한 수

수순도의 백26으로는 백
1로 가만히 차렷해두는
수가 좋았습니다. 흑2로
벌리는 수를 허용하지만
백3, 5로 받아 추후의 공
격을 노려 호각의 진행입
니다.

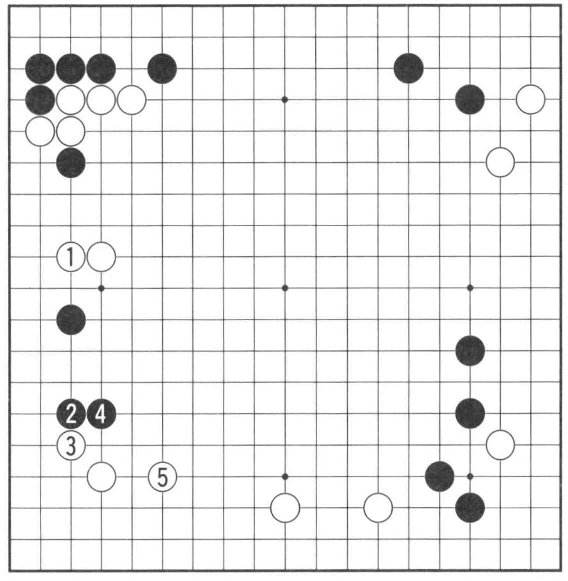

흑1의 따냄

흑1로 따내는 수는 백의
주문입니다. 백2의 건너
가는 수가 좋아 흑3, 5의
끊음은 성립하지 않습니
다. 백6으로 단수를 쳐 요
석을 잡은 백의 만족스러
운 진행입니다.

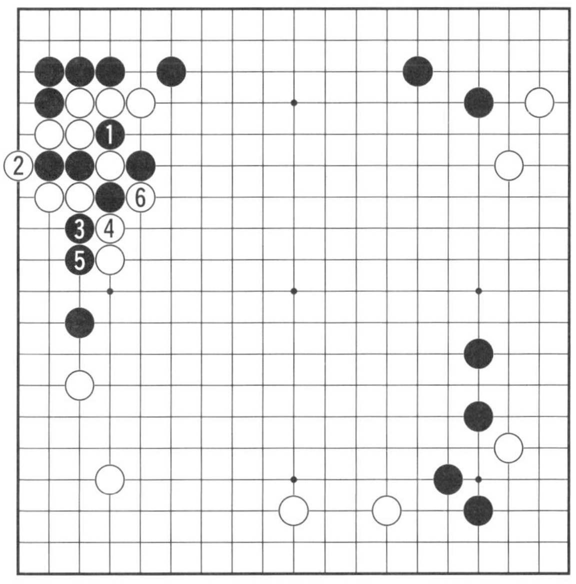

정해

흑1이 세 번 느는 묘
수입니다. 이 수로 백
을 분단시켜 서로 미
생의 말을 추궁해가려
는 작전이라고 할 수
있습니다.

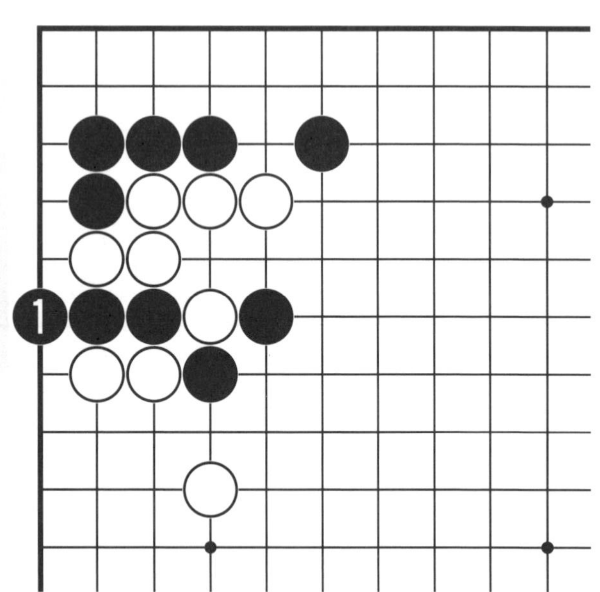

정해도

흑3으로 치받는 수가 급소

흑1에는 백 이음이 절대
적인 한 수. 이때 흑3으로
치받는 수가 호수로 백
4의 끊음에는 흑5로 돌파
해나가는 형태입니다. △
의 돌이 폐석화되어 흑의
만족입니다.

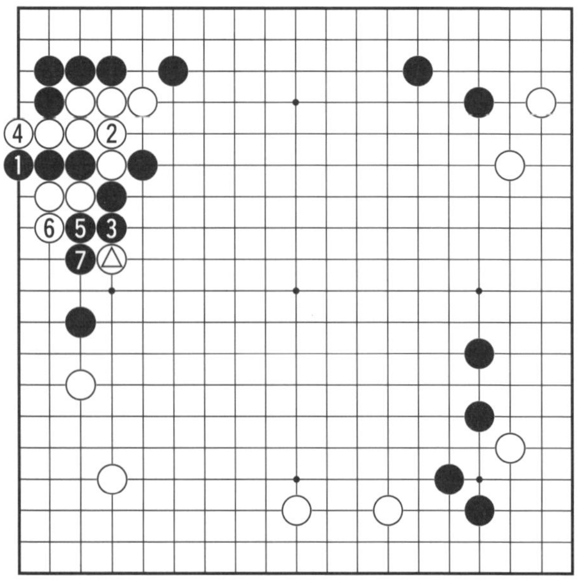

흑7로 잇는 수가 냉정

흑3의 치받음에 백은 4로 뻗는 정도가 보통이지만 흑5로 연결해가는 수가 냉정한 착점입니다. 백 6에는 7로 이어두는 수가 두터운 수로 뒷맛을 깔끔히 없애는 요령입니다. 백8로 늘어왔을 때에 는….

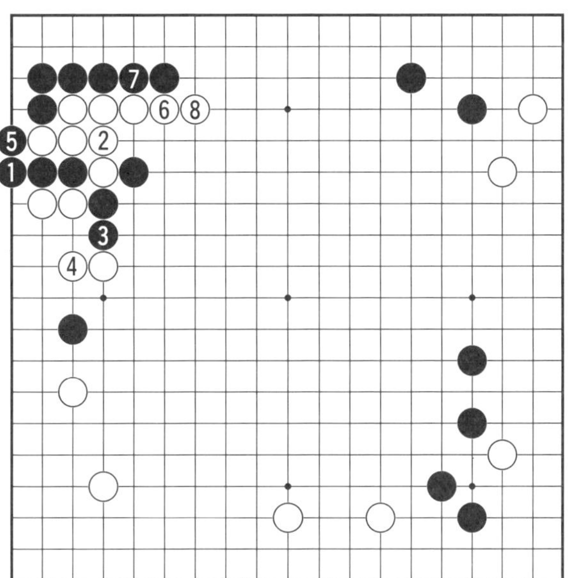

이전 그림에 이어서 흑 1로 젖혀가는 수가 좋은 착상입니다. 백2, 4에는 흑5, 7로 활용하여 흑돌을 강화시킨 후, 흑9로 상변 백을 공격하는 수가 돌아와 흑 호조의 진행입니다.

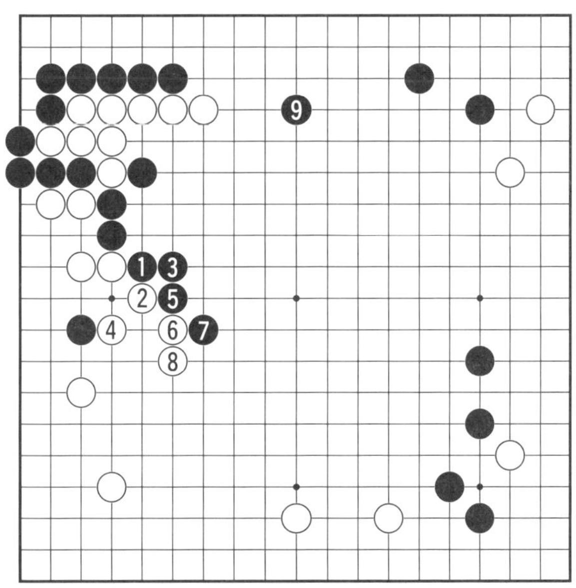

좌상귀의 공방

흑선 | 제9국 | 장면도

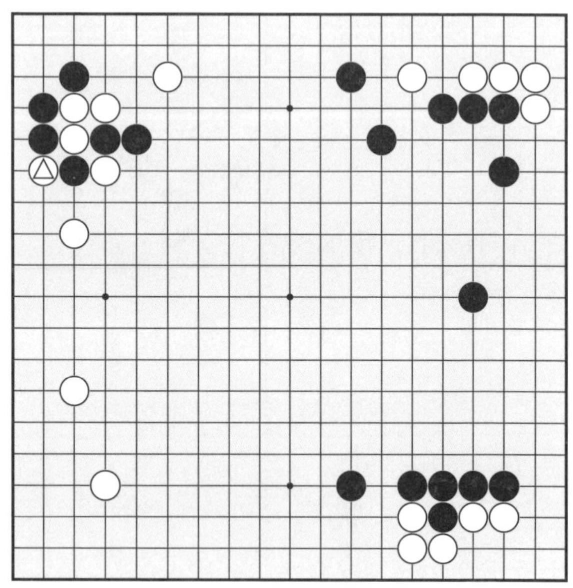

⚠로 끊어온 장면입니다. 흑은 어떻게 두는 것이 바람직할까요?

수순도

좌변 백38은 악수

1-38

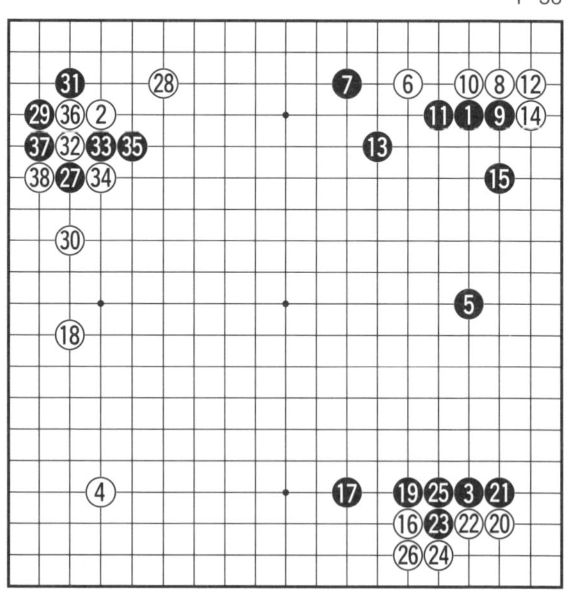

하변 흑17의 협공에 좌변 백18로 손을 뺀 수는 의문의 착점. 흑19로 붙여가는 수가 통쾌합니다. 좌상 백32에 흑33은 날카로운 수이지만 백38은 악수였습니다.

참고도

백28로는 백1로 막음

백38로는 백1로 막아두는 수가 좋았습니다. 흑2로 치받을 때 백3으로 귀를 잡는 것이 호수. 흑은 a로 젖혀 백의 조금 불만인 진행입니다. 그래도 이렇게 두는 것이 백으로서는 최선의 모양이었습니다.

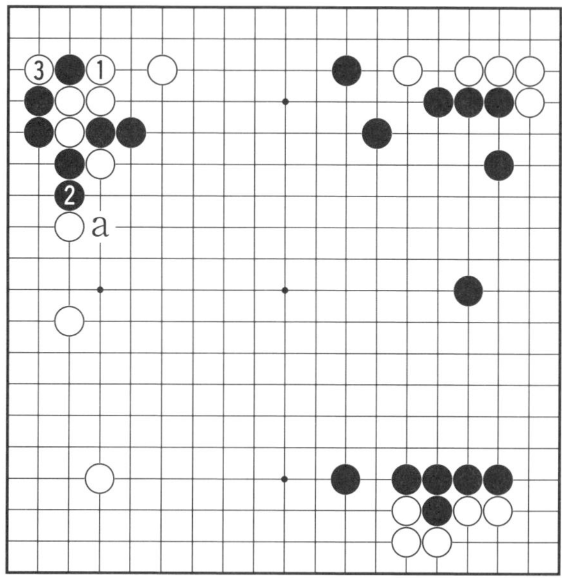

실패도

흑1로 나감

흑1로 단순히 나가는 수는 이상한 수입니다. 백2, 4로 가로막아 백8까지 백에게 허용하게 되어, 백은 흑 미생마를 이용하여 우변 흑 세력을 자연스럽게 견제할 수 있어 대성공입니다.

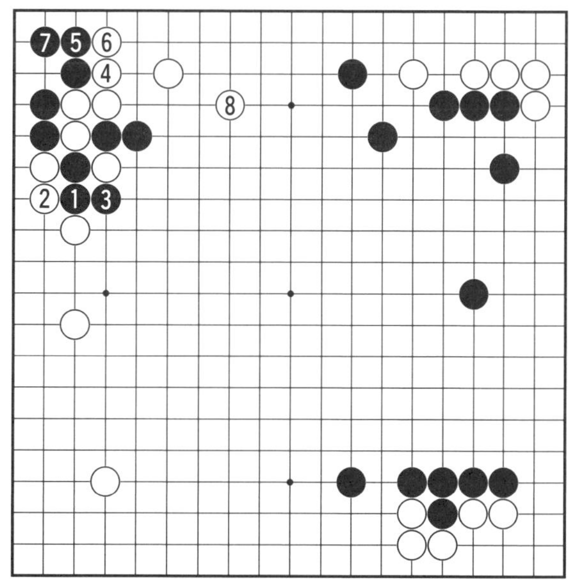

정해

흑1의 붙이면서 치는 장문이 좋은 테크닉. △를 분단하는 가장 강력한 수단이기도 합니다.

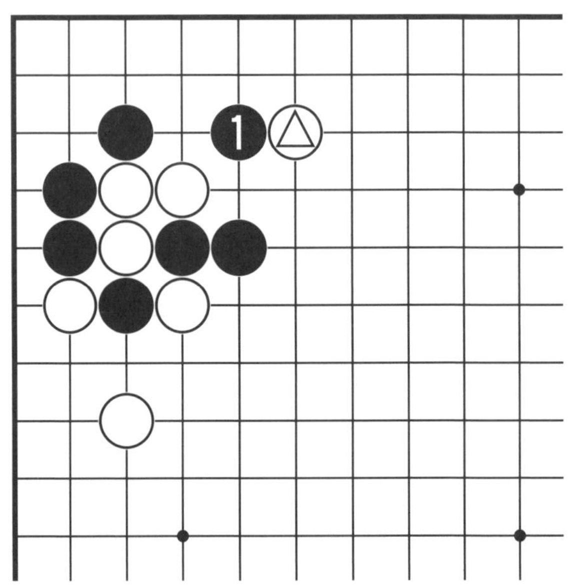

정해도

△를 분단시켜 흑의 대성공

흑1의 붙임에 백2로 저항한다면 흑3, 5까지 단수를 활용한 후 7로 지킵니다. 상변 △의 돌이 외롭게 되어 흑의 대성공입니다.

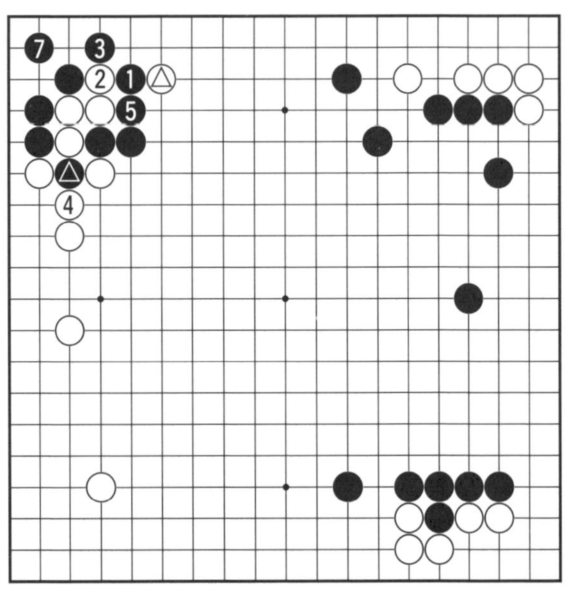

흑5로 선수 활용

흑1의 붙임에 백2의 방향으로 나가려는 수 역시 무리가 따릅니다. 흑3, 5를 선수로 활용한 후 백6으로 이을 수 밖에 없을 때에는….

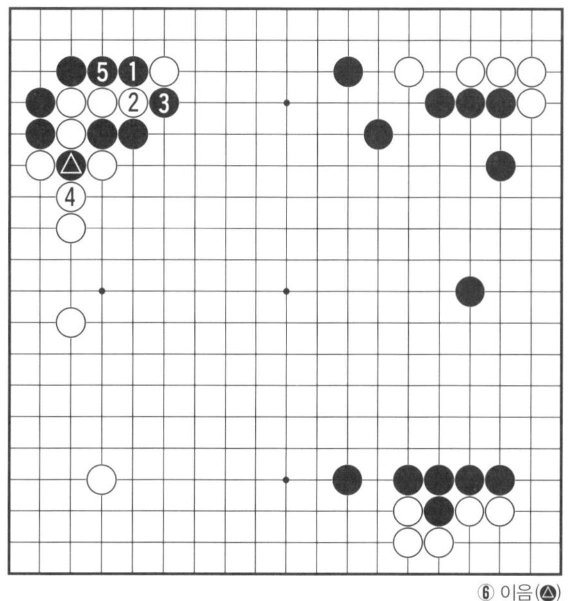

⑥ 이음(△)

흑의 실리가 돋보임

이전 그림에 이어 흑1로 튼튼히 △의 돌을 제압해두어 충분한 모양입니다. 백2의 양단수에는 흑3으로 요석을 연결해 △를 잡은 흑의 단연 유리한 진행입니다.

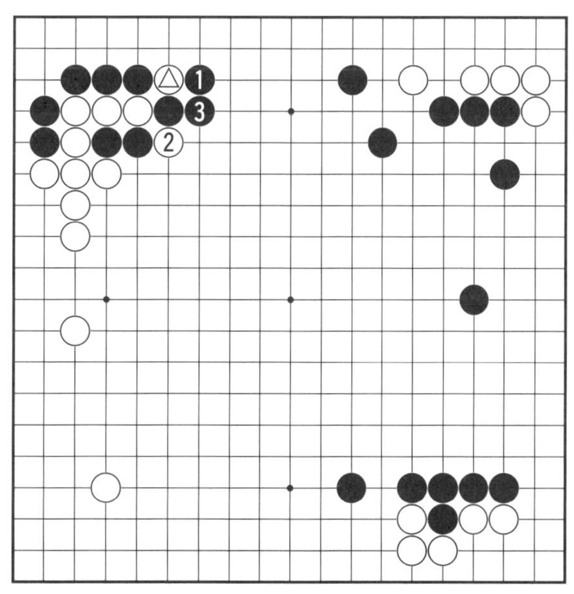

흑선

제10국

장면도

좌변의 공방

△로 단수를 쳐 온 장면입니다. 흑은 어떻게 두는 것이 최선일까요?

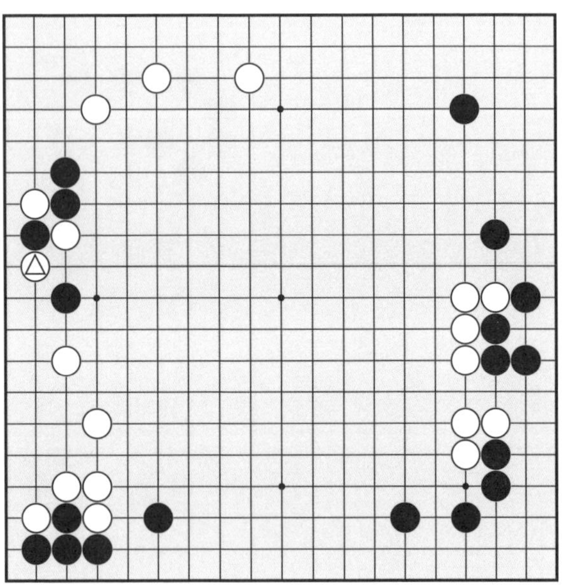

수순도

좌하귀 백26은 느슨한 수

우변 흑17은 노림수입니다. 좌하귀 백26은 느슨한 수로 흑27의 3.3침입을 허용하게 됩니다. 흑33까지 흑의 불만 없는 포석. 좌변 백34의 침입에 흑의 대처가 쟁점인 장면입니다.

1-38

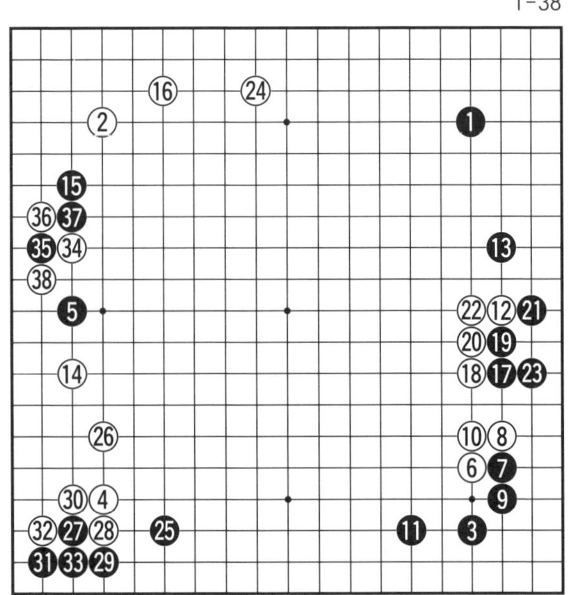

백26으로는 백1로 지킴

백26으로는 백1로 귀를
지켜 실리를 벌어들이는
수가 좋았습니다. 흑2 이
하 백5까지 원만한 진행
으로 이제부터 시작인 한
판의 바둑입니다.

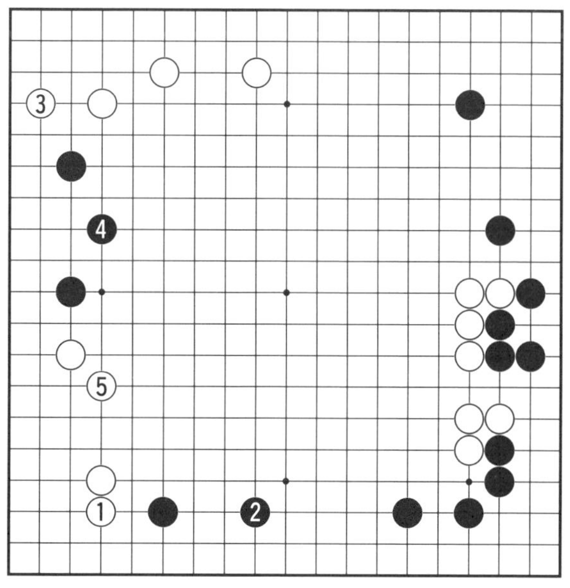

흑1로 돌려치기

흑1로 돌려서 치는 수는
백의 주문에 걸려든 수입
니다. 백2로 잇고 흑5의
단수에는 6으로 한 칸 뛰
어 귀를 지키는 수가 호
수. 이 진행은 근거를 빼
앗긴 흑의 약간 불만인
모습입니다.

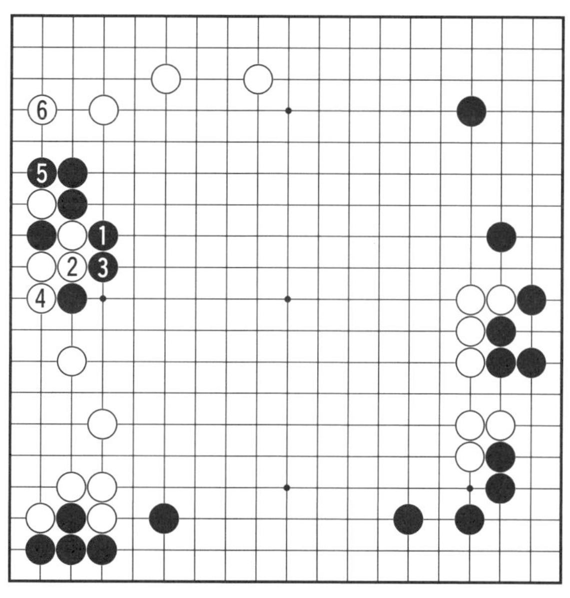

정해

흑1로 변에서 단수치
는 수가 솜씨 좋게 타
개하는 수입니다. 흑
a의 점을 보류하면서
귀의 변화를 꾀하는
수단이라고 할 수 있
습니다.

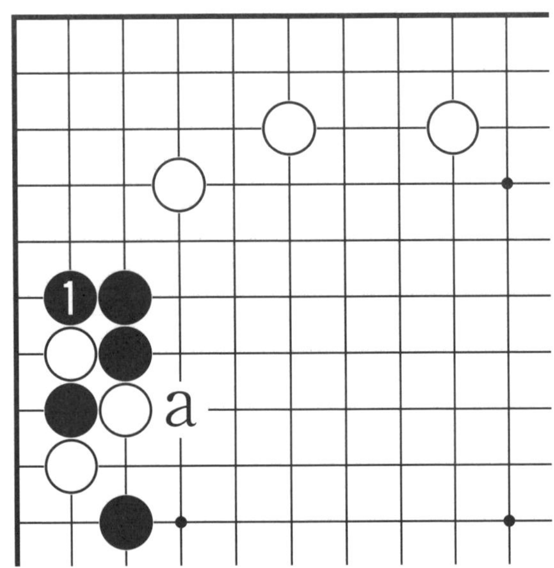

정해도

흑1의 단수에 백2로 따낸
다면 흑3으로 돌려치는
수가 호수. 백6으로 넘는
수를 기다려….

정해변화도 계속

이전 그림에 이어 흑1로
3.3에 침입해 귀의 실리
를 빼앗습니다. 흑a로 넘
는 뒷맛도 남아 흑의 만
족입니다.

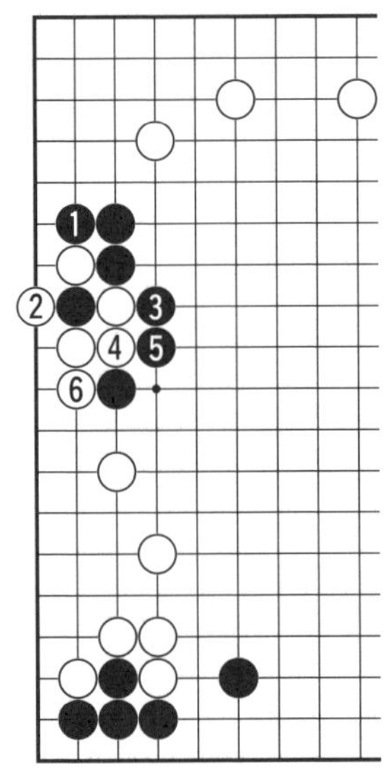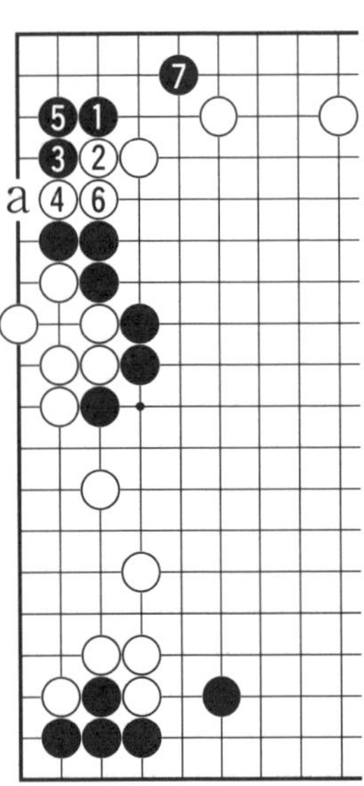

흑1에 백2로 꽉 잇는 수
는 흑a를 방지하고자 하
는 수. 흑은 3으로 뛰어들
어 귀를 차지하게 됩니다.

흑5의 넘음에 백6으로 끼
워 끊으려 한다면 흑7 이
하 11로 완전히 살아두어
흑은 불만 없는 모습입
니다.

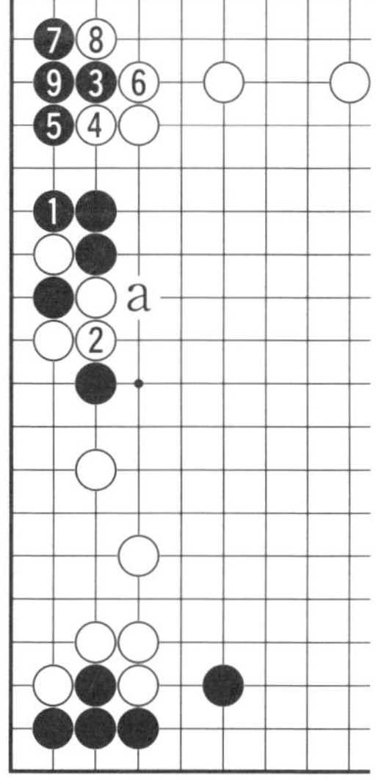
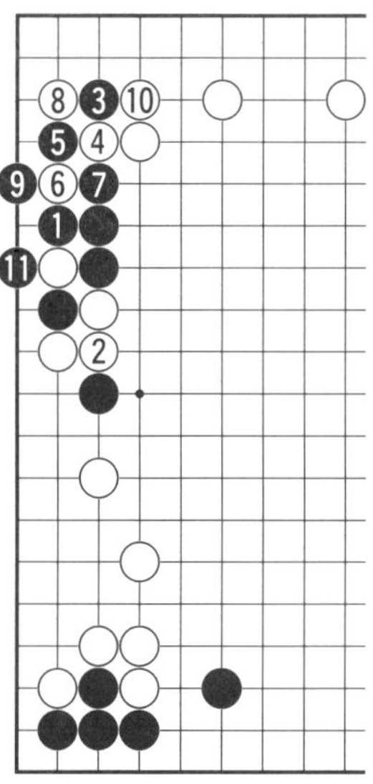

흑3으로 끊는 수가 맥점

흑1로 돌려서 치는 수는
백의 주문에 걸려든 수입
니다. 백2로 잇고 흑5의
단수에는 6으로 한 칸 뛰
어 귀를 지키는 수가 호
수. 이 진행은 근거를 빼
앗긴 흑의 약간 불만인
모습입니다.

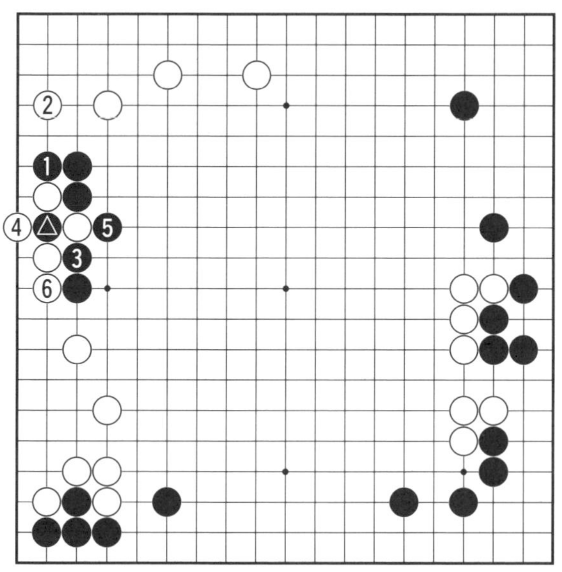

바둑을 잘 두는 비결은 꾸준히 하는 것이다

바둑을 시작한 지 얼마 되지 않은 사람들은 단시간 내에 수를 잘 두는 비결이 무엇인지 궁금해 한다. 그러나 유감스럽게도 바둑은 꾸준히 최선을 다해 두는 것 밖에는 다른 길이 없다. 실제로 바둑을 잘 두는 비결은 아주 간단한 방법부터 시작해서 매우 다양하다.

예를 들면 상대방이 착수를 하자마자 기다렸다는 듯이 두는 수가 있는데 이것은 단순히 예의만의 문제는 아니다. 바둑은 생각하는 놀이이기 때문에 상대방이 두고 나서부터 생각해도 늦지 않는다. 이를 간과하여 덜컥 수를 두게 되는 초·중급자는 이 습관만 고쳐도 2점 정도는 간단히 세질 수 있다. 또 다른 방법으로는 바둑 격언을 몇 개라도 외워보는 것이다. 이것만으로도 이전과는 다른 발상을 가질 수 있다.

이외에 다른 사람의 바둑을 그대로 따라 하기를 추천하는 프로 기사도 있다. 상대방의 수에 정반대 수를 착점하는 것은 창의성 없이 그저 흉내 내기에 지나지 않는다고 말하는 이들도 있지만, 흉내 바둑에도 엄연히 바둑의 정수라고 말할 수 있는 중요한 요소들이 존재한다. 맛보기 자리를 금방 알아챌 수 있게 되고, 상대방의 손을 따라 두는 수를 방지하며 바둑판 전체를 보는 눈을 키우는 습관을 익힐 수 있다. 자신이 두어보는 것만으로 만족하지 못한다면 흉내 바둑으로 실력을 향상시켜 보자. 이외에도 바둑 실력을 향상시키는 지름길은 많이 있지만, 나머지는 다음 권에서 소개한다.

정해도 일람

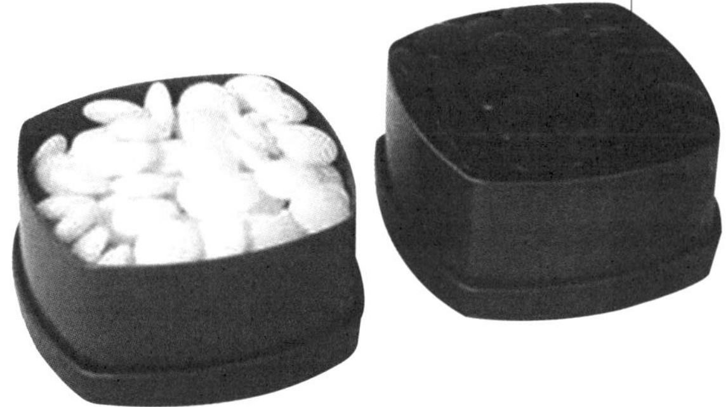

제1국

모양을 수습할 때의 단수 (10쪽)

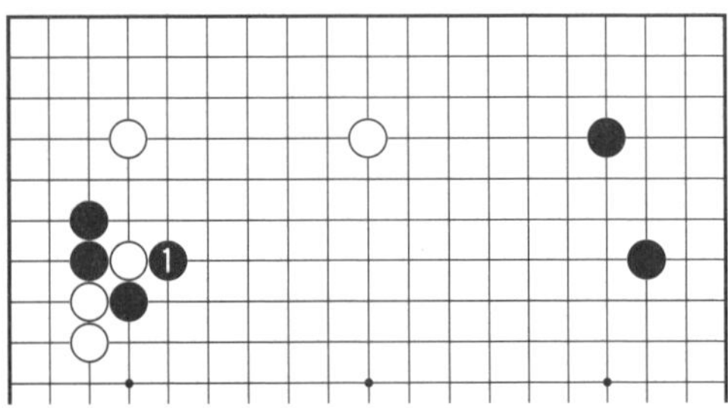

제2국

끼워 붙이는 수가 날카로운 맥점 (14쪽)

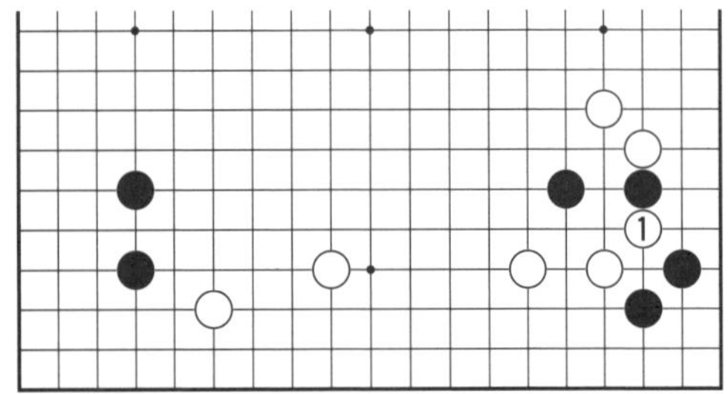

제3국

끊는 수로 수습 (18쪽)

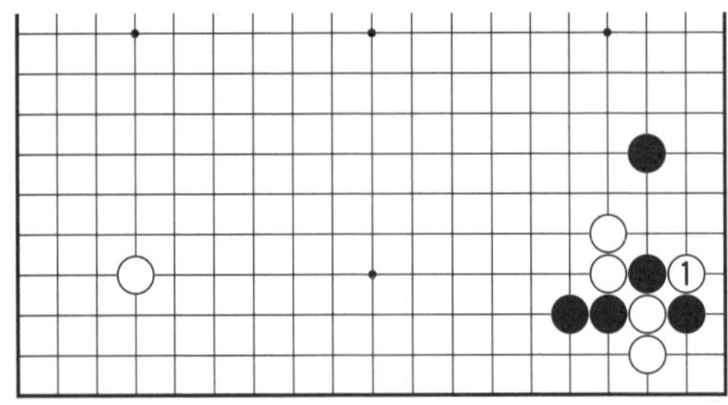

제4국

꽉 눌러 제압하기 (22쪽)

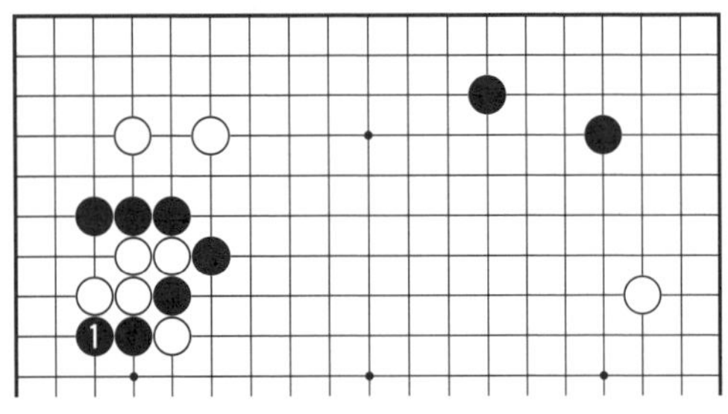

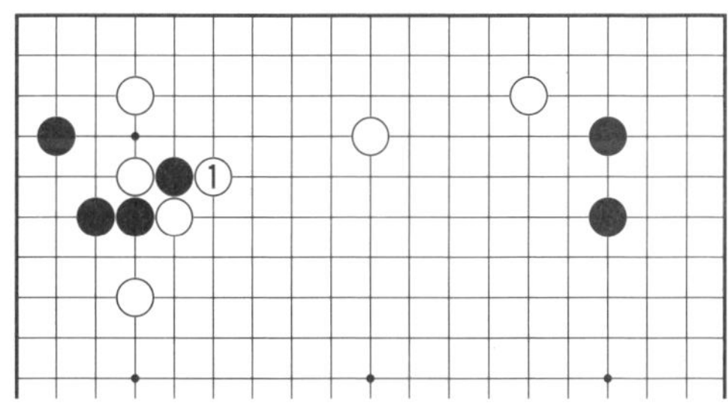

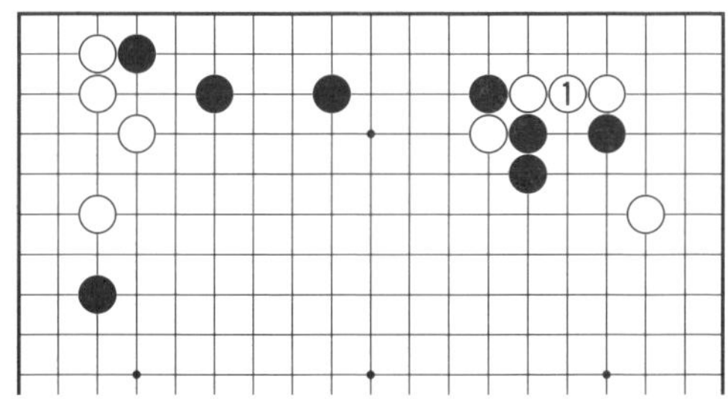

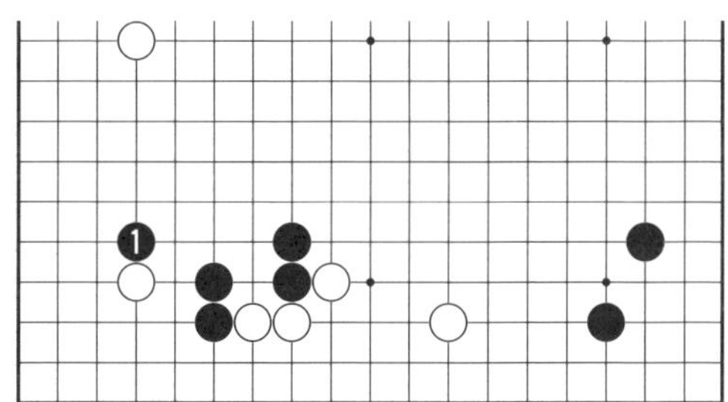

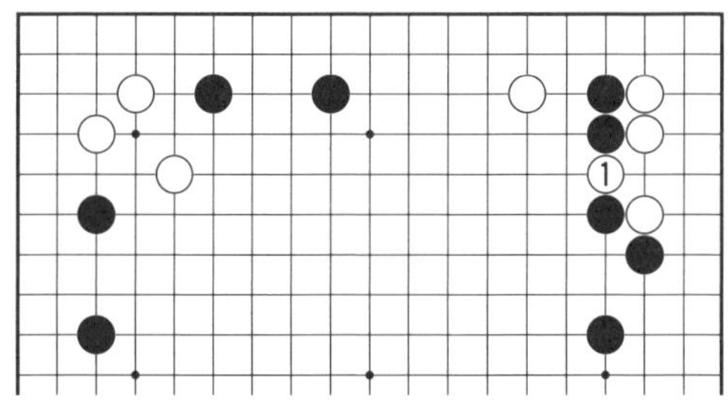

PART 2. 정해도 일람

제3국

붙여서 반발하기 (60쪽)

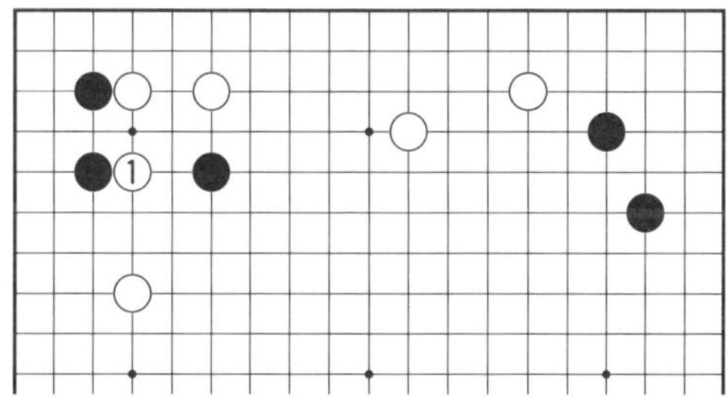

제4국

붙여서 돌파하기 (64쪽)

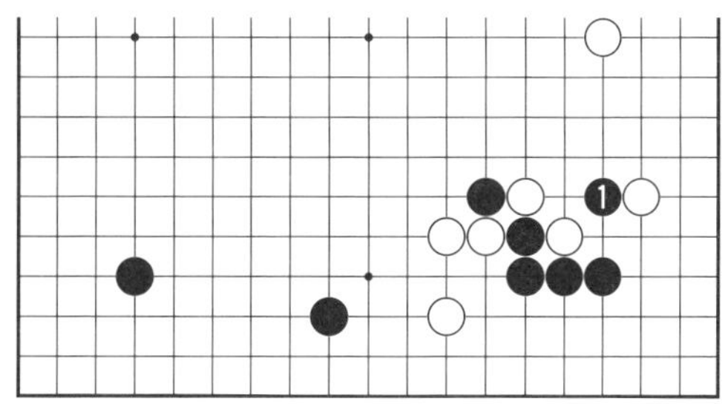

제5국

치받는 것이 바른 응수 (68쪽)

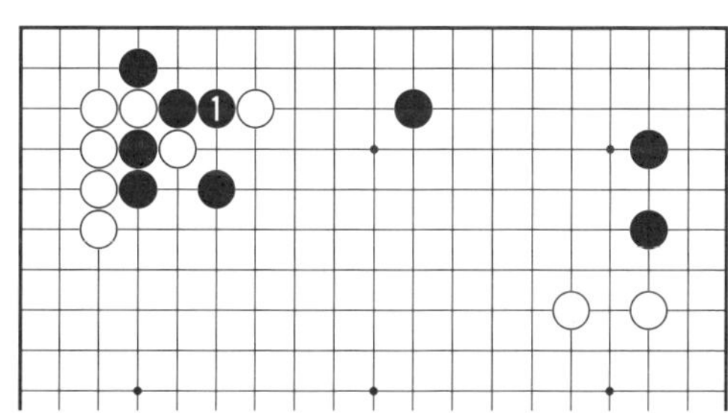

제6국

마늘모로 엷게 만들기 (72쪽)

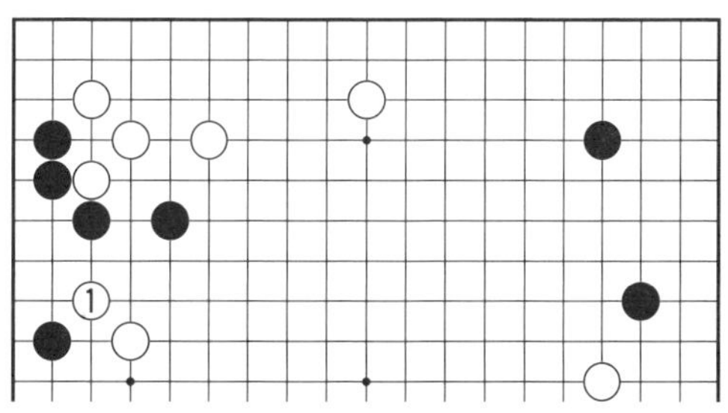

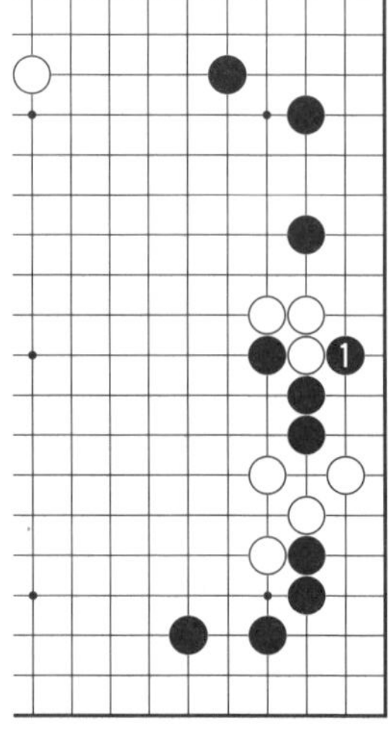

제7국

젖히는 수가
일석이조의
맥점 (76쪽)

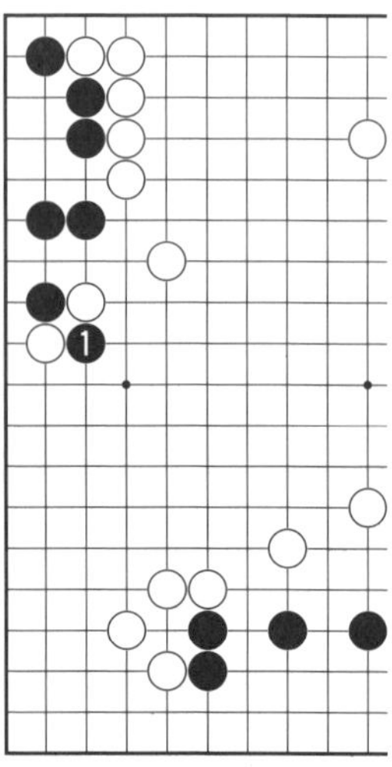

제8국

끊어서 타개
하기 (80쪽)

제9국

강력한 이단젖힘으로 끊기 (84쪽)

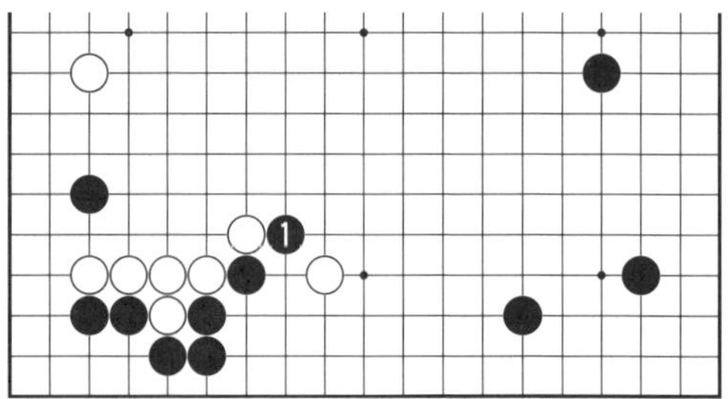

제10국

반발하여 분단시키기 (88쪽)

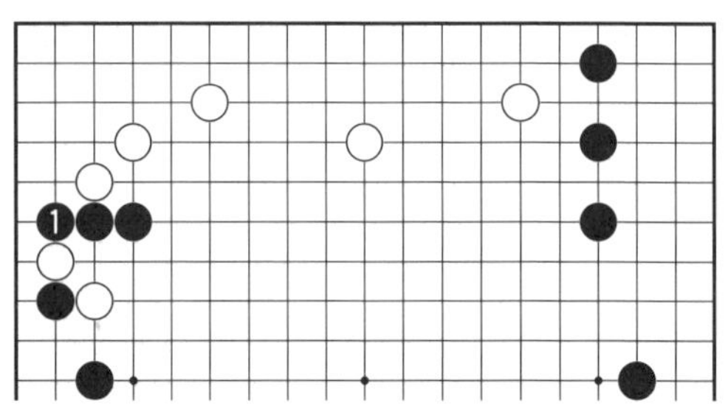

제1국

끊어서 봉쇄하기 (94쪽)

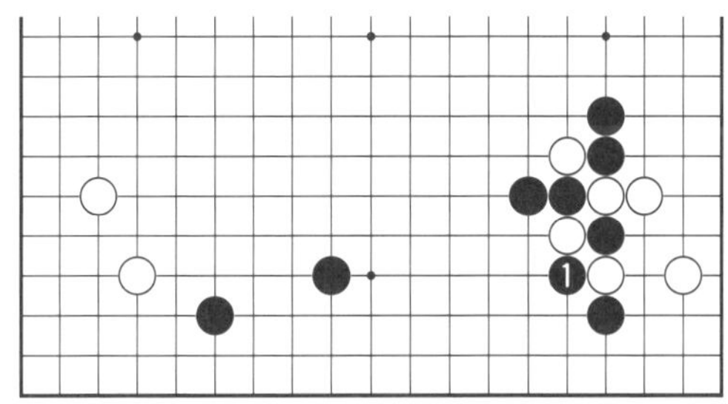

제2국

급소에 붙여 날카롭게 공격
(98쪽)

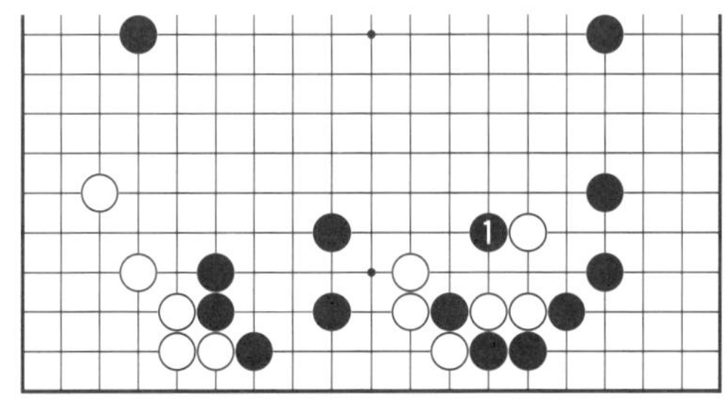

제3국

눈목자로 경쾌하게 진출 (102쪽)

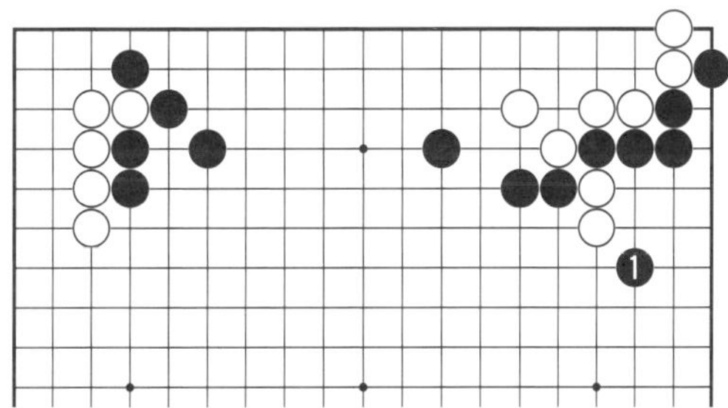

제4국

자충을 노린 날카로운 붙임
(106쪽)

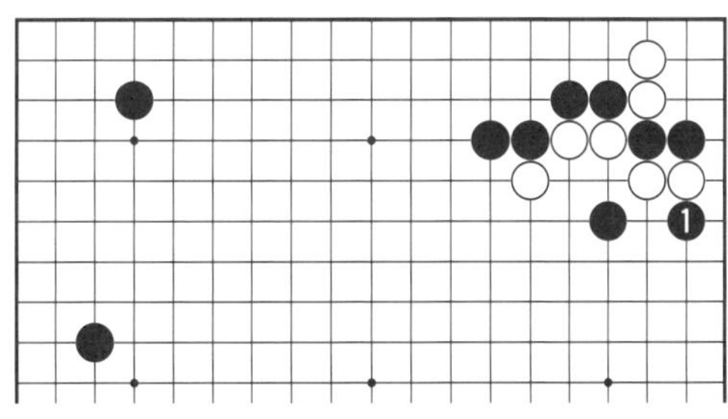

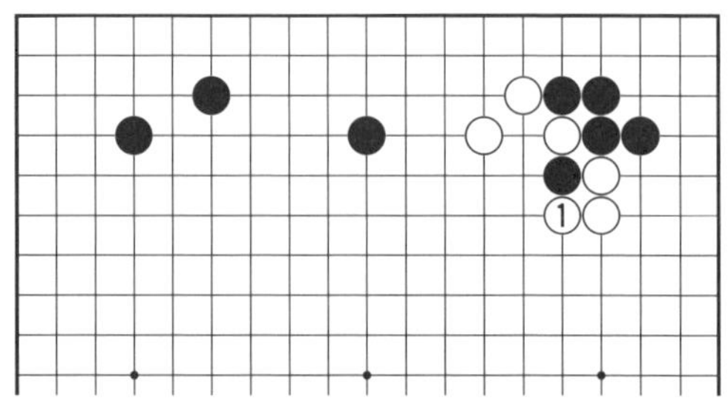

제5국

사석을 활용한 세력 쌓기 (110쪽)

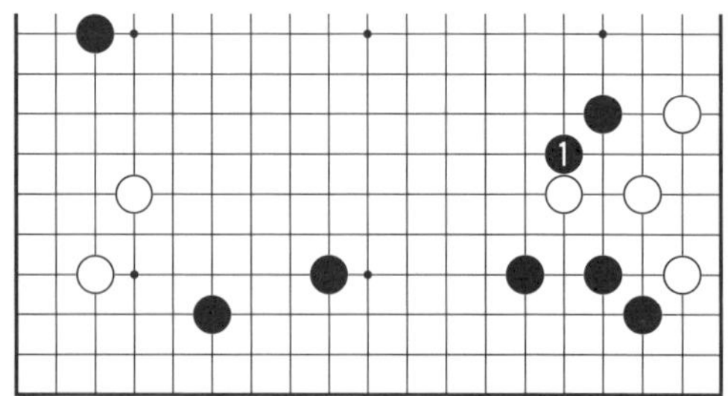

제6국

마늘모로 급소를 붙여 봉쇄
(114쪽)

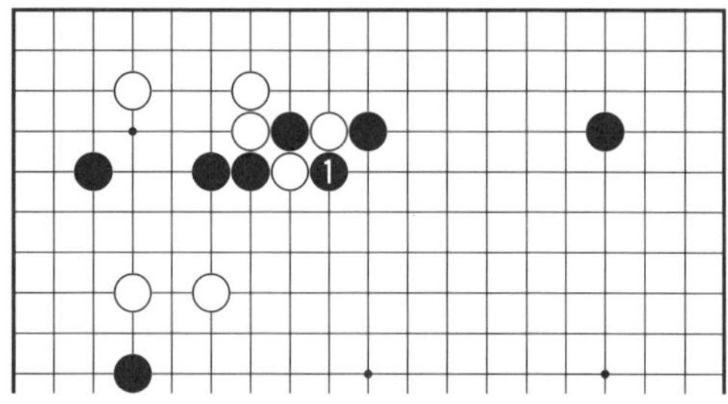

제7국

끊는 수로 전투를 유리하게
(118쪽)

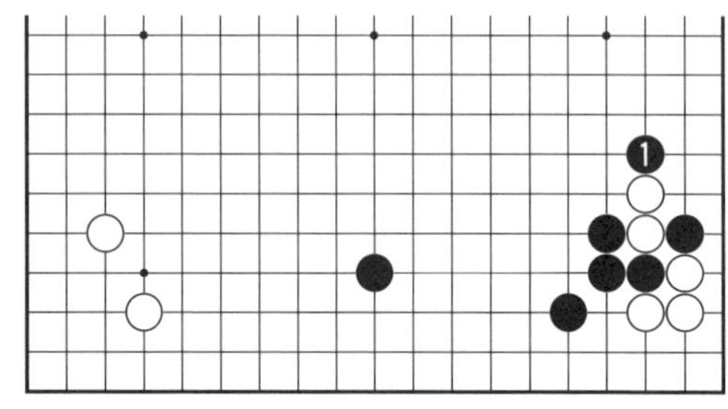

제8국

예리한 사석 활용의 맥점 (122쪽)

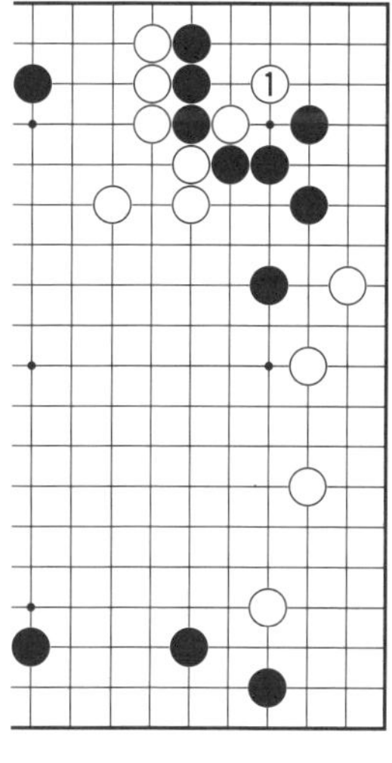

제9국

흑 집을 파괴
하는 급소의
마늘모
(126쪽)

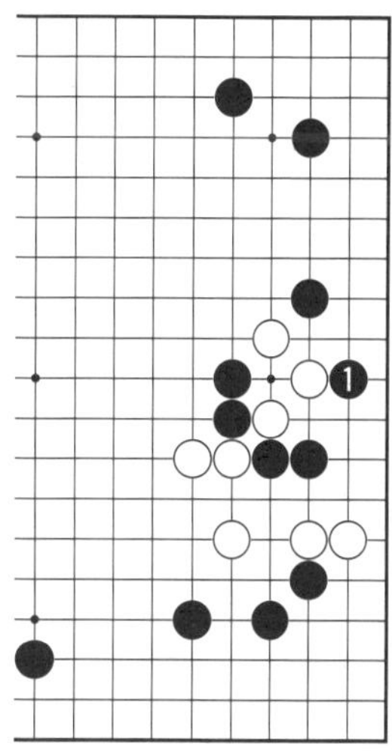

제10국

상대의 허를
찌르는 맥점
(130쪽)

PART 4. 정해도 일람

제1국

단수로 약점을 만들기 (136쪽)

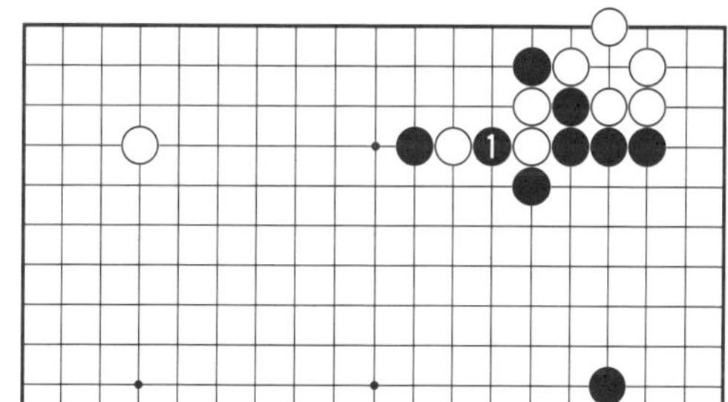

제2국

끊어서 실마리를 풀어나가기
(140쪽)

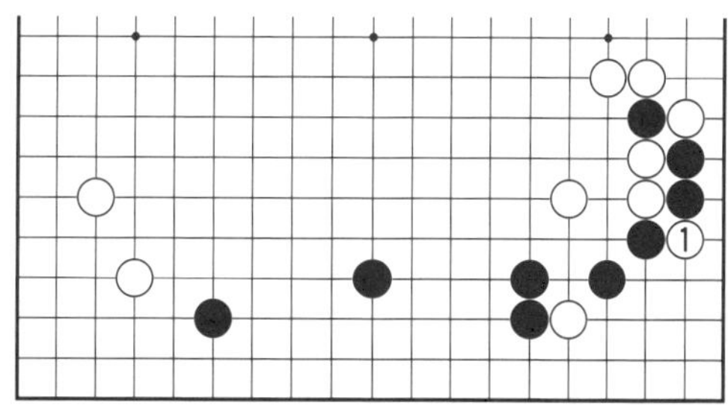

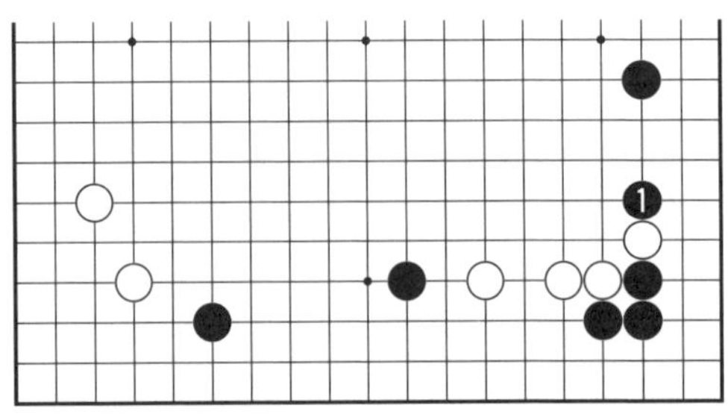

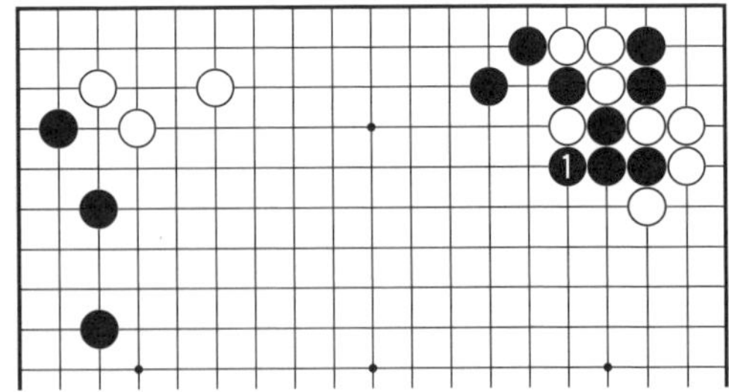

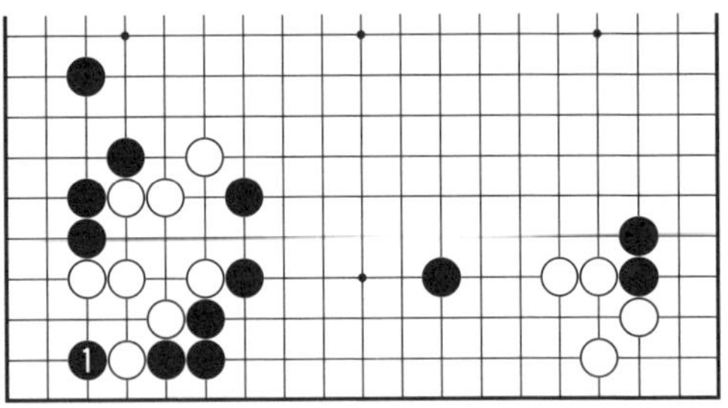

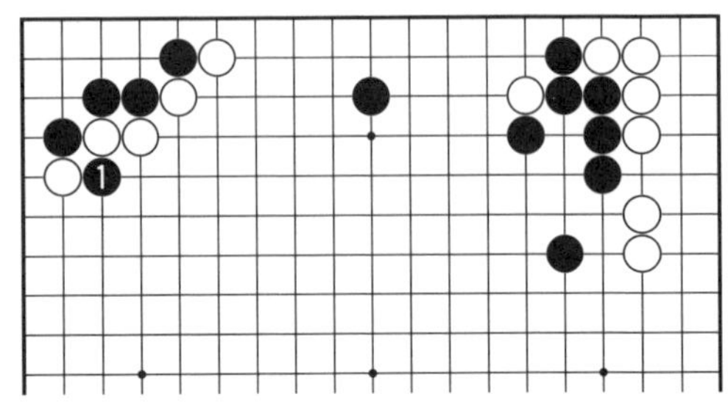

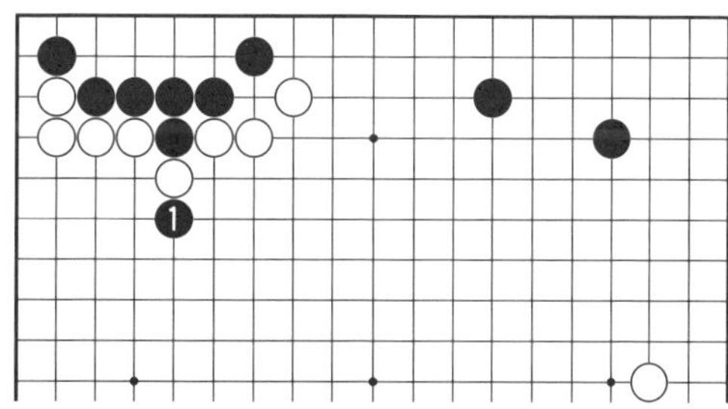

제7국

끼워 붙임으로 백의 모양을 무너
뜨리기 (160쪽)

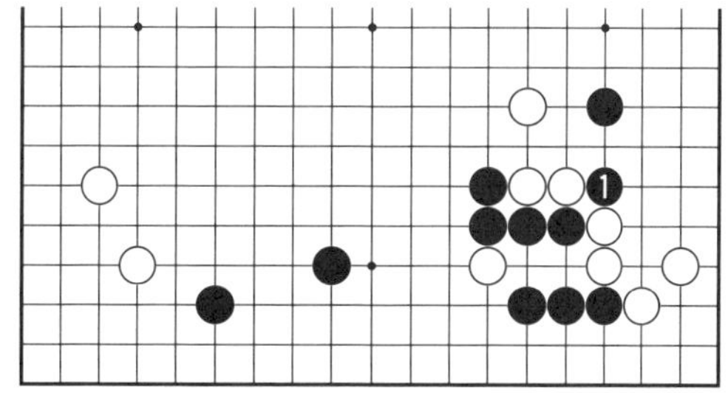

제8국

끊는 수가 약점을 추궁하는 급소
(164쪽)

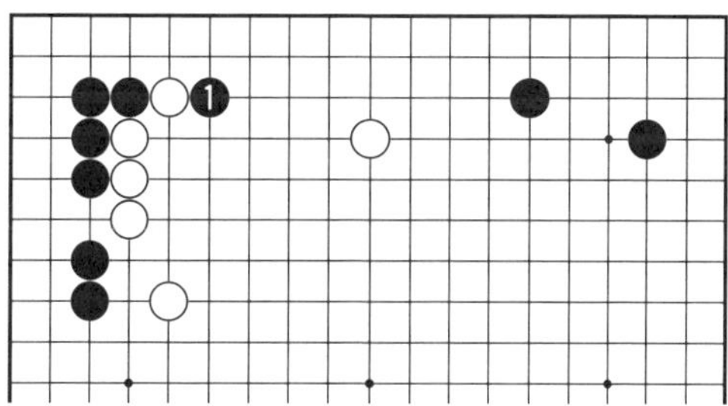

제9국

옆구리붙임으로 약점을 공략하
기 (168쪽)

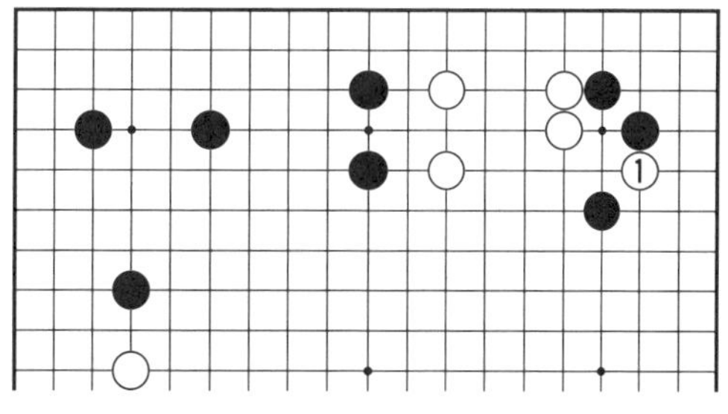

제10국

약한 쪽을 건너붙이는 맥점
(172쪽)

제1국

치받아서 맞보기로 만들기
(178쪽)

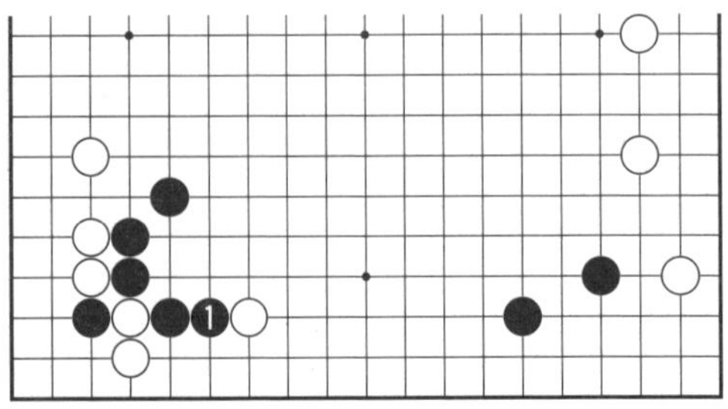

제2국

붙여서 경쾌하게 타개하기
(182쪽)

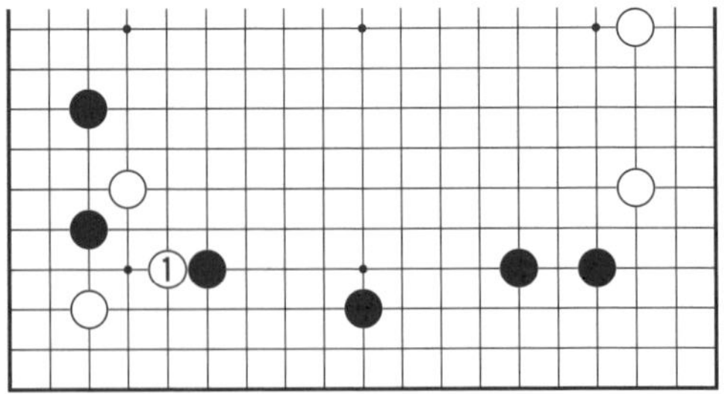

제3국

치중으로 세력을 만들기 (186쪽)

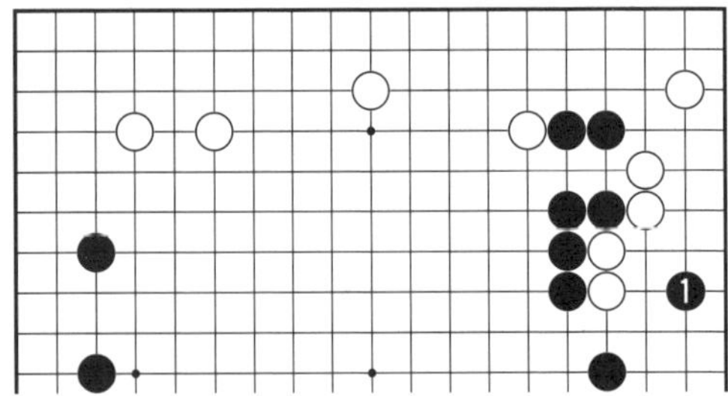

제4국

붙여서 타개하기 (190쪽)

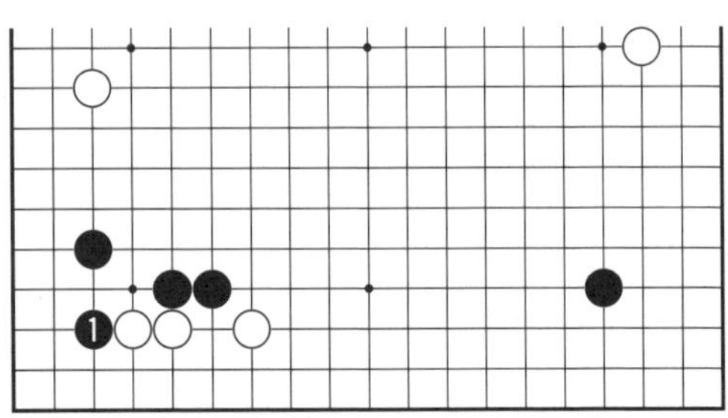

제5국

호구이음이 통쾌한 반격 (194쪽)

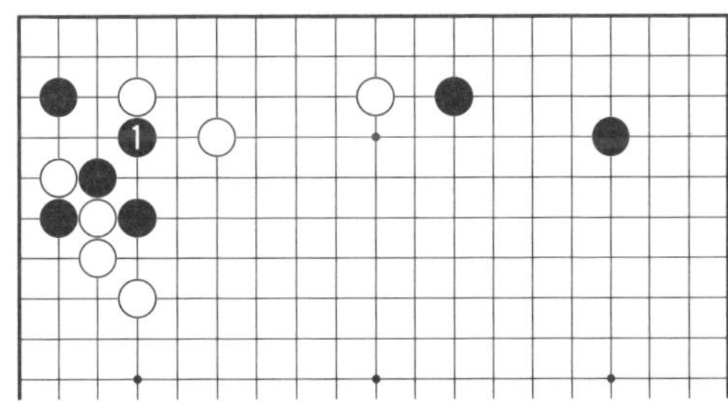

제6국

붙이는 수가 100점 (198쪽)

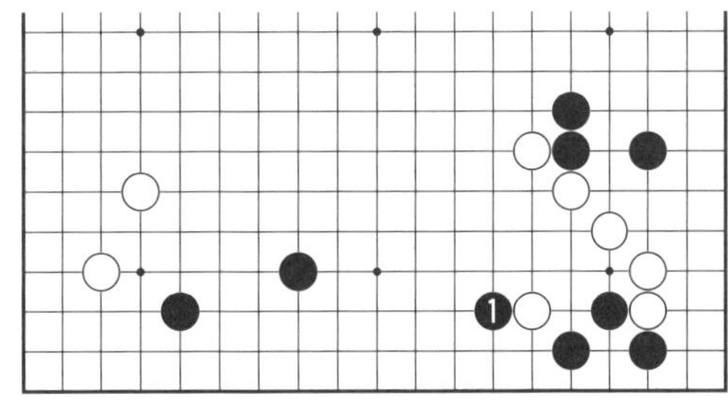

제7국

붙여서 기대
는 전법
(202쪽)

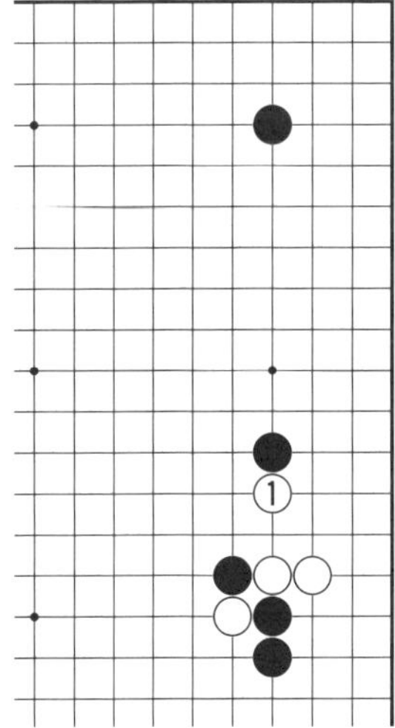

제8국

세 번 느는
묘수 (206쪽)

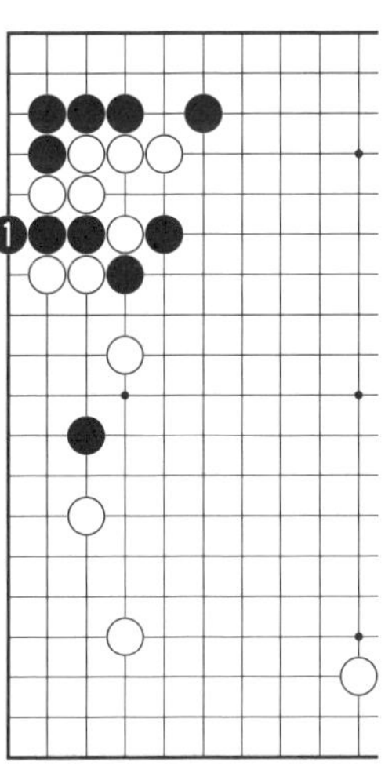

제9국
장문으로 붙
여서 끊기
(210쪽)

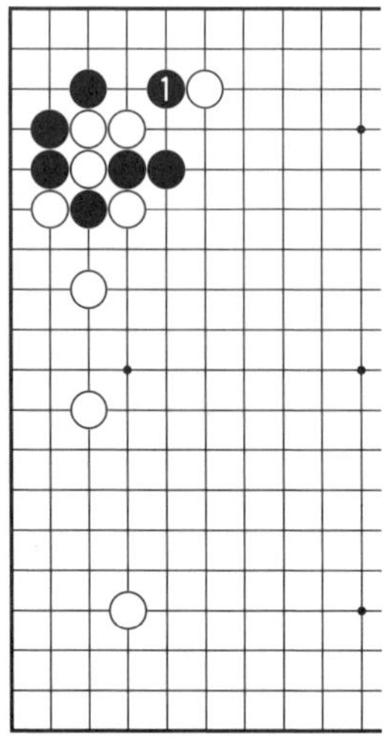

제10국
변에서 단수
치는 수가
맥점 (214쪽)

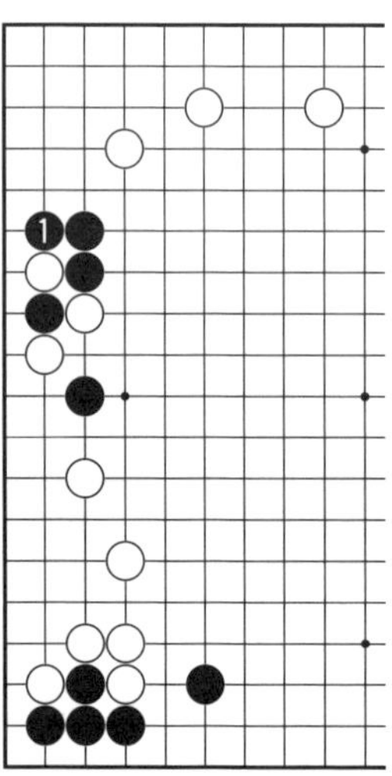

실전 맥점 바둑 ①

정석 이후의
맥점

1판 4쇄 | 2019년 8월 30일
지 은 이 | 고바야시 사토루
옮 긴 이 | 이 수 정
발 행 인 | 김 인 태
발 행 처 | 삼호미디어
등   록 | 1993년 10월 12일 제21-494호
주   소 | 서울특별시 서초구 강남대로 545-21 거림빌딩 4층
         www.samhomedia.com
전   화 | (02)544-9456
팩   스 | (02)512-3593

ISBN 978-89-7849-536-3   14690
ISBN 978-89-7849-535-6   14690(세트)

Copyright 2015 by SAMHO MEDIA PUBLISHING CO.

이 도서의 국립중앙도서관 출판예정도서목록(CIP)은
서지정보유통지원시스템 홈페이지(http://seoji.nl.go.kr)와
국가자료공동목록시스템(http://www.nl.go.kr/kolisnet)에서 이용하실 수 있습니다.
CIP제어번호: CIP2015029178

출판사의 허락 없이 무단 복제와 무단 전재를 금합니다.
잘못된 책은 구입처에서 교환해 드립니다.